MW01672013

aruco

ニューヨーク

New York

こんどの旅行も、みんなと同じ、お決まりコース？

「みんな行くみたいだから」「なんだか人気ありそうだから」
とりあえず押さえとこ。そんな旅もアリだけど……
でも、ホントにそれだけで、いいのかな？

やっと取れたお休みだもん。
どうせなら、みんなとはちょっと違う、
とっておきの旅にしたくない？

『aruco』は、そんなあなたの
「プチぼうけん」ごころを応援します！

★女子スタッフ内でヒミツにしておきたかったマル秘スポットや穴場のお店を、
思い切って、もりもり紹介しちゃいます！

★観ておかなきゃやっぱり後悔するテッパン観光名所 etc. は、
みんなより一枚ウワテの楽しみ方を教えちゃいます！

★「ニューヨークでこんなコトしてきたんだよ♪」
帰国後、トモダチに自慢できる体験がいっぱいです。

そう、ニューヨークでは、
もっともっと、
新たな驚きや感動が
私たちを待っている！

さあ、"私だけのニューヨーク"を見つけに
プチぼうけんにでかけよう！

arucoには、
あなたのプチぼうけんをサポートする
ミニ情報をいっぱいちりばめてあります。

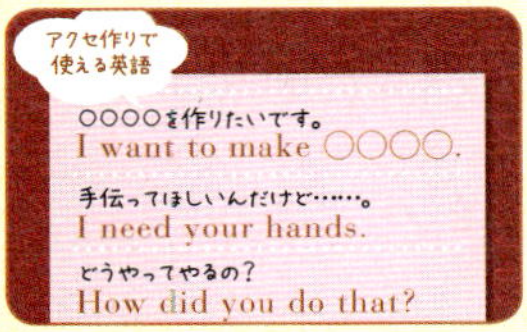

地元の人とのちょっとしたコミュニケーションや、とっさに役立つひとこと会話を、各シーンにおりこみました☆

知っておくとトクする情報、アドバイスetc.をわかりやすくカンタンにまとめてあります☆

女子ならではの旅アイテムや、トラブル回避のための情報もしっかりカバー☆

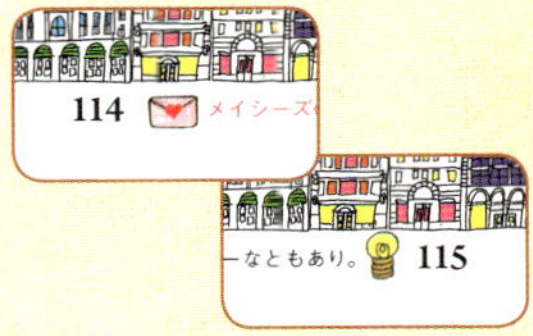

右ページのはみだしには編集部から、左ページのはみだしには旅好き女子のみなさんからのクチコミネタを掲載しています☆

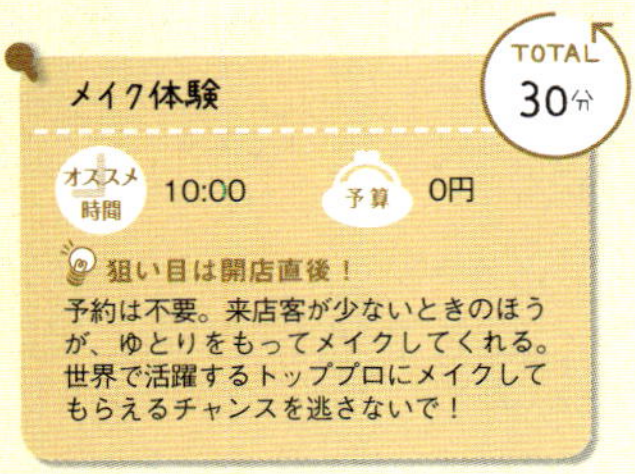

プチぼうけんプランには、予算や所要時間の目安、アドバイスなどをわかりやすくまとめています。

物件データのマーク

- ……住所
  カッコ内のbet.はbetween（～の間）の略で、通り間にあることを示します。例：bet. 49th & 50th Sts. = 49th St.と50th St.の間
- 他……その他の店舗
- ……営業時間、開館時間
- 休……休館日、定休日
- 料……料金、入場料、予算
- 交……交通アクセス
- 予……予約の必要性
- ……電話番号
- FAX…ファクス
- Free…フリーダイヤル
- URL…URL
- 問合…日本での問い合わせ
- …E-Mailアドレス
- Card…クレジットカード
- A……アメリカン・エキスプレス
- D……ダイナース
- J……ジェーシービー
- M……マスターカード
- V……ビザ
- 室……部屋数
- ……ドレスコード

別冊MAPのおもなマーク

- i……ツーリストインフォメーション
- R……レストラン
- C……カフェ
- S……ショップ
- H……ホテル
- E……エンターテインメント

本書は正確な情報の掲載に努めていますが、ご旅行の際は必ず現地で最新情報をご確認ください。また掲載情報による損失等の責任を弊社は負いかねますのであらかじめご了承ください。

ニューヨークでプチぼうけん！
ねえねえ、どこ行く？なにする？

観光にグルメにお買い物。
うーん、やりたいことだらけで困っちゃう。
ココも行きたかったな、あれも食べたかった……、
思い残す事のないように、
ピピッときたものには大きくハナマル印付けておいてね！

Welcome to New York!

スタンダードもいいけど……、ひと味違うNY体験しなきゃね♪

いまやNY観光の定番!?
ブルックリンとグリーンポイントへGo!
P.18 →

今日はピクニックでもどーですか？
ゆる～く過ごす1日もありでしょ！
P.26 →

話題スポットも
しっかり
カバーしましょ♪

Photo by Kevin Hein

本当にタダでいいの？？
こんなにたくさん遊べて大満足♪
P.34 →

夜遊びは、し～っとり
本場のジャズに酔いしれたい☆
P.52 →

旅先で作る自分だけのアクセって
スペシャルな思い出♡
P.24 →

すぅーっと、ふか～く深呼吸
ヨガでリフレッシュもいいよね♪
P.46 →

ブラックカルチャーの聖地
ハーレムでゴスペル体験
P.56 →

食べたいものありすぎ～！
おいしいNYをまるごといただき！

ハイハイ、
ダイエットは
帰ってから！

えっ！　どんな味なの？？
最新フードを食べてみよう

P.62 →

がっつり食べてスタミナUP！
時代はもはや肉食女子のものです

P.82 →

ワイワイ女子会なら、
気軽＆おしゃれにいきたいね～

P.80 →

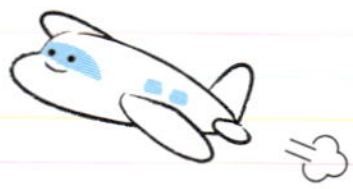

おしゃべりが止まらない！
週末ブランチって楽しい♪

P.74 →

ガブリとかじりつけば、
気分はすっかりアメリカ～ン♪

P.66 →

ん～、おいしーっ!!　チーズケーキを
食べなきゃNYに来たって言えないよね！

P.70 →

どんどんキレイになろう！
美は１日にしてならず！

女磨きって楽しいね！
気になるコスメをチェック！

P.126 →

美しい髪の女の人って
不思議と惹かれるもんだよね！

P.132 →

買い物が楽しくて
すっかり
NYのトリコに
なっちゃうね～

買い物は"出合い"だよね？
でも、"運命の出合い"ばっかりで困っちゃ～う

雰囲気あるんだよね
ビンテージなアイテムって

P.98 →

かわいいー！　かっこいいー！
「欲しい」がたくさんで困っちゃう

P.100 →

NYのライフスタイルを見に行こう
食べ歩きもおみやげ探しもできるよ

P.148 →

ついつい買いすぎちゃうよ
ラブリーなお菓子見っけ☆

P.116 →

味も見た目もステキ☆　NYには
クールなチョコがいっぱいあるの！

P.112 →

ダンボでのんび～り
散歩したり、買い物したり

P.136 →

Contents

aruco ニューヨーク

巻末
"取りはずせる"
別冊MAP
便利だね!

旅立つ前にまずチェック！

ざっくり知りたいニューヨーク基本情報

お金のコト

通貨・レート **$1**（ドル）＝約**118円**（2015年1月現在）
通貨単位は＄（ドル。発音は“ダラー”）と¢（セント）

両替　手数料にも気を付けよう

円からドルへの両替は、空港や銀行、両替所で可能。レート、手数料は各所で違うので確認を。国際ブランドのカードならATMでキャッシングも可能。（金利には留意を）

物価　東京と同じか、それより高め。ホテル料金は、全米でも一番高い。

（例：（500ml）＝$2、＝初乗り$3、＝$2.25、＝$10～）

消費税　8.875%。宿泊税もかかる

アメリカでは州や市によって消費税率が異なる。ニューヨークでは8.875%（市税4.5%＋州税4%、メトロポリタン通勤圏追加税0.375%）。レストランでも、同率かそれに上乗せした税金がかかる。ただし、$110未満の衣料品と靴に関しては市税、州税、メトロポリタン通勤圏税が免税。ホテルの宿泊は、消費税のかわりに宿泊税として1泊1部屋14.375%＋$3.50～7.50。

チップ　目安は18～20%

レストランのチップは18～20%で、タックスの2倍といわれている。ホテルのベルボーイには、荷物の大きさや個数によって、ひとつにつき＄１～２。渡すときは、硬貨を使わず、お札だけを渡すのがスマート。

お金について詳細はP.184をチェック！

ベストシーズン

5月から9月頃

緯度は青森とほぼ同じ。NYの夏は気温が高いが湿度は日本より低い。真夏は連日30℃前後まで達し、冬は零下15～16℃にまで下がる日も。降雪量も多い。また、春秋は1年で過ごしやすいシーズンだが、朝晩の寒暖差が激しい。年間を通じて温度差の変化に対応できるように、重ね着などで服装の工夫をするとよい。

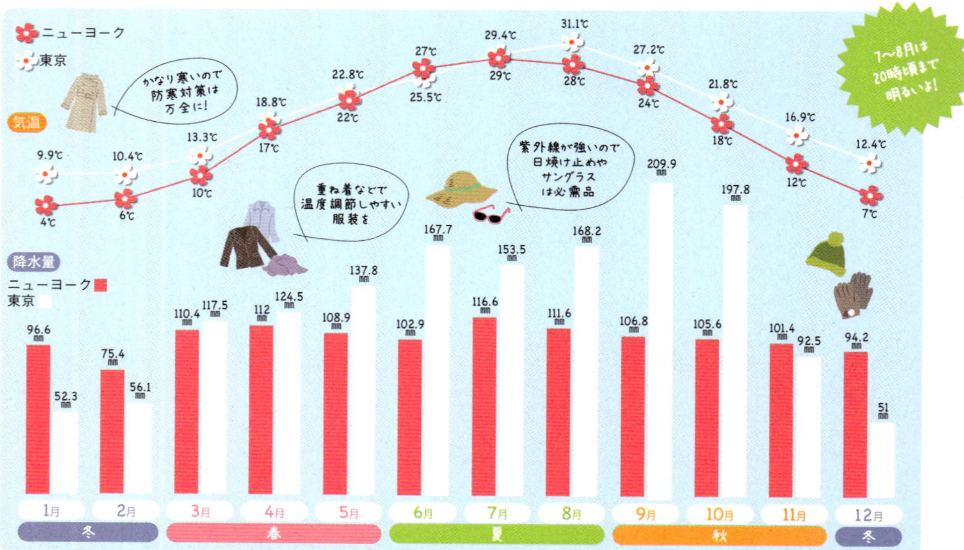

データ：気温は最高気温の月平均値　東京：気象庁　ニューヨーク：FORECA

日本からの飛行時間 直行便で約**13**時間

ビザ 90日以内の観光は必要なし

パスポートの残存有効期間は、入国時に90日以上が望ましい。

時差 **−14時間** サマータイム（Daylight Saving Time）実施期間は−13時間　実施期間は3月第2日曜から11月第1日曜まで

日本	8	9	10	11	12	13	14	15	16	17	18	19	20	21	22	23	0	1	2	3	4	5	6	7
ニューヨーク	18	19	20	21	22	23	0	1	2	3	4	5	6	7	8	9	10	11	12	13	14	15	16	17
ニューヨーク（サマータイム）	19	20	21	22	23	0	1	2	3	4	5	6	7	8	9	10	11	12	13	14	15	16	17	18

言語 英語

旅行期間 4泊6日以上が望ましい

交通手段 地下鉄、バス、タクシー

詳細はP.182

主として英語だけど

ニューヨークは、いろんな民族の人がたくさん集まる街。英語がそんなに得意じゃない人や、お国なまりが強い英語を話す人も多い。気後れしないで、わからなかったら、きちんと聞き直そう。広域にわたってスペイン語も使われている。

11月のサンクスギビングは、数あるパレードのなかでも最大級。さまざまなバルーンが登場し、いよいよ冬到来となるイベント

年間の祝祭日

1月1日	ニューイヤーズ・デイ（元日）New Years Day
1月第3月曜	マーチン・ルーサー・キング・ジュニア牧師誕生日 Martin Luther King, Jr.'s Birthday
2月第3月曜	プレジデント・デイ（大統領の日）President's Day
3月17日	セント・パトリック・デイ St. Patrick's Day
4月第3月曜	パトリオット・デイ（愛国者の日）Patriot's Day
5月最終月曜	メモリアル・デイ（戦没者追悼の日）Memorial Day
7月4日	独立記念日 Independence Day
9月第1月曜	レイバー・デイ（労働者の日） Labor Day
10月第2月曜	コロンバス・デイ（コロンブス記念日）Columbus Day
11月11日	ベテランズ・デイ（退役軍人の日）Veterans Day
11月第4木曜	サンクスギビング・デイ　Thanksgiving Day
12月25日	クリスマス・デイ　Christmas Day

日付の書き方

アメリカと日本では年月日の書き方が異なるので注意しよう。日本と順番が異なり、「日・月・年」の順で記す。例えば、「2015年2月25日」の場合は、「25/2/2015」と書くことが多い。

祝祭日の営業

日曜や祝祭日も営業する店もあるが、営業時間が平日より短いので、事前にチェックしておきたい。「年中無休」のところでも、ニューイヤーズ・デイ、サンクスギビング・デイ、クリスマス・デイの3日間はほとんど休み。メモリアル・デイからレイバー・デイの夏休み期間は、店によっても違うし、年によってもマチマチ。急な変更もよくあるので、行きたい店の情報確認をしておこう。

ニューヨークの詳しいトラベルインフォメーションは、P.174〜をチェック！

3分でわかる！ ニューヨークかんたんエリアナビ

観光の中心はマンハッタン。エリアによってそれぞれ表情も特徴も異なるので、歩き出す前に覚えておきたいもの。郊外の注目エリアも要チェック！

アップタウン

セントラルパークのある北側のエリア。映画の舞台や音楽の聖地など、見ごたえたっぷり。

A 黒人文化が息づく街 ハーレム Harlem

ソウルフードやアポロ・シアター、ゴスペルなど他のエリアとは違った雰囲気。

ハーレムにゴスペルを聴きに行こう！ → P.56

B 都会のオアシス セントラルパーク Central Park

マンハッタンの中心にある広大な公園。ピクニックや散策などでのんびりしよう！

セントラルパークでお手軽ピクニック → P.26

C 『ゴシップガール』の舞台 アッパー・イースト・サイド Upper East Side

高級住宅地で俳優や在米駐在員が多く住む。5番街沿いはミュージアムがたくさん。

『GG』ロケ地巡り → P.38

D アカデミックな街並み アッパー・ウエスト・サイド Upper West Side

リンカーン・センターなど文化施設が多い。グルメマーケットやかわいいブティックが点在。

博物館巡りと雑貨探し → P.144

ミッドタウン

NYの中心地。世界中から観光客が訪れ、いつもにぎやか。そして、買い物天国♪

E まさにNYの中心街 ミッドタウン・ウエスト Midtown West

高級ブランド店が並ぶ5番街やブロードウエイの劇場街など観光名所が集まっている。

F 国連本部がある ミッドタウン・イースト Midtown East

国連本部など、観光名所も点在。歴史的建造物と近代的なオフィスが混在するエリア。

マンハッタン郊外

近年、おもしろいスポットが増えた郊外。流行に敏感な人に大注目のエリア多し！

G 移民が多く住む クイーンズ Queens

エスニックタウン、クイーンズへ → P.58

民族文化が根強く残るエリア。庶民の生活をかいま見られるので、リピーターにおすすめ！

H 注目のエリア ブルックリン Brooklyn

最旬トレンド発信地 → P.18

近年、おしゃれなレストランやカフェ、ショップ、ギャラリーなどが建ち並ぶ。

I 落ち着いた住宅街 スタテンアイランド Staten Island

無料遊びに夢中！ → P.37

マンハッタンの南にある大きな島。自由の女神の正面を通るフェリーで約25分。

ダウンタウン

34丁目より南のエリアがダウンタウン。さまざまな顔をもっているので飽きない！

J アートなエリア チェルシー Chelsea

ギャラリーが集まるアートシーンの中心。話題のレストランもこの周辺に多い。

新定番ハイラインを思いっきり楽しむ方法 → P.140

K 閑静な住宅地 グラマシー Gramercy

美しい建物が多く、文化人や芸術家が住むエリア。緑豊かな公園もたくさんある。

L 通称"ビレッジ" グリニッチ・ビレッジ Greenwich Village

詩人や劇作家、自由を謳歌する人々に愛されてきた。夜はジャズクラブがにぎわう。

M 買い物するなら ソーホーとノリータ Soho & Nolita

高級ブティックやカフェ、ギャラリーが点在する。おしゃれで洗練された街並み。

ソーホーで個性派アイテムをゲット → P.142

N 夜遊びが充実 イースト・ビレッジ East Village

インドなどエスニック料理が並ぶ。オフ・ブロードウエイやナイトクラブが点在する。

O 地元の人気エリア トライベッカ Tribeca

有名シェフの経営するレストランがあちらこちらに。倉庫街の面影が残っている。

P パワーみなぎる街 チャイナタウンとリトル・イタリー Chinatown & Little Italy

漢字の看板がひしめき、活気あふれる中華街。その隣にひっそりイタリア人街がある。

チャイナタウンでチープに遊ぶ → P.146

Q カフェやバーが充実 ロウアー・イースト・サイド Lower East Side

若手新進デザイナーの流行発信地であり、おしゃれなカフェやバー、ブティックが並ぶ。

R 経済の中心地 ロウアー・マンハッタン Lower Manhattan

米経済の中心ウォール・ストリートや自由の女神へのフェリー乗り場がある。

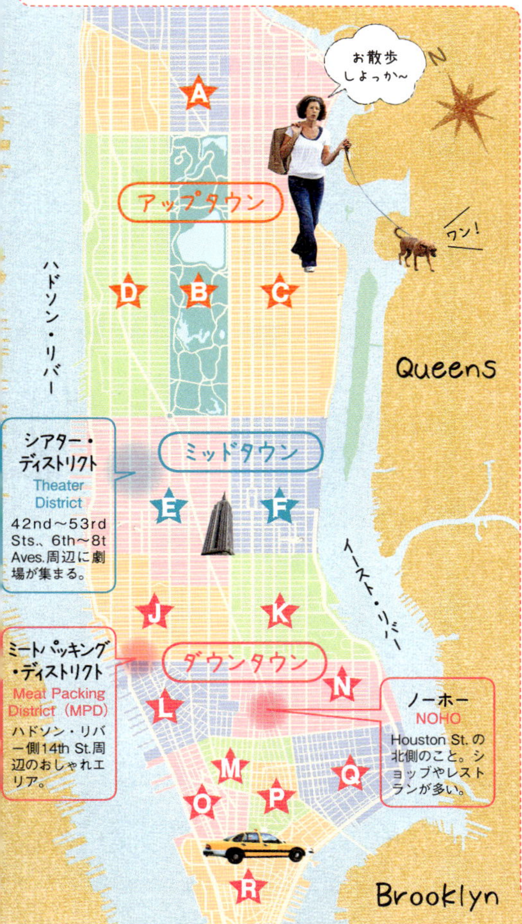

ニューヨーク4泊6日 aruco的 究極プラン

プチぼうけんしちゃうぞ！

定番スポットも行きたいけど、ちょっと違うことして、みんなに自慢もしたい。
「あれも！　これも！」そんなよくばり女子のために、
arucoがひと味違うニューヨーク満喫プランをご紹介。

Day1 金曜 ニューヨーク到着！ 夕方からでも出かけちゃおう

到着日はゆっくりホテルで、なんてもったいない！
NYのパワーを感じに街へ繰り出そう♪

16:00 ニューヨークJFK空港到着

エアトレイン＆地下鉄 60分

19:00 ホテルにチェックイン後、
トップ・オブ・ザ・ロックに上って
まずは摩天楼にSAY HELLO！ P.50

ついでに夜景も撮影しちゃお～

カシャッ

Day2 土曜 ゴシップガールにSATC、めくるめくセレブな世界へ！

ショッピング、話題のレストラン、夜はジャズクラブと、
まさにセリーナ？キャリー？のようなNY体験を！

9:30 朝一番に**メトロポリタン美術館**へ
鑑賞ついでに、階段に座って
ゴシップガール気分 P.40, P.156

混まないうちに！

徒歩5分

11:00 そのままゴシップガールの舞台
アッパー・イースト・サイドで上流階級気分に P.39

アッパー・イースト・サイドはマストだよね？

徒歩5分

みんな元気～？

12:00 **SATCのアップタウン＆ミッドタウンロケ地へ** P.43～P.44

地下鉄15分

13:30 進化中の**ソーホー**でお買い物 P.142

15:00 **ダウンタウン**にも
SATCの忘れられない名シーンがたくさん！ P.45

地下鉄10分

17:00 5番街で**ティファニー**と**デパート**巡り！ P.30, P.114, P.138

徒歩10分

どんどん買っちゃって～

20:00 一度ホテルに戻って荷物を置いたら
ジャズに酔いしれに行こう P.52

カンパイ！

Day3 日曜 NYガールズの休日を体験♥ 話題のブルックリンへGo!

ゴスペル聴いたり、おしゃれなエリアに出かけたり、のんびり住んでるように過ごすのもありだよね！

9:00 ハーレムで**ゴスペルを聴く** P.56

地下鉄 40分

12:00 **ブルックリンのウイリアムズバーグへ！**
話題のカフェやショップを巡っちゃお P.18

フェリー 5分

15:00 ダンボに移動、
マンハッタンの摩天楼を
眺めて幸せ気分♪ P.136

地下鉄 35分

19:00 マンハッタンに戻って
女子会にぴったりな
ダイニングで**ディナー**を P.80

地下鉄 20分

23:00 まだまだ話したりないね～
夜お茶でトークトーク！ P.92

Day4 月曜 美術館にブロードウエイもやりたいことを全部やる！

観光に美術鑑賞にミュージカルも！
そろそろラストスパートかけなきゃね。

8:00 **ユニオンスクエア**のグリーンマーケットへ
ついでに**朝食**も食べちゃおう！ P.148

徒歩 10分

10:00 **ホールフーズ**も
オフプライスも！
ユニオンスクエア周辺でショッピング P.106, P.122

徒歩 すぐ

12:00 ニューヨーカーの新しい憩いの場、
ハイラインでかっこいい写真を撮る P.140

徒歩 2分

13:30 **チェルシー・マーケット**散策♪
お茶したり、
おみやげ買ったり！
P.72

地下鉄 20分

16:30 **MoMA**で絵画を鑑賞！ P.160

徒歩 3～10分

20:00 夜はもちろんここで決まり！
ブロードウエイで
ミュージカル
鑑賞 P.150

©Joan Marcus

徒歩 1～10分

23:00 ん、うまっ♪
ジュニアズで**チーズケーキ**を
堪能 P.70

Day 5 火曜

帰国前のラストスパート ベーグルにコスメ 最後の最後までNYを満喫！

早朝のベーグル屋さんで、NYの味に別れを惜しみつつ、ドラッグストアで自分＆おみやげ用コスメを買いあさろう！

6:00 **NY名物ベーグル**をパクつく！ P.86

7:30 ドラッグストアで **コスメ**をまとめ買い P.126

シャトルバスで90分

11:00 空港到着。日本へ帰国

あと1日あったら

まだ帰りたくない

8:30 やっぱり **自由の女神**を見に行かなきゃ☆ P.154

地下鉄20分

12:00 のんび〜り過ごす **ヨガ**でリフレッシュ♪ P.46

地下鉄30分

14:00 **アッパー・ウエスト・サイド**を散策がてら、**セントラルパーク**でまったり〜 P.26, P.144

地下鉄15分

17:00 NYの最新食事情もチェック！ **ハイブリッドフード**を試してみて♪ P.62

こんなの買っちゃいました！

モロッカンオイルのオイルトリートメント P.133

マスト・ブラザーズ・チョコレートのチョコレート P.112

センチュリー21でマークのコート、DSWでUGGのブーツ、バーリントン・コートでコーチのフラットシューズ P.106

ブルックリン発のナチュラルコスメ、エス・ダブリュー・ベーシックスのシアバターとリップ、ブルックリン・フレーバーズのボディミスト P.128

ティファニーのマグカップ P.30

ハーニー＆サンズで、ソーホー・ブレンドとチェリーブロッサムのティー P.142

トレーダー・ジョーズのレモンペッパー P.121

曜日別アレンジのヒント

美術館の開館日をチェック！

遅くまで開館する日や、無料または任意払いの日があるのでチェックしておきたい。だいたいが木曜と金曜に集中するので、その日は美術館を見学するプランにしてもいいかも。

週末ショッピングの営業時間

土・日曜は営業時間が遅く始まったり早く終わったりと、平日と違うことが多い。特にデパートや路面店などは注意。一方、タイムズスクエア周辺のお店は観光客向けとあってあまり変わらない。

大きな祝日には注意！

元日、メモリアル・デイ、独立記念日、レイバー・デイ、クリスマス・デイ、サンクスギビング・デイなどの大きな祝日は、ショップ、レストランなどクローズになる店もあるので注意。

こんな遊び方
あったんだ！

ディープに楽しむ
プチぼうけんで
素顔のNYにダイブ！

初めてでも、何度訪れても、新しい発見があるニューヨーク。
定番もいいけど、みんなとはちょっと違う“何か”も体験したい！
そんなアナタにぴったりの、aruco厳選プチぼうけんプラン。
とことん遊べば……ほ〜ら、ニンマリ顔が見えてきた！

LET'S

GO!

プチぼうけん 1

どんどん進化するブルックリン 今、行くべき話題のエリアに突撃～♡♡♡

急速に進化し、今やブランド化したブルックリンは、いつ行ってもニュースな話題でいっぱい。なかでも特に注目の2大エリアをご紹介。続々誕生する最旬スポットへLet's go！

WILLIAMSBURG

注目のワケ

ウイリアムズバーグ

流行の最先端を行くヒップスターたちのメッカ！ ここからNYの新しいカルチャーが生まれるとも言われる。ノースはもちろん、最近はサウスもますます発展中。

世界中が大注目！ HOTなエリアはこのふたつ

ウイリアムズバーグとその北側に隣接するグリーンポイントは、NYだけでなく世界中からも注目されるトレンド発信地。流行に敏感なオシャレ女子なら、まずここを探険しなきゃ！

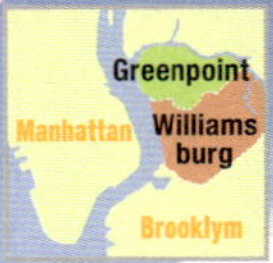

ブルックリンを散策 TOTAL 3~7時間

オススメ時間 12:00～18:00

予算 歩くだけなら0円

お役立ち情報

マンハッタンからはもちろん地下鉄で行けるが、夏ならイースト・リバー・フェリーを使うのもおすすめ。川沿いの絶景を見ながら、クルーズ気分を楽しめる。

GREENPOINT

注目のワケ

グリーンポイント

昔からのポーランド人街にウイリアムズバーグからのヒップなカルチャーが浸透。庶民的な懐かしさと新しさがほどよくミックスされた独特なエリアとして話題沸騰。

まずは WILLIAMSBURG から！

ウイリアムズバーグの玄関口、地下鉄Bedford Ave.駅からスタート。最先端エリアでショッピングと食べ歩きを楽しもう！

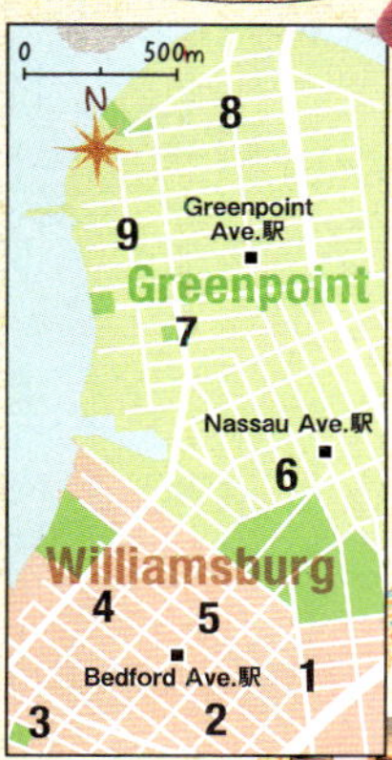

START

Bedford Ave.駅

Bedford Ave.駅から歩いて約8分

1 Union Ave.

プチぼうけん 1

どんどん進化するブルックリン

絶品朝食でエナジーチャージ

世界中を旅したイスラエル人ご夫妻が2014年にオープン。見た目も美しいホームメイドフードが絶品と評判。インテリアもキュート。

1. 人気メニューのShakshooka $13　2. Parisian sandwich $12　3.夏のデザートMaleby $5.5　4.Everything Salad $11

リユニオン re·union

Map 別冊P.29-C3 ウイリアムズバーグ

544 Union Ave.（bet. Frost & Withers Sts.）　1-718-599-3670　月〜土7:30〜19:00、日9:00〜17:00　無休　Card A.D.J.M.V.　地下鉄Ⓛ線Bedford Ave.より徒歩約8分　URL reunionyc.com

re・unionから歩いて約12分

2 N.6th St.

土曜に行くならcheck!

地元の"おいしい"がたくさん！

スモーガスバーグ Smorgasburg

毎年4〜11月の毎週土曜（11:00〜18:00）に催される食のイベント。75〜100もの屋台が大集合する。

Map 別冊P.29-C2 ウイリアムズバーグ

East River State Park（bet. Kent Ave. & N.7th St.）　4〜11月の土11:00〜18:00（詳しくはウェブを）　Card 現金のみ　地下鉄Ⓛ線Bedford Ave.より徒歩約10分、NWから徒歩すぐ　URL www.smorgasburg.com

1. ブルックリンが誇るドーナツ、ドゥのハイビスカス・グレイズ・ドーナツ$3　2. The Good Batchのアイスクリームサンド$6

人気カジュアルブランドのコンセプトストア スペース・ナインティエイト Space Ninety 8

人気アパレル「アーバン・アウトフィッターズ」がプロデュース。地上3階、地下1階の空間に、センスが光るアイテムがぎっしり！

Map 別冊P.29-C2 ウイリアムズバーグ

98 N. 6th St.（bet. Berry St. & Wythe Ave.）　1-718-599-0209　月〜土10:00〜22:00、日11:00〜21:00　無休　Card A.D.J.M.V.　地下鉄Ⓛ線Bedford Ave.より徒歩約4分　URL www.spaceninety8.com

1. ナチュラルテイストの広々した空間　2. メンズアイテムも豊富に揃う　3.3階にはレコードやアート本も！

レストランもおしゃれ

TV番組「トップ・シェフ」の優勝者イラン・ホール氏のレストランThe Gorbalsもある。ルーフトップも開放的！

1.履き心地抜群のKAANASの靴 2.同ブランドの靴。シンプルでおしゃれ

Space Ninety 8から歩いて約8分

3 Grand St.

フェミニンなアイテムの宝庫

オーナーのジェーンさんが厳選したキュートなアイテムがぎっしり。洋服やシューズ、バッグのほか、アクセサリーや雑貨も揃う。

ジェーンズ・クローゼット
Jane's Closet

Map 別冊P.29-D1 ウイリアムズバーグ

135 Grand St.（bet. Bedford Ave. & Berry St.） 1-212-772-0712 月～金 13:00～19:00、土・日12:00～19:00 休無休 Card A.M.V. 交地下鉄Ⓛ線Bedford Ave.より徒歩約7分 URL www.janebrooklyn.com

3.Lovers+Friendsのセーター＄120 4.同ブランドのミニスカート＄135 5.かわいい！がいっぱいの店内

Jane's Closetから歩いて約9分

4 Wythe Ave.

行列必至のモロッコ＆地中海料理

フードはもちろん雰囲気もサービスも評判の人気店。週末9時～16時のブランチは行列覚悟で！ イースト・ビレッジにも本店あり。

カフェ・モガドール Cafe Mogador

Map 別冊P.29-C2 ウイリアムズバーグ

133 Wythe Ave.（bet. N.7th & N.8th Sts.） 1-718-486-9222 日～木9:00～翌1:00、金・土9:00～翌2:00 休無休 Card A.D.J.M.V. 交地下鉄Ⓛ線Bedford Ave.より徒歩約4分 URL www.cafemogador.com

1.人気メニューのHalumi Eggs＄12 2.フムスなどが載ったMixed Platter＄13 3.フレッシュミントがたっぷり入ったティー 4.店内奥のオアシス的空間

1.ポップなデザインのサングラス 2.大柄プリントがかわいいワンピース 3.ブルックリンらしい商品が豊富 4.Margaux Lonnbergのパンツ＄390

秀逸セレクションが評判

アーバンカジュアルのハイセンスなアイテムが揃うセレクトショップ。メンズアイテムも充実。グリーンポイントにも支店あり。

アド・ホック AD HOC

Map 別冊P.29-C2 ウイリアムズバーグ

135 Wythe Ave.（bet. N.7th & N. 8th Sts.） 1-718-302-2462 火～金12:00～20:00、土・日11:00～19:00 休月 Card A.D.J.M.V. 交地下鉄Ⓛ線Bedford Ave.より徒歩約4分 URL adhocnyc.com

Cafe Mogadorから歩いて約6分

5 Bedford Ave.

洗練された品揃えを誇る

ジュエリーデザイナーのシャナさんが経営する人気ブティック。オリジナルアイテムのほか、ローカルデザイナーものも扱う。

プチぼうけん 1

どんどん進化するブルックリン

Bedford Ave.はウイリアムズバーグのメインストリート

地下鉄Bedford Ave.駅を中心に南北に延びるBedford Ave.が目抜き通り。さまざまな店が道の両側にずらりと並ぶ。

1.メンズとレディスが揃う 2.おみやげにぴったりなアイテムも豊富 3.白地のシルクがポイントのワンピ＄220 4.コットンのショーツ＄110とシャツ

イン・ゴッド・ウィー・トラスト In God We Trust

Map 別冊P.29-C2 ウイリアムズバーグ

129 Bedford Ave.（bet. N.9th & N.10th Sts.）☎1-718-384-0700 ◷月～土12:00～20:00、日12:00～19:00 ㊡無休 Card A.D.J.M.V. ⊠地下鉄Ⓛ線Bedford Ave.より徒歩約3分 URL ingodwetrustnyc.com

うわさのGREENPOINT～！

In God We Trustから歩いて約9分

ウイリアムズバーグからの影響で、どんどんヒップに進化中。とはいえ、昔ながらのポーランド人街も健在で、味わい深い街！

6 Guernsey St.

©Carly Rabalais

1.ビビッドカラーがキュートなセーター 2.フェミニンなブラウス 3.倉庫を改装した広大な店内 4.パリのデザイナーGaspard Yurkievichのブーツ

人気古着店のフラッグシップストア

ビーコンズ・クローゼット Beacon's Closet

Map 別冊P.29-C2 グリーンポイント

NYで全4店舗を展開する大型古着店。コンディションのよいアイテムが豊富なのが人気。掘り出し物を見つけるチャンス！

74 Guernsey St.（bet. Nassau & Norman Aves.）☎1-718-486-0816 ◷毎日11:00～20:00 ㊡無休 Card A.D.J.M.V ⊠地下鉄Ⓖ線Nassau Ave.より徒歩約4分 URL www.beaconscloset.com

ここもcheck!

ヒップスターたちが集う

ファイブ・リーブズ Five Leaves

俳優の故ヒース・レジャーが出資したレストランは、ローカルたちの社交場的存在。看板メニューのリコッタパンケーキのほか、オリジナルバーガーも人気。

Map 別冊P.29-C3 グリーンポイント

18 Bedford Ave.（Corner at Lorimer St.）☎1-718-383-5345 ◷毎日8:00～翌1:00 ㊡無休 Card A.M.V. ⊠地下鉄Ⓖ線Nassau Ave.より徒歩約2分 URL fiveleavesny.com

Beacon's Closetから 歩いて約9分

7 Franklin St.

センス抜群のライフスタイルストア

ギャラリーのような贅沢な空間に、ビンテージアイテムやジュエリー、雑貨などがずらり。おしゃれローカルが通う人気店。

ピープル・オブ・2モロー
People of 2morrow

Map 別冊P.28-B2 グリーンポイント

65 Franklin St.（at Oak St.） ☎1-718-383-4402 月〜土11:00〜20:00、日12:00〜19:00 休無休 Card A.D.J.M.V 交地下鉄Ⓖ線Greenpoint Ave.より徒歩約8分 URL peopleof2morrow.com

1.ブルーのメンズTシャツ$18 2.アナ・スイのワンピース$38 3.カラフルなワンピース$28 4.広々とした空間に商品をゆったりと配置

1.光がたっぷり入る開放的な店内 2.商品はすべてメイドインUSAまたはフェアトレード 3.シャツとパンツ類も豊富

©Jason Goodrich

地元に根差した個性派ブティック

グリーンポイントに長く住むアーティストご夫妻がオーナー。メイド・イン・USAやフェアトレードなど厳選されたこだわりアイテムが揃う。

ウルブズ・ウィズイン
Wolves Within

Map 別冊P.28-B2 グリーンポイント

174 Franklin St.（near Java St.） ☎1-347-889-5798 月〜土12:00〜20:00、日12:00〜19:00 休無休 Card A.D.J.M.V 交地下鉄Ⓖ線Greenpoint Ave.より徒歩約4分 URL www.wolveswithin.com

Wolves Withinから
歩いて約10分

8 Manhattan Ave.

空間演出も話題の隠れ家ビストロ

壁一面に本が並ぶアンティーク店のような店内はくつろぎ感たっぷり。世界中の料理を作ってきた熟練シェフによるフードも絶品！

ミルク・アンド・ロージズ Milk and Roses

Map 別冊P.28-A2 グリーンポイント

1110 Manhattan Ave.（near Clay St.） ☎1-718-389-0160 月〜金9:00〜24:00（ラストオーダー23:00）、土10:00〜翌1:00（ラストオーダー12:00）、日10:00〜23:00（ラストオーダー22:00） 休無休 Card 現金のみ 交地下鉄Ⓖ線Greenpoint Ave.より徒歩約7分 URL milkandrosesbk.com

1.ポレンタとトマトソースのEggs al Pomodoro $10 2.季節のフルーツが載ったFrench Toast $9 3.店内奥の裏庭も素敵

プチぼうけん 1

どんどん進化するブルックリン

ローカル住民御用達の絶景スポット

ローカルたちが思い思いの時間を過ごすイースト・リバー沿いの公園。マンハッタンの絶景を見ながら、のんびりくつろごう。

1.エンパイアを背景にリラックス～ 2.川のこんな近くまで行けちゃう

トランスミッター・パーク WNYC Transmitter Park

Map 別冊P.28-B2 グリーンポイント

West St.（bet. Kent St. & Greenpoint Ave.） 図地下鉄Ⓖ線Greenpoint Ave.より徒歩約7分 URL www.nycgovparks.org/parks/transmitter-park

9 West St.

Champion Coffee から歩いて約14分

帰りはフェリーでマンハッタンへ

クルーズ気分を楽しめるフェリーは、乗ってしまえば対岸のマンハッタンまですぐ。片道$4（週末$6）。

到着！

GOAL

イースト・リバー・フェリー East River Ferry

Map 別冊P.28-B2 グリーンポイント

Foot of India St.（Greenpoint Terminal） ☎1-800-533-3779 Card A.D.J.M.V 図地下鉄Ⓖ線Greenpoint Ave.より徒歩約9分 URL www.eastriverferry.com

チケット入手から乗船まで

1 まずはチケットを入手
乗船時間が近づくと乗り場付近で係員が販売する。係員がいないときは自動販売機で購入。

2 いざ、乗船！
違う方面に乗らないよう係員に行き先を確認すること。下船する人を待っていよいよ乗船！

3 船外も船内も快適！
景色を楽しみたい人は2階のデッキに出よう。強風が苦手な人は、船内シートへ。

CHAMPION coffee

常連客が集うローカルカフェ

バリスタが丁寧に入れてくれる1杯を目当てに、コーヒーラバーたちが足繁く通う人気スポット。サンドイッチもおいしいと評判。

いれたての本格コーヒーを楽しんでね！

チャンピオン・コーヒー Champion Coffee

Map 別冊P.28-A2 グリーンポイント

1108 Manhattan Ave.（near Clay St.） ☎1-718-383-5195 毎日7:00～20:00 休無休 Card D.J.M.V 図地下鉄Ⓖ線Greenpoint Ave.より徒歩約7分 URL www.championcoffee.net

1.店内奥にある裏庭は隠れ家的雰囲気 2.スタッフもみんなフレンドリー 3.クッキーなどスイーツ類も要チェック

プチぼうけん 2

世界にたったひとつ！　自分だけのオリジナルアクセサリーを作りたい

好きなモノをたくさん買うのもいいけど、“自分だけ”のスペシャル感を味わいたい人におすすめなのが手作りレッスン！　とびっきりキュートなアクセを作っちゃおう。

ニューヨークではじめてのアクセサリー作り♪

ニューヨークで人気のDIY（Do It Yourself「自分で作ろう」）。人気のアクセサリー屋さんで、オリジナルのアクセサリー作りに挑戦！

日本にも上陸して話題！

ブルックリン・チャーム
Brooklyn Charm

2010年にオープンしたアクセサリー店。チャームやストーン、チェーンなどのパーツも豊富で、オリジナルアクセサリーもデザインできる。

Map 別冊P.29-C2 ウイリアムズバーグ

145 Bedford Ave. (bet. 9th & 10th Sts.)
1-347-689-2492　毎日11:00～20:00
休 祝　Card A. D. J. M. V.
交 地下鉄Ⓛ線Bedford Ave.より徒歩約3分
URL www.brooklyncharmshop.com

初めての人でも大丈夫！一人ひとりていねいに教えます♪

教えてくれた人
Kaitlin Kabrichさん

アクセサリー講師歴10年。ディスプレイデザイナーとしても活躍中で、メイシーズのウィンドーも手がけている。

オリジナルアクセサリー作り　TOTAL 1～1.5時間

オススメ時間　11:00～17:00　予算　$40

予約方法
24時間前までにウェブサイトからEメール、または店頭で予約する。レッスンは1～6人で行う。予約、レッスンともに英語で。

アクセ作りで使える英語

○○○○を作りたいです。
I want to make ○○○○.

手伝ってほしいんだけど……。
I need your hands.

どうやってやるの？
How did you do that?

青いチャームを探しています。
I'm looking for a blue charm.

ニッパーの使い方を教えてくれますか？
Would you show me how to use nippers?

HOW TO MAKE A CHARM PENDANT

自分だけのオリジナルアクセサリーを作りたい

1 パーツを選ぼう!

ピアスやネックレス、リングなど自分の作りたいものを決める。その後、使用するチャームを5つ選ぶ。

2 道具の使い方をお勉強

使用する道具の名前と使い方を、一つひとつ説明してくれる。使い方の練習もするので、不器用な人も安心♪

3 さぁ! 作ってみよう

作りたいアクセサリーの見本を見ながら、いざ挑戦。チャームの金具の開け方など、細かい作業をもくもくと。

4 できあがり?♪

実際つけてみて微調整をしたら、完成! 所要は1時間くらい。レッスンを受けた人は、ショップで使える25%オフ券がもらえる。

チェーンを切ったり、つなげたり。個性豊かな作品の数々。

アクセサリーはお店でも売ってるよ!

店内では、アクセサリーも売っている。また、好きなチャームやストーン、チェーンを選んで、お店の人に作ってもらうこともできる。

かわいいものを求める女子でいつもいっぱい!

ここでも作れます!

アジア雑貨も豊富
ビーズ・オブ・パラダイス Beads of Paradise

ジュエリー作りの基礎を学べるクラスや数珠作りのクラスなどがある。店内には日本人スタッフも常駐。

Map 別冊P.11-D1 チェルシー

16. E.17th St. (bet. 5th Ave. & Broadway)
☎1-212-620-0642 月〜土11:00〜19:30、日12:00〜18:30 休無休 Card A. M. V.
地下鉄Ⓛ Ⓝ Ⓠ Ⓡ ④ ⑤ ⑥線14th St.より徒歩約4分 URL beadsofparadisenyc.com

好みのビーズを選べる
ブルックリン・ビード・ボックス Brooklyn Bead Box

簡単なアクセサリー作りから複雑なステッチまで、さまざまなクラスを提供。プライベートクラスもある。

Map 別冊P.27-D3 ボコカ

244 Smith St. (near Douglass St.)
☎1-718-855-2375
毎日12:00〜19:00 休無休 Card M. V.
地下鉄Ⓕ Ⓖ線Bergen St.より徒歩約4分
URL www.brooklynbeadbox.com

プチぼうけん 3

お総菜やスイーツを買い込んで……セントラルパークで爽快ピクニック♪

ニューヨーカーの憩いの場所、緑あふれるセントラルパーク。都会のオアシスで、ショッピングや観光とはひと味違ったリアルなニューヨークの休日を楽しもう！

まずは公園近くのスーパーで必須アイテムを調達！

ピクニックには必須だよ

おすすめのテイクアウトグルメ

※1lb（ポンド）＝約453g

フォークや塩コショウなどはレジを出たところでもらえる。手前から時計回りで、チーズ・プレート$7.09、アロマティック・ソードフィッシュ（メカジキ）$15.99、ローストポテト$7.99/1lb、ランチボックス$9.99からパストラミサンド、カリフォルニアロール$8.89、イチゴのサラダ、中央がトマトのサラダ（ともに$7.99/1lb）

あると便利！

日焼け対策も！

1. アイスティーもNYブランド、ティーニー$1.99を選びたい
2. アロマの香りの紙おしぼり$5.99
3. 日焼け止め$7.99も忘れずに

食べ物はここでゲット！

ホールフーズ・マーケット
Whole Foods Market

食料品ばかりでなく、ピクニック向けのアイテムも入手できるナチュラルスーパー。

Map 別冊P.19-C1, 2 アッパー・ウエスト・サイド

10 Columbus Circle（bet. 58th & 59th Sts.）
1-212-823-9600　毎日8:00〜23:00
Card A.D.J.M.V.　地下鉄ⒶⒷⒸⒹ①線59th St. - Columbus Circleより徒歩すぐ
URL www.wholefoodsmarket.com

セントラルパークでピクニック

TOTAL 2時間

オススメ時間 7〜8月10:00〜13:00
5〜6月、9月11:00〜15:00

のんびりしよう♪
7〜8月の週末は大混雑なので、平日の午前中が狙いどき。飲食OK、ただしアルコール飲料の持ち込みはダメ。球技、楽器、犬の入園は基本的に禁止だが、かまわない人もちらほら……。

のんびり派？アクティブ派？ NYピクニックの楽しみ方

心も体もリフレッシュできる

セントラルパーク(シープ・メドウ)

Central Park (Sheep Meadow)

公園内で人気のピクニックエリア。1934年まで羊の放牧場として使われていた。木々と摩天楼を眺めつつ、芝生にごろんとできる。

Map 別冊P.23-C3 セントラルパーク

西側66th〜69th Sts. オープンしている時期は5月〜10月中旬 地下鉄Ⓐ Ⓑ Ⓒ Ⓓ ①線59th St. - Columbus Circleより徒歩約10分 URL www.centralpark.org

ここでの楽しみ方は人それぞれ。犬と遊んだり、楽器を演奏したり、日光浴をしたり、都会の狭い部屋では日頃できないことを、思う存分楽しむのがニューヨーク流！

遊び道具の調達は……？

フリスビーやバドミントンなどをお探しなら、チェルシーにあるスポーツ総合店、パラゴン・スポーツへ。

Map 別冊P.11-D1

ほかにもここで手に入れよう！

近くにあるNYの人気店のフードもいろいろ調達して、ピクニックに彩りを添えよう！

日本にも上陸したけど、やっぱり本場で！

キュートなカップケーキに釘付け！

マグノリア・ベーカリー

Magnolia Bakery

人気ドラマ「SATC」に登場したことで大ブームを巻き起こしたカップケーキ店。NYでは現在4店舗を展開。

Map 別冊P.22-B3 アッパー・ウエスト・サイド

200 Columbus Ave. (at 69th St.) 1-212-724-8101 日〜木7:30〜22: 00、金・土7:30〜24:00 休祝 Card A. D. J. M. V. 地下鉄①線66 St. - Lincoln Centerより徒歩約4分 URL www.magnoliabakery.com

一流ホテルの下にあるフードコート

プラザ・フードホール

The Plaza Food Hall

ピザからスシ、スイーツまで、NYの人気店が入ったハイエンドなフードコート。お茶やチョコレートなど、おみやげアイテムも充実。

DATA→P.88

定番人気のLuke'sのロブスターロール

パーク内で調達するなら

公園内には、ホットドッグやプレッツェル、ドリンクなどを売る屋台があちこちに出ている。アイスキャンディーもおすすめ。

ホットドッグ

プレッツェル

パーク内にも見どころたくさん ニューヨーカーのオアシスを満喫

1年中いつ行っても、さまざまなシーンを見せてくれるのがセントラルパークの魅力。四季折々の景色を楽しみながら、園内の人気スポットをまわってみよう。

セントラルパークさんぽ TOTAL 2〜3時間

オススメ時間 10:00〜16:00　予算 歩くだけなら0円

こんな方法も！
広大な園内は馬車（最初の20分$50〜）と人力車（1分約$3〜4）で回ることも可能。レンタルサイクルもある。

1 Woolmanrink ウールマン・リンク

夏は遊園地、冬はスケートリンク

10月末から4月初めまでオープンするアイススケート場。夏期は遊園地「Victorian Gardens」になる。

Map 別冊P.19-D1

2 Alice in Wonderland 不思議の国のアリス

子供に人気の銅像

名作児童小説のキャラクターをモチーフにした銅像。ジャングルジムのように登って遊べるので子供たちに人気。

Map 別冊P.23-D2

3 Bethesda Fountain ベセスダの噴水

公園のランドマーク

中央に天使の像が立つ噴水。周辺の広場ベセスダテラスともに、多くの映画の撮影地として使われてきた名所。

Map 別冊P.23-D3

ワイルドマンとエコツアー！

ワイルドマンことスティーブ・ブリルさんと公園内の野草を採取するツアー。ハーブや果実など、その場で試食もできて楽しい！

72nd St. & Central Park Westに集合（MAP 別冊P.23-C3）
☎1-914-835-2153　ツアーは3月上旬〜12月上旬まで。日程はウェブで確認を　料大人$20、12歳未満$10（当日に現金で支払う）予最低24時間前までに予約が必要。また、天候などによりツアーが中止になることもあるので、前日夜までに予約確認の電話をすること　交地下鉄Ⓑ©線72 St.から徒歩すぐ　URL www.wildmanstevebrill.com

夏のお楽しみ！イベント情報

フリーイベントもたくさん

音楽やダンスなどの「サマーステージ」や本格的舞台「シェイクスピア・イン・ザ・パーク」など、無料イベントも盛りだくさん！

4 Strawberry Fields ストロベリーフィールズ

オノ・ヨーコがデザイン

ジョン・レノンが住んでいたダコタ・ハウス前の広場にある記念碑。中央にはIMAGINEと書かれている。Map 別冊P.23-C3

5 Jacqueline Kennedy Onassis Reservoir ジャクリーン・ケネディ・オナシス貯水池

ジョギング中のセレブに遭遇?!

ジョン・F・ケネディ大統領夫人の名前がついた池。彼女以外にも多くのセレブのジョギングコースとして有名。

Map 別冊P.23-D1

セントラルパークと映画

これまでに300本以上の映画に登場。そのうちのいくつかをご紹介。

プチぼうけん3

セントラルパークで爽快ピクニック♪

『魔法にかけられて』

ジゼル姫が歌い踊るミュージカルシーンをシープ・メドウなど多くの場所で撮影。ラストシーンはベセスダの噴水。

『魔法にかけられて』
ブルーレイ
価格　2,381円+税
発売元　ウォルト・ディズニー・スタジオ・ジャパン

『ブライダル・ウォーズ』

ケイト・ハドソンとアン・ハサウェイ演じる主人公ふたりが公園内をジョギング。すぐそばのプラザホテルも登場。

ブライダル・ウォーズ
ベスト・ヒット Bride Wars
2012年10月26日発売
（発売中）
価格　¥1,419+税

『世界中がアイ・ラヴ・ユー』

ウディ・アレン監督のミュージカル映画。冒頭の春のシーンのほか、途中で秋と冬の公園の景色が挿入される。

『世界中がアイ・ラヴ・ユー―デジタル・レストア・バージョン―』
価格　¥1,800+税
発売元・販売元　株式会社KADOKAWA　角川書店

そのほかの映画

『ゴーストバスターズ』、『ティファニーで朝食を』、『恋人たちの予感』、『メン・イン・ブラック2』、『ホーム・アローン2』、『あの頃ペニーレインと』、『オータム・イン・ニューヨーク』、『セレンディピティ』など。

プチぼうけん 4

こんなトコにも!? 意外と知らないティファニーの魅力、再発見！

ティファニーは永遠のあこがれ。女の子に生まれたなら、いつかは身につけたいブランドのひとつ。実はNYのいろんなところにティファニー製品が使用されてるって知ってた？

ティファニーでぼうけんを

TOTAL 1時間

オススメ時間 10:00～12:00

予算 見るだけなら0円

ティファニーを再発見する旅

日本にあるとはいえ、やっぱり行ってみたい5番街の本店。せっかくだから、シルバーのカジュアルラインだけでなく宝飾品や革製品などもじっくり見ちゃお！

Breakfast at TIFFANY'S

ティファニーといえばオードリーでしょ☆

映画『ティファニーで朝食を』で両者の人気は不動のものに。オードリーが亡くなったとき、ティファニーは全世界の店舗のショーウインドーに「われらがハックルベリー・フレンド（苦楽をともにする友達）」と追悼広告を出したほど。

ティファニーで朝食は食べられないケドね♪

気になる本店のフロアプラン！

オードリー扮するホリーがクロワッサンを食べながらウインドーを眺めるシーン。まさにそこが5番街と57丁目の角にあるティファニー本店。キラキラまばゆい光を放つ豪華な世界に引き込まれちゃう☆

Floor MAP

6F カスタマー・サービス

フカフカじゅうたんのブースでは、サイズのお直しや修理などを受け付け。日本で購入したものでもティファニー製なら無料でクリーニングしてくれる！

4F テーブルウエア、ギフト、レザーなど

ティファニーブルーのバッグをはじめ、手帳やカードケース、香水など、比較的お手頃価格のグッズがある注目フロア。マグカップは$35～でおすすめ。

3F シルバージュエリー

ネックレスやブレスレット、リングなど、おなじみスターリングシルバーを使ったジュエリーがずらり。メンズや小さな革小物、チャームバーもあるよ。

2F エンゲージ&ウエディング

やっぱり一番人気が高いフロア。ダイヤにこだわるスタッフが予算や指に合うものをじっくり探してくれる。品揃えが豊富すぎてどれにするか悩む～。

1F ファインジュエリー

エルサ・ペレッティやパロマ・ピカソなど、大胆で華やかなファインジュエリーがお出迎え。訪れる人々をうっとり魅了する。目の保養をして上階へ！

『ティファニーで朝食を』

ニューヨークのアパートで名のないネコと暮らす高級娼婦ホリーと、駆け出しの小説家ポールがしだいにひかれあっていくラブ・ストーリー。物語の冒頭や劇中でティファニーが登場する。

ティファニーで朝食を 製作50周年記念リストア版 ブルーレイ・コレクターズ・エディション【初回生産限定】価格：5,524円（税別）発売元：パラマウント ジャパン

やっぱり本店！

ティファニー

Tiffany & Co.

時を超え世界中の女性に愛され続けている超一流ブランド。アールデコ調のエントランスを抜けると奥にエレベーターがあり、上階までアクセスできる。

Map 別冊P.20-A2
ミッドタウン

住 727 5th Ave.（at 57th St.）
電 1-212-755-8000 営 月～土10:00～19:00、日12:00～18:00 休 祝
Card A.D.J.M.V. 交 地下鉄線Ⓝ Ⓠ Ⓡ線5th Ave. - 59th St.より徒歩約3分
URL www.tiffany.com

3階ならわたしでも…

NYってこ〜んなにティファニーがたくさん！

さすがは本店があるNY。ホテルや駅、美術館、ヤンキースなど、いろんな場所で本物のティファニー製品が見られちゃう！

Tiffany Chandelier
ため息が出るほど美しいクリスタルのシャンデリア

Dragonfly Lamp
逆さになったトンボ。羽の部分の繊細さにも注目

Trumpet Creeper Lamp
オレンジの花がかわいいアメリカノウゼンカズラ

Ice Cream Dish
シルバー王ジョンWマッケイが妻のための夕食会で使用

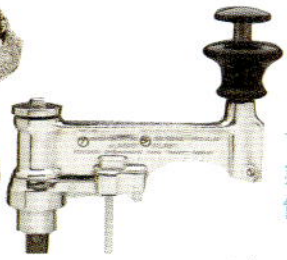

Controller Handle
1904年の地下鉄開業時にNY市長が使った制御器

ティファニーコレクションが充実

ニューヨーク歴史協会

New York Historical Society

1804年設立のNY最古の美術館。ティファニー製ランプ132点を展示。明かりが灯された状態での展示なので色鮮やかな模様を堪能できる。

Map 別冊P.23-C2 アッパー・ウエスト・サイド

170 Central Park West（bet. 76th & 77th Sts.） 1-212-873-3400 火〜土10:00〜18:00（金〜20:00）、日11:00〜17:00 休月・祝 Card A.D.J.M.V. 交地下鉄Ⓑ©線81st St. - Museum of Natural Historyより徒歩約4分 URL www.nyhistory.org

クラッシーで豪華

ルーズベルト・ホテルのロビーのシャンデリア

Roosevelt Hotel

1924年創業の老舗ホテル。1階のロビーと中2階のグランドボールルームにティファニー製の見事なシャンデリアが使われている。

ホテル1階のロビーにある。ここで記念撮影する人の姿も

Map 別冊P.20-A3 ミッドタウン

45 E. 45th St.（near Madison Ave.） 1-212-661-9600
FAX 1-212-885-6161
Card A.D.J.M.V. 室1015
交地下鉄Ⓢ④⑤⑥⑦線Grand Central - 42nd St.より徒歩約3分
URL www.theroosevelthotel.com

ニューヨークヤンキースのロゴマークも！

2009年MLBワールドシリーズで松井秀喜選手が獲得したMVP賞のトロフィー

松井秀喜ベースボールミュージアム

石川県能美市山口町タ58番地
0761-22-2447 URL www.hideki.co.jp

NYとティファニーのふか〜い関係

あのヤンキースのロゴをデザインしたのもティファニー。元々はNY市警への名誉勲章に使われたものだそう。メトロポリタン美術館にもステンドグラスなど多くの作品が展示されている。

じつはここにもティファニーが！

グランド・セントラル・ターミナルの時計

Grand Central Terminal

42丁目沿いの正面玄関の上にある時計は世界最大級のティファニー製ステンドグラス。周りにあるヘラクレスなどの彫刻は仏人彫刻家が制作。

DATA…→P.49

ティファニーの歴史

1837	ブロードウエイ259番地にオープン。初日の売上は$4.98だったそう
1851	アメリカでシルバーの純度基準を最初に設定した
1880	ティファニーセッティングダイヤモンドエンゲージメントリングを発表。今も婚約指輪の定番
1940	現在の、57丁目と5番街の角に本店が移転オープン
1961	オードリー・ヘップバーン主演の『ティファニーで朝食を』が公開
1970	オープンハートが大流行。現在も世界中の人に愛されている
1980	大胆なデザインで知られるパロマ・ピカソのコレクションがティファニーより発表される
2012	創業175年を迎える

プチぼうけん 5

初心者でも踊れます！ノリノリなリズムのズンバに挑戦♪

今ニューヨークで最も熱いエクササイズといえば、なんといってもズンバ！　楽しく踊れて、ダイエットにも効果大とあってガールズには特に大人気。熱気満々のクラスに参加してレッツダンス！

TOTAL 1時間

ズンバに挑戦

レッスン時間　土曜14:30～15:30（長谷川麻美さんのクラス）　予算　0円

事前メールでおためし無料！
ここで紹介したNYSCでは通常＄15の1日パスがあるが、長谷川さんに事前にメールで予約を取れば、初回のみゲストとして無料でクラスに参加できる。

ズンバとは
コロンビア出身のダンサー兼振付師アルベルト・"ベト"・ペレズによって生み出されたフィットネス・プログラム。ノリのよい音楽とダンスを融合させ、ハイテンションなワークアウトを展開する。

先生からのアドバイス

1. **汗をかいて、とにかく楽しむ！**
ステップのことは気にしないで、動いて汗をかいて、楽しみましょう。
2. **恥ずかしさは捨てる**
クラスにはポジティブな気分で来て、恥ずかしがらずに踊ってみましょう。
3. **インストラクターに話しかける**
クラスが始まる前に、インストラクターに気軽に話しかけてみてください。

楽しくエクササイズ NYでズンバデビュー！

NYでハマる人続出のズンバにトライ！　コトバがわからなくても先生の動きをマネすればOK！　リズミカルな音楽に体をゆだねて思いっきり踊ろう。

持ち物リスト
- ✔・足に負担がかからないスニーカー
- ✔・動きやすくて通気性のよいウエア
- ✔・タオル。スポーツクラブでも提供される
- ✔・ウォーターボトル。自動販売機もある

インストラクター
長谷川麻美（はせがわ・まみ）さん
1997年からNY在住。平日の昼間は法律事務所で働き、金曜と日曜以外は毎日NYSCでズンバとフィットネスを教えている。
URL mamihasegawa.zumba.com
※上記サイトのContactからメールを送れる。

クラスが豊富
ニューヨーク・スポーツ・クラブ
New York Sports Clubs（NYSC）

マンハッタン内に30ヶ所以上展開する人気ジム。ズンバのほか、ヨガやピラテス、ダンス、キックボクシングなど、さまざまなクラスを提供する。

Map 別冊P.24-B1 アッパー・イースト・サイド

151 E. 86th St.（near Lexington Ave.）☎1-212-860-8630　月～木5:00～23:00、金5:00～22:00、土・日7:00～21:00　地下鉄④⑤⑥線86 St.より徒歩すぐ　URL www.mysportsclubs.com

レッスンまでのSTEP

1. **持ち物はこちら！**
必須なのは、スニーカーと靴下とウエア。汗を大量にかくので、通気性のよいものがおすすめ。
2. **受付をする**
時間に余裕をもって到着しよう。受付では受けたいクラスの名前を言って、支払いなどをすませる。
3. **指定されたクラスへ**
受けたいクラスの部屋番号を確認してからクラスへ。曜日によって部屋が変わることもあるのでチェック。
4. **まずはウオームアップ**
クラスが始まる前に自分なりのウオームアップで準備。クラスメイトにも気軽に話しかけてみよう。

ここでも体験できるよ！ ズンバレッスンが受けられる教室をさらにご紹介

一流ダンサーと一緒に

アルビン・エイリー・アメリカン・ダンス・シアター

Alvin Ailey American Dance Theater

NYの名門ダンス・カンパニーのパブリッククラス。ズンバのクラスは毎日ある。時間はウェブサイトでチェック。

Map 別冊P.18-B2 ミッドタウン

405 W. 55th St. (at 9th Ave.)　☎1-212-405-9500　料シングルクラス$18、5クラスカード$83（2カ月間有効）　交地下鉄①ⒶⒷⒸⒹ線59th St. - Columbus Circleより徒歩約8分　URL www.alvinailey.org

外で気持ち良くダンス

ブルックリン・ブリッジ・パーク

Brooklyn Bridge Park（Pier2）

Photo：Alex Hoyer

イースト・リバー沿いのピア2で夏期に開催されている無料のズンバクラス。マンハッタンの絶景を背後に踊れる！

Map 別冊P.27-C2 ダンボ

Brooklyn Bridge Park, Pier 2　5月下旬～9月中旬の日15:30～　交地下鉄②③線Clark St.より徒歩約11分　URL www.brooklynbridgepark.org/events/zumba

プチぼうけん 6

目指せ！ニューヨークの達人 賢い女子は“無料遊び”に夢中！

ALL FREE $0でNYを満喫！

NYで遊ぶって、何かと出費がかさむもの。
でも、実はおトクに楽しめちゃうことがいっぱいあるんです。
お金を使わなくても遊べるスポットを一挙ご紹介。
これはトライするしかないよね！

プロが手がける NY最新メイクにチャレンジ

一流ブランドの専属メイクアップ・アーティストが、メイク＆アドバイスを無料でしてくれる人気イベント！　日替わりなので、詳細はウェブサイトで確認を。

やってみました！こんなに大変身。

ちょっとくすみが気になる

表情が明るくなった！

さすがプロのワザ！

ランコムの専属アーティスト、マニュエル・ヴィエガスさん。あのペネロペ・クルスのメイクも手がけていたそうです。

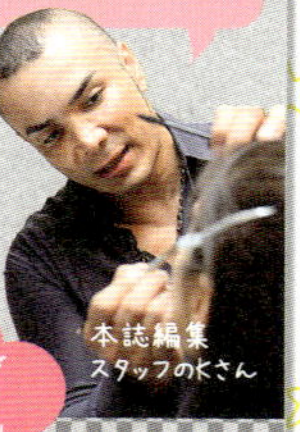

本誌編集スタッフのKさん

愛称は“ブルーミー”

ブルーミングデールズ

Bloomingdale's

1872年創業の老舗デパートで売り場面積も広い。全米各地に支店をもつ。懐かしの人気TVドラマ『フレンズ』でレイチェル（ジェニファー・アニストン）が勤めていたのもここ。

メイク体験　TOTAL 30分

オススメ時間 10:00　予算 0円

狙い目は開店直後！
予約は不要。来店客が少ないときのほうが、ゆとりをもってメイクしてくれる。世界で活躍するトッププロにメイクしてもらえるチャンスを逃さないで！

Map 別冊P.20-B1 アッパー・イースト・サイド

1000 3rd Ave.（at 59th St.）　☎1-212-705-2000
月～金10:00～20:30、土10:00～22:00、日11:00～22:00　㊡祝　Card A.D.J.M.V.　図地下鉄④⑤⑥線59th St. - Lexington Ave.より徒歩約1分
URL www.bloomingdales.com

貴重なファッション・コレクションを堪能

ファッション専門の名門大学FITの付属美術館がいつでも無料! 特に靴やランジェリーなど、さまざまなテーマをフィーチャーする地下1階の特別展は必見。

美術館鑑賞体験 TOTAL 1時間
オススメ時間 13:00〜16:00 予算 0円

ファッションを学ぶなら

ファッション工科大学美術館 Museum at the Fashion Institute of Technology

カルバン・クラインやマイケル・コースなど有名デザイナーを多く輩出したFITの美術館。

Map 別冊P.15-C3 チェルシー
227 W. 27th St.（at 7th Ave.）
1-212-217-4558 火〜金12:00〜20:00、土10:00〜17:00 休日・月・祝 地下鉄①線28 St.より徒歩すぐ
URL www.fitnyc.edu/museum.asp

近くにあるバーンズ&ノーブル（MAP別冊P.15-C3）にはFITのロゴ入りグッズがたくさん!

超高級コスメブランドでフェイシャルケア♪

バーグドルフ・グッドマン内のラ・メールでは、なんとフェイシャルが無料!（30分。初回限定）商品2個購入すれば50分が無料なので、かなりおトク。

日本だと約2万円とか…?

ラ・メール La Mer

DATA→P.115

全米のバーグドルフ・グッドマンのなかでもNYのみのサービス。電話にて要予約。50分フェイシャル無料の条件となる購入商品はリップバームなど、料金関係なくどれでもOK。
1-212-872-2749（※ラ・メール直通番号）
URL www.cremedelamer.com

フェイシャルケア体験 TOTAL 30分
体験時間 予約時に要確認 予算 0円

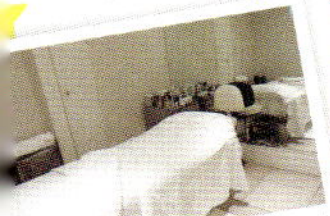

コスメ売場の裏にこんなスペースが!

ワインテイスティング体験 TOTAL 30分
オススメ時間 決められた時間のみ 予算 0円

このワインはベリー系の香りがしますね。
This wine smells like berries.

たくさん試飲して好みのワインを見つけよう

気になるワインを試しちゃおう

アスターワインズ&スピリッツ Astor Wines & Spirits

巨大ワインショップが展開する無料テイスティング。ワインのほか、ウイスキーやブランデー、日本酒などの試飲会も開催。

無料テイスティングの開催時間は、ウェブサイトで確認を。出されたワインは、開催当日に15%オフで購入できる。

Map 別冊P.12-A3 イースト・ビレッジ
399 Lafayette St.（near E. 4th St.） 1-212-674-7500 月〜土9:00〜21:00、日12:00〜18:00 ※無料テイスティングは水〜金18:00〜、土15:00〜、日14:00〜（時間と曜日はウェブサイトでチェック） 休12/25、1/1
Card A.D.J.M.V. 地下鉄⑥線Astor Pl.より徒歩約3分
URL www.astorwines.com

いろんなお酒があるよ

ナイキの無料プログラムでランニングしちゃおう〜！

ナイキがマンハッタン内の3店舗で展開する無料プログラム。毎週日曜の15時以降にURL www.nike.com/nycで、その週のクラスの事前予約が必要。ランニング以外にも、ヨガやストレッチなどを行う室内ワークアウトのクラスもある。

ランニング体験　TOTAL 1時間

オススメ時間　決められた時間のみ　予算　0円

服装＆持ち物の注意
3階のトイレで着替えることができ、荷物は2階の受付で預かってくれる。土曜日は開店前のスタートだが、入口で参加を伝えれば入れてくれる。開始10分前には到着を。

5階建てのメガストア
ナイキタウン
Niketown

ウエアからシューズまで、幅広い品揃えを誇る。1階はNYオリジナル商品。

Map 別冊P.19-D2 ミッドタウン

住 6 E. 57th St.（bet. 5th & Madison Aves.）
☎ 1-212-891-6453　営 月〜土10:00〜20:00、日11:00〜19:00　休 無休　Card A.D.J.M.V.
交 地下鉄Ⓝ Ⓠ Ⓡ線5th Ave.-59th St.より徒歩4分
URL www.niketown.com　※フラットアイアン店 住 156 5th Ave.(at 20th St.)とアッパー・イースト・サイド店 住 1131 3rd Ave.(bet. 66th & 67th Sts.)でも開催

セントラルパークでヘルシー・ウオーキング

ニューヨーク・ウオーカーズクラブが催行するウオーキング・クラスも無料。歩きながら公園内の観光スポットも回れちゃうからおトク！　予約不要。開始前までに集合場所（下記データ参照）に行けばよいだけ。

ヘルス＆レース・ウオーキング体験　TOTAL 1時間30

オススメ時間　決められた時間のみ　予算　0円

服装＆持ち物の注意
運動できる格好で参加を。履き慣れた靴は必須。夏は帽子やサングラス、日焼け止めで日焼け対策、冬は手袋や帽子、ナイロン製ジャケットなど防寒を忘れずに。

NYのど真ん中にある公園
セントラルパーク
Central Park

毎日多くのニューヨーカーが利用する都会のオアシス。ウオーキング専門のコーチによりレッスンを受けられるヘルス＆レース・ウオーキングは、人気アクティビティのひとつ。

Map 地図外 セントラルパーク

住 97th St. にあるNorth Meadow Recreation Centerに集合　営 土9:30〜11:00（冬期は不定休）　交 地下鉄Ⓑ Ⓒ線96th St.より徒歩約10分。駅から公園内に入り97th St. Transverse Rd.を東へ。徒歩10分くらいで左側に集合場所がある
URL www.centralpark.org

カヤック体験

TOTAL 2時間

オススメ時間 9:00〜10:00　予算 0円

早めの到着がおすすめ！
予約ナシなので早い者勝ち。天候がよくて暖かい日は、早めに現場に行こう。天候不順の日は催行されないことも。看板が小さいので見逃さないように。

水上から眺める摩天楼は最高！

ダウンタウン・ボートハウス

Downtown Boathouse

カヤックの魅力を伝えるため、愛好家や地元のボランティアスタッフによってカヤック体験が実施されている。こぎ方のアドバイスもしてくれるので初めてでも安心。

Map 別冊P.8-A3　トライベッカ

Pier 26　5月中旬〜10月中旬土・日・祝10:00〜17:30（7・8月の月〜金は17:00〜18:30、不定休）　休10月中旬〜5月中旬　予不可　交地下鉄①線Franklin St.駅より徒歩約19分　URL www.downtownboathouse.org
※ほかに2ヵ所で開催

プチぼうけん 6

賢い女子は"無料遊び"に夢中！

ハドソン・リバーで絶景カヤック体験

ハドソン・リバーが美しくなり、川でのアクティビティが人気。カヤックは簡単に楽しめるのでぜひ挑戦を。摩天楼を見ながらの水遊びなんて、あんまりないよ〜。

©Photos by Kevin Hein

事前にチェック！カヤック体験時の注意点

泳げることが必須条件
ライフジャケットを着て、安定性のあるふたり乗りカヤックに乗るが、転覆の可能性もないとはいえない。危ない挑戦や勝手な行動はしないこと。ウェイバー（免責書類）の署名は必須で、すべて自己責任ということをお忘れなく。

荷物はコンパクトに
濡れてもOKな服装で。持ち物は、水着、着替え、サングラス、帽子など。日焼け対策もばっちりしておこう。自分で鍵を持参するならロッカーも使える。万一のために、貴重品は持って行かないように。

スタテンアイランド・フェリーで海から自由の女神を見る

自由の女神に行くフェリーの長蛇の列に並びたくない＆お金もかけたくない、でも女神像は見たい。そんな人におすすめ。片道20分のプチクルーズで、摩天楼も眺められる。

スタテンアイランド・フェリー体験

TOTAL 1時間

オススメ時間 11:00〜15:00　予算 0円

女神と摩天楼を楽しむなら
フェリー後方部、進行方向の右側に乗り込むのがベスト。右側に女神像、後方に摩天楼が見える。平日は30分ごとの運行で、週末は便数が少なくなる。

わずか20分の旅で感動体験

スタテンアイランド・フェリー

Staten Island Ferry

島の住民のための公共交通機関で、なんとタダ。通勤用とはいえ、フェリーで自由の女神の前を通過するので、ちょっとしたクルーズ気分♪

Map 別冊P.7-C3　ロウアー・マンハッタン

4 South St.（South Ferry）バッテリーパーク（スタチュー・クルーズのフェリー乗り場の東側）　URL www.siferry.com

スタテンアイランドって？

NY市を形成する5つの行政区のひとつ。人口約45万人の島は豊かな緑に覆われ、島北部にはヤンキースのマイナーリーグ、スタテンアイランド・ヤンキースの本拠地がある。なんと、ここにNYイチおいしいと噂のピザ屋、Denino's Pizzeria Tavernがある。

リバティ島行きフェリーほど女神に接近はしないが、遠くても正面から見ることができる

イベントも$0でおトク！無料デーをチェック

1年を通してさまざまなイベントが開催されるNY。「これも無料なの？」とビックリ太っ腹なイベントも多数。なかでも、右記はとってもバリューが高いので、ぜひ参加したいもの。ほかのイベントはNYC観光局でチェックを。URL www.nycgo.com

プチぼうけん 7

あなたはセリーナ派？　ブレア派？

おしゃれドラマの定番『ゴシップガール』のファッショナブルなロケ地巡り～

セレブな世界とドキドキする展開で女の子たちを虜にする、ゴシップガール。お金持ちのおぼっちゃまお嬢様たちのリアルで刺激的な生活はわくわくする。ドラマのストーリー同様、撮影場所やファションにも注目！

ときどきワクワクするよね♡

最後はどうなるかお楽しみに♡

〈ファイナル・シーズン〉

〈ファイナル・シーズン〉

〈サード・シーズン〉

STORY
アッパー・イースト・サイドにの名門学校に通う、セレブの子どもたちを描いたドラマ。少し過激でおしゃれと話題に。シーズン6で終了した。

相関図

やっぱりセリーナだよね GGヒロイン気分でぐるり！

アッパー・イースト・サイドで話題のセレブ☆　長身＆ブロンドの誰もがうらやむスーパー美女。母リリーはチャックの父と再婚後、昔の恋人でダンの父と再婚！　母と同じく恋愛体質でさまざまな相手と交際。ゴージャスな彼女にまつわるスポットを回ってみよう。

Serena Van der Woodsen

セリーナ・コース

TOTAL 3時間

オススメ時間 11:00～17:00

予算 地下鉄移動で$2.50～

セリーナ好き必見！

グランド・セントラルからアッパー・イーストへ、その後バスでアッパー・ウエストへ移動。リンカーン・センターのそばにはP.40のエンパイア・ホテルもある。

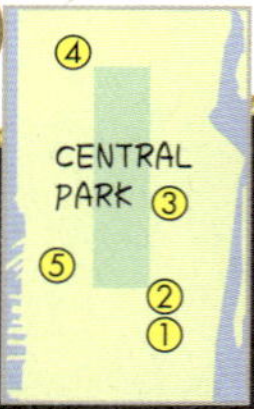

私生活では母親です！

gossip girl

〈サード・シーズン〉

ファッションチェック！

シーズン3の第3話の衣装

- トップス：Joie
- バッグ：Bottega Veneta
- ネックレス：Chanel

タイトなミニワンピやスキニーパンツ＋ジャケットなど、エッジーなスタイリングがセリーナ風。バッグはシャネルとマルベリー率高し！

〈サード・シ

P.38～41で使用した表記のないスチール写真はすべて〈フォース・シーズン〉です。

プチぼうけん

『ゴシップガール』のファッショナブルなロケ地巡り♪

1 ゴシップガールの始まりはここ！ グランド・セントラル・ターミナル

Grand Central Terminal

物語のはじまりはココからです！　大切な待ち合わせに使われたりと、何かと出てくる場所。

DATA → P.49

〈サード・シーズン〉

問題のシーンはここで撮影！

セリーナが街を去る原因となった事件は、グランド・セントラル・ターミナル駅構内のThe Campbell Apartmentで撮影された。

2 セリーナの家 ニューヨーク・パレス・ホテル

The New York Palace Hotel

ヴァンダーウッドセン一家が住んでいる設定。ちなみにSの部屋番号は1510。

Map 別冊P.20-A3　ミッドタウン

455 Madison Ave.（bet. 50th & 51st Sts.）　☎1-212-888-7000　Free 1-800 804-7035　FAX 1-212-303-6000　料 $250～7500　Card A.D.J.M.V.　交 地下鉄Ⓔ Ⓜ線5th Ave. - 53rd St.より徒歩約3分　URL www.newyorkpalace.com

3 よく飲んでるコーヒーはココの！ サン・アンブレ

Sant Ambroeus

シーズン1の第12話でメトロポリタン美術館の階段で飲んでたり、シーズン4の第18話では店内でお茶してます！

Map 別冊P.24-A2　アッパー・イースト・サイド

1000 Madison Ave. (bet. 77th & 78th Sts.)　☎1-212-570-2211　営 月～金8:00～15:30、18:00～23:00、土・日 8:00～16:00、18:00～23:00　休 祝　Card A.D.J.M.V.　交 地下鉄⑥線77th St.より徒歩約10分　URL www.santambroeus.com

パーティしましょ！

4 セリーナが進学したのは… コロンビア大学

Columbia University　Map 別冊P.5

シーズン4からはSが進学。シーズン2のイエール大学のシーンはここで撮影。

gossip girl

SATCにも登場！

『SATC』でもよく登場したダイアン・フォン・ファステンバーグ。GGメンバーもよく着ています！

DATA → P.45

〈サード・シーズン〉

時間のある人は行ってみよう！

みんなが通っていた高校

ロシア正教会 The Russian Orthodox Church Outside of Russia

GGメンバーの通うコンスタンス・ビラード学園の撮影に使われた。

Map 別冊P.5　アッパー・イースト・サイド

75 E. 93rd St.(bet. Madison & Park Aves.)

ニューヨーク市立博物館 The Museum of the City of New York

シーズン1の第14話以降の高校はここで撮影！

Map 別冊P.5　アッパー・イースト・サイド

1220 5th Ave.(bet. 103rd & 104th Sts.)

セリーナのお買い物スポット

インターミックス Intermix

シーズン4の第18話でセリーナがいとことお買い物！

Map 別冊P.12-A1　グラマシー

125 5th Ave.（bet. 19th & 20th Sts.）　☎1-212-533-9720　営 月～土11:00～19:00（金～20:00）、日12:00～18:00　休 祝　Card A.M.V.　交 地下鉄Ⓝ Ⓡ線23rd St.より徒歩約4分　URL www.intermixonline.com

5 シーズン4第8話に登場！ リンカーン・センター

Lincoln Center

SとDがバレエを見に来て、噴水の前でみんなと鉢合わせ！

Map 別冊P.18-B1　アッパー・ウエスト・サイド

10 Lincoln Center Plaza（bet. 62nd & 65th Sts.）　☎1-212- 875-5000　交 地下鉄①線66th St. - Lincoln Centerより徒歩約3分　URL lc.lincolncenter.org

いつでもどこでもガールなブレア 胸きゅんしながら歩いてね♥

負けず嫌いで完璧主義。高校時代は学園の女王の座を巡りセリーナとケンカも。ニューヨーク大学へ進学するがなじまず（女王になれず？）コロンビア大学へ編入。キュートな策略家、ブレアのかわいいを追い求めて散歩しよう。

Blair Waldorf

〈フィフス・シーズン〉

TOTAL 3時間

ブレア・コース

オススメ時間 11:00〜17:00
予算 地下鉄移動で$2.50〜

ブレア気分でGO！
ブレアの拠点、アッパー・イーストからスタート。マディソン・アベニューや5番街を散策後、地下鉄でミッドタウンやグリニッチ・ビレッジに移動してみよう。

〈サード・シーズン〉

1 住んでるのはUES ウォルドーフ家
The Woldorf's Apartment

螺旋階段からブレアが下りてくるのが印象的なウォルドーフ家。普通の住宅なのでそっと見学を。

Map 別冊P.5
アッパー・イースト・サイド
1136 5th Ave.（near 95th St.）

2 ここでおしゃべりが定番 メトロポリタン美術館
The Metropolitan Museum of Art

階段に座ってランチがお決まり。女王ブレアより高い位置に座ることは禁止。

DATA → P.156

男の子たちの家も要チェック！

ネイト・アーチボルト
Nate Archibald

アーチボルト家
The Archibald's Apartment
Map 別冊P.24-A2 アッパー・イースト・サイド
4 E. 74th St.（bet. 5th & Madison Aves.）

チャック・バス
Chuck Bass

エンパイア・ホテル
Empire Hotel
Map 別冊P.19-C1 アッパー・ウエスト・サイド
44 W. 63rd St.（at Broadway）

ダン・ハンフリー
Dan Humphrey

ハンフリー家
The Humphrey's Apartment
Map 別冊P.27-C1 ダンボ
25 Washington St, Brooklyn

くっついたり はなれたり…
〈サード・シーズン〉

〈フィフス・シーズン〉

gossip girl ファッションチェック！

シーズン5第10話の衣装
ドレス：Balenciaga
靴：Gucci

ふんわりシルエットやAラインなど、ラブリーテイストのアップタウンガール風がブレア。色柄ものにヘッドバンドはマスト！

3

4 チャックとの運命の場所
エンパイア・ステート・ビル
Empire State Building

DATA → P.50

シーズン3の第22話に登場。展望台でブレアを待つチャックの姿が印象的。

Do you love me?

プチぼうけん♪

『ゴシップガール』のファッショナブルなロケ地巡り～♥

シーズン1第4話とシーズン2最終話に登場
プラザ・ホテル The Plaza Hotel

シーズン1の第4話に登場したり、シーズン2の最終話でCがBに決死の告白！

Map 別冊P.19-D2 ミッドタウン

5th Ave. at Central Park South
1-212-759-3000 Free 1-866-940-9361
（予約）FAX 1-212-759-3001 $595～4225
Card A.D.J.M.V. 地下鉄Ⓝ Ⓠ Ⓡ線5th Ave.-59th St.より徒歩すぐ URL www.theplaza.com

ドローダ、行くわよ！
〈サード・シーズン〉

〈フィフス・シーズン〉

5 ここでは女王になれず?!
ニューヨーク大学
New York University

シーズン3からブレア、ダン、ヴァネッサが通う大学。

Map 別冊P.12-A3

6 ブレア御用達ブランド
ミリー Milly

高校時代に着ていた真っ赤なコートや緑のコートはミリーのもの。

Map 別冊P.24-A3 アッパー・イースト・サイド

900 Madison Ave. (bet. 72nd & 73rd Sts.) (1-212) 395-9100
月～土10:00～19:00、日12:00～17:00 休祝 Card A.D.J.M.V. 地下鉄⑥線77th St.より徒歩約10分
URL www.millyny.com

Jenny Humphrey

gossip girl ファッションチェック！

パンキッシュでロックなテイストがお好みのジェニー
コート：Zero+Maria Cornejo
靴：Tania Spinelli

このふたりにも注目！

Vanessa Abrams
〈サード・シーズン〉

gossip girl ファッションチェック！

柄使いが上手なヴァネッサ
コート：Dian von Furstenberg
靴：Brian Atwood

まだ観ていない人はDVDをチェック！

ゴシップガール 〈サード・シーズン〉
DVD セット1（6枚組）＆セット2（5枚組）
各 ¥2,490（税別）
ゴシップガール 〈フォース・シーズン〉
DVD セット1（6枚組）＆セット2（5枚組）
各 ¥2,490（税別）
ゴシップガール 〈フィフス・シーズン〉
DVD コンプリートボックス
¥15,495（税別）
ゴシップガール 〈ファイナル・シーズン〉
DVD コンプリート・ボックス
¥9,400（税別）

ワーナー・ブラザース・ホームエンターテイメント

プチぼうけん 8

TVシリーズからムービー2まで！

『SATC』ロケ地総集編!! キャリー気分で名場面を歩きまくる！

ムービー2の公開から数年たった今でも、
オトナ女子たちに愛され続けている『SATC』。
ニューヨークに行くならロケ地を巡りた〜い！
って思う人、まだまだたくさんいるよね。
そこで、北から南までしっかり逃さずご紹介！
どこも立派なNY観光になっておトクな気分♪

STORYをおさらいして アップタウンコースへGO!

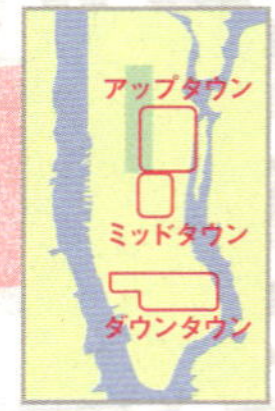

STORY

コラムニストのキャリー、PR会社社長サマンサ、弁護士のミランダ、アートディーラーのシャーロット。NYに住む4人の、セックスなど過激な本音と真実の愛探しをコミカルに描いたラブコメ。

相関図

4人の友情にかんぱ〜い

女トモダチって、いいよねっ！

スタイリングも注目!!

憧れのキャリーに変身！

DVD＆ブルーレイ紹介

SEX AND THE CITY [THE MOVIE] Blue-ray

2105年4月2日発売
セックス・アンド・ザ・シティ［ザ・ムービー］
価格：2,800円（税別）

上記2点
発売元：ギャガ／フジテレビジョン
販売元：ギャガ

SEX AND THE CITY2 [THE MOVIE]
Blue-ray & DVD

セックス・アンド・ザ・シティ2［ザ・ムービー］
価格：ブルーレイ2,381円（税別）、DVD1,429円（税別）
販売元：ワーナー・ブラザース・ホーム エンターテイメント

アップタウンコース

TOTAL 3時間

オススメ時間 10:00〜14:00

予算 歩くだけなら0円

休憩やショッピングを挟んでもGood
セレブなエリアで街歩きも楽しい。ルミでランチしたりバーニーズで買い物するなら半日はみておきたい。「ゴシップガール」好きならP.38と組み合わせても。

UPTOWN アップタウンコース

超高級コンドミニアムやマンションが建ち並ぶ、お金持ちエリア。ちょっとおしゃれして歩くと気分も高まりそう！

いつもラブラブ♥

1 ホーリー・トリニティ教会

Church of the Holy Trinity

シャーロットとトレイが結婚式を挙げた

1889年に建てられたフランス・ルネッサンス様式の教会。NY最古の教会としても知られ、荘厳な雰囲気！　シーズン3に登場。

Map 別冊P.24-B1 アッパー・イースト・サイド

316 E. 88th St. (bet.1st & 2nd Aves.)　1-212-289-4100　地下鉄④⑤⑥線86th St.より徒歩約10分　URL www.holytrinity-nyc.org

プチぼうけん 8

『SATC』ロケ地総集編!!

2 セントラルパーク

Central Park

TVからムービーまで、なにかと使われるロケ地。TVでキャリーとビッグが池に落ちたのはボートハウス（MAP 別冊P.23-D2）。

Map 別冊P.23-C2 セントラルパーク

シャーロットがよく走っていたのは貯水池を回るジョギングコース

ガールズトークしましょ♪

MUSIC ここを歩きながら聴きたい

『Empire State of Mind』
ジェイ-Z feat. アリシア・キーズ*
『Love Is Your Color』
ジェニファー・ハドソン&レオナ・ルイス
『Can't Touch It』
リッキー・リー*
『Window Seat』
エリカ・バドゥ*
すべて映画サントラより
（*印はムービー2、無印はムービー1）

ムービー2衣装秘話

なんと衣装代だけで20億円！　4人の衣装換え回数は104回。そのうちキャリーは41回も！　4人は着用した衣装のいくつかをもらったらしい。

4 バーニーズ・ニューヨーク

Barneys New York

4人の会話にもよく出てくる

キャリーたちが身につけそうなブランドのドレスや靴がたくさん。シーズン5で、シャーロットが目隠しして歩くシーンにも登場。

Map 別冊P.20-A1 アッパー・イースト・サイド

660 Madison Ave. (at 61st St.)　1-212-826-8900　月〜金10:00〜20:00、土10:00〜19:00、日11:00〜18:00　休 祝　Card A.D.J.M.V.　地下鉄Ⓝ⓪Ⓡ線5th Ave. - 59th St.より徒歩約4分　URL www.barneys.com

おっ、意見がそろった！

3 キャリーとビッグのペントハウス

Carrie & Big's Apartment Building

ムービー1のオープニングシーンはここ！

ムービー1でキャリーとビッグが住む予定だったペントハウス。

Map 別冊P.23-D1 アッパー・イースト・サイド

1010 E.82nd St. (Eth & Madison Aves.)　地下鉄④⑤⑥線86th St.より徒歩約8分

映画に出てきた室内は別の建物で撮影、こちらは外観のみ

MIDTOWN

ミッドタウンコース

ハイエンド・ブランドの路面店やデパートが並び、買い物好きにはこたえられないショッピングエリア。HBOオフィシャル・ショップにはぜひ立ち寄りたい。

ミッドタウンコース　TOTAL 2〜3時間

オススメ時間　11:00〜15:00　予算　歩くだけなら0円

5番街を南下がおすすめ
見どころは5番街と6番街の間に点在。高級ブランドやデパートを楽しみながらぶらぶらするなら、5番街をメインにして南下していくのがおすすめ。

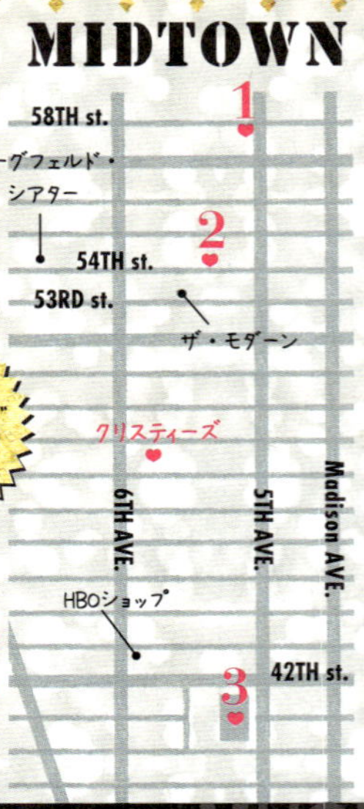

I am Womanを熱唱!!

サマンサを待つ3人

1 バーグドルフ・グッドマン

Bergdorf Goodman

ムービー2の記者会見は、ここの靴売り場で行われた。スタンフォードとアンソニーへの買い物をするため、4人で待ち合わせをする。

ムービー2で4人が買い物に行った

Map 別冊P.20-A2 ミッドタウン

754 5th Ave.（at 58th St.） Free 1-800-558-1855 月〜金10:00〜20:00、土10:00〜19:00、日12:00〜18:00 Card A.D.J.M.V. 交地下鉄Ⓝ Ⓠ Ⓡ線5th Ave. - 59th St.より徒歩約2分 URL www.bergdorfgoodman.com

実はあんな所で撮影

ムービー1で市庁舎に行った後、みんなで食事したのが、老舗ダイナー、ジュニアズ。ブルックリン本店のほか、タイムズスクエアにもある（→P.70）。

ここを歩きながら聴きたい MUSIC

『Single Ladies(Put a Ring on It)』ライザ・ミネリ（ビヨンセのカバー）
『Labels Or Love』ファーギー＊
『Everything to Lose』ディド feat. T-ペイン&シーロ＊
『Rapture』アリシア・キーズ＊
すべて映画サントラより（＊印はムービー2、無印はムービー1）

2 マノロ・ブラニク

Manolo Blahnik

キャリーが大好きなブランド。モマ（→P.160）の裏にたたずむ本店の中には、おしゃれにディスプレイされた美しい靴たちが。

靴フェチのキャリー御用達

ムービー1で物語のキーワードとなった青いパンプスもここのもの

Map 別冊P.19-D2 ミッドタウン

31 W. 54th St.（bet. 5th & 6th Aves.） 1-212-582-3007 月〜金10:30〜18:00、土10:30〜17:30、日12:00〜17:00 Card A.M.V. 交地下鉄Ⓔ Ⓜ線5th Ave. - 53rd St.より徒歩約4分 URL www.manoloblahnik.com

ここで結婚したいわ〜

ヴィヴィアンのドレス♪

ライターであるキャリーが選んだのは、偉人たちの綴ったラブストーリーが眠る市立図書館

3 ニューヨーク市立図書館

New York Public Library

キャリーが結婚式にと決めた

ネオクラシックな建物に一歩足を踏み入れると、NYの喧噪と好対照な静寂さに包まれる。映画同様、一部スペースは結婚式などの利用が可能。

Map 別冊P.15-D1 ミッドタウン

5th Ave.（at 42nd St.） 1-917-275-6975 月〜土10:00〜18:00（火・水〜20:00）、日13:00〜17:00 交地下鉄⑦線5th Ave.より徒歩約3分 URL www.nypl.org

DOWNTOWN
ダウンタウンコース

なんといっても、キャリーの家とマグノリア・ベーカリーがあるのが魅力的なダウンタウン。シメは、SATCのスタイリングを担当するパトリシアのショップでショッピングを！

ダウンタウンコース　TOTAL 3時間

オススメ時間 12:00〜16:00　予算 歩くだけなら0円

キャリーの家はマスト！
1〜5までの物件は比較的近いが、6のパトリシア・フィールドまでは少し距離がある。19世紀の街並みが残るビレッジの散策を楽しみながら移動しよう！

1 ダイアン・フォン・ファステンバーグ
Diane Von Furstenberg

LAのサマンサに電話するシーンに登場

ラップドレスで一世風靡したNYブランド。ムービー1でソファに座るキャリーの横に置かれたグリーンとネイビーのワンピースもここのもの。

Map 別冊P.10-B2 ミートパッキング・ディストリクト

874 Washington St.（near W. 14th St.）☎1-646-486-4800 月〜土11:00〜19:00、日12:00〜18:00 Card A.M.V. 図地下鉄Ⓐ©Ⓔ線14th St. - 8th Ave.より徒歩約8分 URL www.dvf.com

ダイアンから電話中！

ここのラップドレスはシンプルで機能的ながらもエレガントな雰囲気で有名

ここを歩きながら聴きたい MUSIC
- 『Walk This Way』ランDMC＆エアロスミス
- 『I Am Woman』主人公4人たちによるコーラス＊
- 『Auld Lang Syne』マイリ・キャンベル＆デイヴ・フランシス
- 『All Dressed In Love』ジェニファー・ハドソン

すべて映画サントラより（＊印はムービー2、無印はムービー1）

2 マグノリア・ベーカリー
Magnolia Bakery

シーズン3で、キャリーとミランダがほおばるケーキ。大人気となり、長い列ができることもしばしば。

Map 別冊P.11-C2 グリニッチ・ビレッジ

401 Bleecker St.（at 11th St.）☎1-212-462-2572 日〜木9:00〜23:30、金・土9:00〜翌0:30 Card A.J.M.V. 図地下鉄①線Christopher St. Sheridan Sq.より徒歩約5分 URL www.magnoliabakery.com

食べるのがもったいない！　見た目も味も甘ぁ〜いカップケーキ

シティ・ベーカリー
TVシリーズでブラウニーがおいしいお店として登場。時間があれば立ち寄って（→P.77）

恒例のブランチ♪

実はここで撮影された！
ムービー1でサマンサの50歳の誕生パーティが撮影されたのは、ダイアン・フォン・ファステンバーグ。

店内にはSATCファンがいっぱい！

3 キャリーの家
Carrie's Apartment

アッパー・イースト73rd St.に在住の設定だが、実際のロケ地はここ。普通の住宅なので静かに記念撮影を！

Map 別冊P.11-C2 グリニッチ・ビレッジ

Perry St.（bet. Bleecker & 4th Sts.）図地下鉄①線Christopher St. - Sheridan Sq.より徒歩約6分

数々の男性たちに送ってもらったり、別れを告げたりした玄関

仕事も、恋も！

スタイリングを手がけたパトリシアのショップ

4 パトリシア・フィールド
Patricia Field

SATCのスタイリスト兼デザイナーのパトリシアのショップ。店内には洋服やアクセサリーなど個性的なアイテムがずらり。

Map 別冊P.9-C1 イースト・ビレッジ

306 Bowery（bet. Bleecker & Houston Sts.）☎1-212-966-4066 月〜木11:00〜20:00、金・土11:00〜21:00、日11:00〜19:00 休祝 Card A.D.J.M.V. 図地下鉄⑥線Bleecker St.より徒歩約5分 URL www.patriciafield.com

プチぼうけん8 『SATC』ロケ地総集編!!

プチぼうけん 9

NYでオンナ度アップ↗ ヨガでキレイになりたい！

一時期の大ブームを通り越し、日常的にさくっとヨガスタジオに通うのが、もはや定番のニューヨーク。心と体の両方をキレイにし、オンナ度をアップできるヨガにチャレンジ！

呼吸に合わせてポーズ！ヨガで心も体もリラックス♪

呼吸を深めてさまざまなポーズをとることで、疲れやストレスを解放できるヨガ。心と体をリラックスさせて、エネルギーをリチャージ！

NYでヨガ

TOTAL 1時間半～2時間

オススメ時間 10:00～12:00　予算 $20

お役立ち情報
夜のクラスは混み合うので、ゆったりクラスを受けたいなら朝がおすすめ。ヨガマットはレンタルできるが、タオルと水は持参で。15～20分前には到着しよう。

三角のポーズ
疲労回復や血行促進、便秘などにも効果あり。

スタジオからの眺めもステキ

アバヤ・ヨガ

Abhaya Yoga

元ダンサーのタラさんがオーナーのヨガスタジオ。生演奏に合わせてヨガをする金曜夜のBhava（バヴァ）など、さまざまなスタイルのクラスがある。

イーストリバー越しにマンハッタンの摩天楼が見える

Map 別冊P.27-C1 ダンボ

10 Jay St.（at John St.）, Suite 600　月・火・木7:15～21:30、水・金7:15～20:00、土8:00～18:30、日8:00～17:30　休祝　交地下鉄Ⓕ線York St.より徒歩約4分　URL abhayayoga.com

鳩のポーズ
股関節を柔軟にし、ストレス解消にも効果あり。

レッスン体験談　Misakiさん

ステキ空間で充実ヨガ体験
川沿いのビルの6階にあって、窓からの景色がすごくきれいでした。先生の説明もわかりやすくて大満足。ぜひまた受けたいです。

HOW TO LESSON レッスンまでのステップ

1 持ち物はこちら！
ヨガウエアとタオルと水は持参しよう。ヨガマットやブランケットは貸してもらえる。

2 受付をする
受けたいクラスの名前を言って、支払いを済ませる。クレジットカードでも支払い可能。

3 指定されたクラスへ
同時に複数のクラスがあるヨガスタジオの場合は、受けたいクラスの部屋に行く。

4 ウォームアップからスタート
クラスが始まる前にストレッチをしたり瞑想したりして自分なりの準備を整えておこう。

おためしにピッタリ 無料でヨガしちゃおう！

ヨガは初めてでドキドキ。それなら無料クラスに参加するのもいいかも。ヨガスタジオと同じ内容のクラスを気軽に受けられておすすめ！

NYで無料ヨガ

TOTAL 1時間

オススメ時間 9:00〜11:00　予算 $0

お役立ち情報
早めに行って場所を確保しよう。屋外なら日焼け止め対策を忘れずに。マットは貸してもらえる。

マンハッタンのど真ん中

ブライアントパーク・ヨガ
Bryant Park Yoga

夏期に週2回開催。人気ヨガスタジオ「ヨガワークス」の先生が教えてくれる。当日参加もできるがオンラインで予約した方が確実。

Map 別冊P.15-D1 ミッドタウン

40th & 42nd Sts.と5th & 6th Aves.の間　5月下旬〜9月中旬の火10:00〜11:00、木18:00〜19:00　地下鉄Ⓑ Ⓓ Ⓕ Ⓜ線42 St.- Bryant Parkより徒歩すぐ　URL bryantpark.org/plan-your-visit/yoga.html

レッスン体験談　NORIKOさん

開放感たっぷりのクラス！
緑あふれる公園内でのヨガは、森林浴みたいで最高に気持ちよかったです。青空の下で多くの参加者たちとの一体感を味わいました。

肩こりにも効果大の「戦士のポーズII」

豊富な品揃えのヨガウエア専門店

ルルレモン・アスレティカ Lululemon Athletica

ストアの営業開始前に、毎週日曜の朝9時半から1時間の無料クラスを提供。地元ヨガスタジオの先生が月替わりで教えてくれる。

Map 別冊P.19-C1 アッパー・ウエスト・サイド

1928 Broadway (at 64th St.)　1-212-712-1767　月〜土10:00〜21:00、日11:00〜19:00　休祝　Card A. D. J. M. V.　地下鉄①線66 St.- Lincoln Centerより徒歩約2分　URL www.lululemon.com/newyork/newyork

リバース戦士のポーズ
下半身を引き締めてバランスのよい体に！

ほかにもあるよ

CHECK YOGA WEAR!
ヨガウエアもチェック！

着心地のよさと動きやすさがウエア選びの基本。おしゃれ着としても使える商品が豊富なので要チェック！

ボトムスは足をキレイに演出するスッキリ系がおすすめ

パラゴン・スポーツ
Map 別冊P.11-D1
URL www.paragonsports.com

スポーツ・オーソリティ
Map 別冊P.20-B2
URL www.sportsauthority.com

内側からキレイになろう♪

CHECK JUICE!
話題のジュースをチェック

アンチエイジング！
「若さの泉」という名のボトルには、抗酸化効果が高い3種類のベリーが入っている。

ローフードやスーパーフードも揃う

ジュース・プレス Juice Press

Map 別冊P.11-C2 グリニッチ・ビレッジ

122 Greenwich Ave. (bet. Jane & 12th Sts.)　1-212-229-1860　毎日8:00〜22:00　休祝　Card A. D. J. M. V.　地下鉄Ⓛ線8 Ave.より徒歩すぐ　URL juicepress.com

愛飲するセレブが多し

オーガニック・アベニュー Organic Avenue

Map 別冊P.11-C1 チェルシー

216 8th Ave. (W. 21st St. & 8th Ave.)　1-212-358-0500　月〜金7:00〜21:00、土・日8:00〜21:00　休祝　Card A. D. J. M. V.　地下鉄Ⓒ Ⓔ線23 St.より徒歩約3分　URL www.organicavenue.com

グリーン系が人気
数あるボトルの中でも、ケールなどの緑黄色野菜を使ったグリーン系ジュースが人気。

即効性に期待
スムージーやジュースのほか、すぐに栄養をチャージできるショットやブーストも展開。

デトックス目的なら

ジュース・ジェネレーション Juice Generation

Map 別冊P.11-C3 ウエスト・ビレッジ

171 W. 4th St. (bet. 6th Ave. & Barrow St.)　1-212-242-0440　月〜土7:00〜21:00、日8:00〜21:00　休祝　Card A. D. J. M. V.　地下鉄①②線Christopher St-Sheridan Sq.より徒歩約3分　URL juicegeneration.com

プチぼうけん 10

NY現地カメラマンおすすめ 摩天楼のロマンティック夜景を撮ろう！

夜になると、キラキラと光輝く宝石のような夜景が広がるニューヨーク。それを心にしっかり残すため、カッコいい写真を撮って帰りたいもの。そこで、NY在住カメラマンが撮影術を伝授。とっておきの1枚を撮影して！

POINT!
地面すれすれにカメラを置いて広角、またはワイドで撮ったもの。ビルの上まで画面に入るし、手前の人物が大きく写ることで動きが出ます。

カメラ女子必見だね！

ここぞNY！

9月中旬撮影

NYを知り尽くした現地カメラマンがご案内

「空に少し明るさが残っているときが一番きれいに撮れますよ」と、カメラマンの菅谷さん。日没時間を調べて、それより少し前に現地到着、サンセットも見られるくらいがおすすめだとか。夜景を撮るだけならフラッシュは不要。天気は以下でチェック！　New Yorkと入力→10daysまたはmonthを選択。URL www.weather.com

注意散漫にならないよう注意！

オススメ時間　日没より少し早めの時間から

持ち物には注意
撮影に夢中になるあまり、持ち物のことを忘れないように。スリや置き引きに遭わないようしっかり管理を。撮影前にホテルに荷物を置きに帰ってもいいかも。

フォトグラファー
菅谷日万里さん
和歌山県出身。LAで旅行会社勤務後、NYのI.C.P.で写真を学ぶ。現在、写真スタジオとラボ勤務。マンハッタンを自転車で走るのが日課。

ショービジネスの中心

TIMES SQUARE
タイムズスクエア

ブロードウエイの劇場街があり、大型ショップやレストランも深夜まで営業。夜もネオンが輝く不夜城！　広告の光やお店からの光があふれているので、夜になっても路上はかなり明るい。

手ぶれ防止のためにカメラ固定を
夜景撮影で一番注意したいのが「手ぶれ」。カメラを固定できれば素人でもそれなりの写真は撮れる。ただ、いくら気を付けても手ぶれはするもの。そのため三脚は必須。最近は小さいものもあるので、こだわるなら持参を！

Map 別冊P.19-C3
ミッドタウン

42nd St. (at Broadway) 交地下鉄Ⓝ Ⓠ Ⓡ Ⓢ ① ② ③ ⑦線Times Sq.-42nd St.より徒歩すぐ　URL www.timessquarenyc.org

プチぼうけん 10

摩天楼のロマンティック夜景を撮ろう！

9月中旬撮影

POINT!
ブルックリン・ブリッジとマンハッタン・ブリッジの間から撮影。ブルックリン・ブリッジとその後ろの摩天楼をきれいに画面におさめましょう。

注意！
夕暮れから日没にかけてはよいけど、暗くなってからは人けがなくさびしくなる。なるべく夕方までに着くようにして、暗くなる前に帰ること。

夕方から三脚をかまえて夜景を待つ人も

マンハッタンを外から眺める

建設から約130年！

BROOKLYN BRIDGE

ブルックリン・ブリッジ

1883年、マンハッタンとブルックリンの間に最初にかけられた橋。アメリカで一番古いつり橋で、その見た目の美しさからもNYを象徴する橋として知られる。

Map 別冊P.27-C1 ダンボ

図地下鉄Ⓕ線York St.より徒歩約10分

ダンボへのアクセス

地下鉄F線York St.駅下車

駅を出て右、Jay St.を北へ

この先のFront St.を左折

Washington St.を左折

マンハッタン・ブリッジに向かって歩けば、そのたもと

9月中旬撮影

POINT!
42nd St.とPark Ave.の東南角から撮影。正面にグランド・セントラルとメットライフ・ビル、右側にクライスラー、手前に通りのサインを入れて。

オシャレな写真撮れた～？

まるで映画のワンシーン

マンハッタンの入口

GRAND CENTRAL TERMINAL

グランド・セントラル・ターミナル

1913年に建造された古い歴史をもつ鉄道ターミナル駅。内部には巨大ショッピングモールもあるし、天井の星座図もフォトジェニック。

Map 別冊P.16-A1 ミッドタウン

42nd St. & Park Ave. 図地下鉄④⑤⑥⑦Ⓢ線42nd St. - Grand Centralより徒歩すぐ URL www.grandcentralterminal.com

人気のビュースポット

TOP OF THE ROCK OBSERVATION DECK

トップ・オブ・ザ・ロック展望台

南方正面にはエンパイア・ステート・ビル、北方面にはセントラルパークと、最高のパノラマビューが楽しめる。昼間もおすすめ！ 展望台は67・69・70階の3層で、屋外部と屋内部に分かれている。

パノラマビューを望むなら

September 15, 2010

POINT!

69階の展望台から、目の前にあるエンパイアを撮影！ 暗くなってきたら、手すりにカメラを固定したり、感度設定を高くしましょう。三脚の使用は禁止。

Map 別冊P.19-D3
ミッドタウン

🏠30 Rockefeller Plaza (bet. 5th & 6th Aves.) ☎1-212-698-2000 Free 1-877-692-7625 🕘毎日8:00～24:00（展望台行き最終エレベーターは23:00）※祝日は異なる 料大人$29、シニア(62歳以上)$27、6～12歳$18、6歳未満無料※サンライズ・サンセット・チケット（1日2回入場可）大人$42、6～12歳$24 Card A.D.M.V.（ネット予約のみ） 予可能 交地下鉄ⒷⒹⒻⓂ線47-50th Sts. - Rockefeller Centerより徒歩約1分 URL www.topoftherocknyc.com
※シティ・パス利用可

NY最後の夜はここに

NYいち高い場所から！

THE EMPIRE STATE BUILDING

エンパイア・ステート・ビル

マンハッタンの空高く建つランドマーク。高さは381mとNYで2番目。見下ろす感を味わうならトップ・オブ・ザ・ロックよりこちらがよいかも。

Map 別冊P.16-A2
ミッドタウン

DATA→ P.166

POINT!

南側を撮影。中央はグラマシー・エリアです。展望台に上るのに30分くらいかかるので注意。夏でも風が冷たいので、上着も忘れずに。三脚の使用は禁止。

September 16, 2010

人気のルーフトップバーでちょっと一杯

ファッション・ディストリクトに建つ

リファイナリー・ルーフトップ

Refinery Rooftop

2012年にオープンしたラグジュアリーホテルのルーフトップバー。広々とした空間でエンパイアを間近に見ながら、評判のカクテルとピープルウオッチングを楽しもう♪

Map 別冊P.15-D1 ミッドタウン

63 W 38th St. (near 6th Ave.) Refinery Hotel内 ☎1-646-664-0372 月～木16:00～翌1:00(金～翌3:00)、土・日14:00～翌1:00 休無休 Card A.D.J.M.V. 交地下鉄Ⓑ Ⓓ Ⓕ Ⓜ線42 St.-Bryant Pk.より徒歩約4分 URL www.refineryrooftopnyc.com

おしゃれ空間へようこそ

アイデス The Ides

このバーに入るためにホテルの外に行列ができるほど人気。イースト・リバー沿いに広がる対岸のマンハッタンの絶景は圧巻。インテリアもおしゃれ。

Map 別冊P.29-C2 ウイリアムズバーグ

80 Wythe Ave. (at N. 11th) Wythe Hotel内 ☎1-718-460-8006 月～金16:00～、土・日14:00～ 休サンクスギビング、12/24、12/25 Card A.D.J.M.V. 交地下鉄Ⓛ線Bedford Ave.より徒歩約10分 URL wythehotel.com/the-ides

開発の進むエリア

ゼット・ルーフ

Z Roof

クイーンズ側からの貴重な隠れ家的絶景スポット。ゆったりしたソファーでくつろぎながら、クイーンズ・ボロ・ブリッジと対岸の摩天楼を一望できる。

Map 別冊P.30-A ロング・アイランド・シティ

11-01 43rd Ave., Long Island City (bet. 11th & 12th Sts.) Z Hotel内 ☎1-212-319-7000 月～木18:00～翌2:00、金・土21:00～翌4:00、日18:00～翌2:00※季節により変動あり 休無休 Card A.D.J.M.V. 交地下鉄Ⓕ線21 St.-Queesbridgeより徒歩約9分 URL www.zhotelny.com/z-roof

チェルシーにあるルーフトップバー

トゥーハンドレッド・サーティ・フィフス

230 Fifth

20階のラウンジの上に屋上ガーデンがあり、マンハッタンの夜景が眺められる。冬期もオープン。サービスのよさにも定評あり。

Map 別冊P.16-A3 チェルシー

230 5th Ave. 20F (at 27th St.) ☎1-212-725-4300 毎日16:00～翌4:00 料マティーニ$14 Card A.D.J.M.V. ダメージジーンズなどでの入店は不可 交地下鉄Ⓝ Ⓡ線28th St.より徒歩約5分 URL www.230-fifth.com

エンパイアを眺めながら

トップ・オブ・ザ・ストランド

Top of The Strand

地元紙などで何度も賞を獲得するバー。こぢんまりとしたカジュアルな雰囲気。きらめくエンパイアをバックに、オリジナルカクテルを存分に楽しもう。

Map 別冊P.15-D2 ミッドタウン

33 W. 37th St. (bet. 5th & 6th Aves.) The Strand Hotel内 ☎1-646-368-6385 毎日17:00～24:00(金・土～翌1:00) Card A.D.J.M.V. ダメージジーンズなどでの入店は不可 交地下鉄Ⓑ Ⓓ Ⓕ Ⓜ Ⓝ Ⓠ Ⓡ線34 St. - Herald Sq.より徒歩約5分 URL www.topofthestrand.com

ベスト・ルーフトップバーにも選ばれた

プチぼうけん 11

ニューヨークでSwingしちゃお～ aruco女子向けジャズ入門！

本格的な音楽に触れたい！　NYでJAZZデビューしちゃおう。初心者でも大丈夫。JAZZの楽しみ方お教えいたします！！

ニューヨークでジャズを聴こう　TOTAL 3時間

オススメ時間　20:00～24:00　　予算　$20～

お役立ち情報
スケジュールは各店のウェブサイトで確認。『Time Out』、『Village Voice』やニューヨークタイムズ紙などでもオンラインでチェックできる。

NY流に気軽にジャズを楽しむ！

ジャズは敷居が高いと思いがち。でも日本よりずっと気軽に、手頃な料金でジャズが聴けるのがNY！

米国内きっての人気トランペッター、クリス・ボッティのパフォーマンス

かっこよくておしゃれ～♪

ジャマイカ生まれの名ピアニスト、モンティ・アレキサンダーの演奏

本場の演奏は迫力満点。あのスティングもここの舞台に！

NYジャズとは
ジャズ発祥地ニューオリンズからシカゴを経て、NYのハーレムで発展。1940年代にはビバップ、50年代にはクールジャズやフリージャズなどのスタイルが確立。最近は実験的な演奏も人気。

ジャズといえばまずはここ

ブルーノート
Blue Note

1981年オープンの定番店。日本にも支店があるが、本家はやっぱり特別。アットホームな雰囲気で演奏を間近で見られるのがうれしい。2階にはギフトショップもある。

Map 別冊P.11-D3　グリニッチ・ビレッジ

131 W. 3rd St.（bet. 6th Ave. & MacDougal St.）　1-212-475-8592　ライブ：毎日20:00、22:00（金・土は翌0:30もある）、サンデーブランチ日12:30、13:30　休 無休　Card A.M.V.　交 地下鉄Ⓐ Ⓑ Ⓒ Ⓓ Ⓔ Ⓕ Ⓜ線W. 4th St. - Washington Sq.より徒歩約3分　URL www.bluenotejazz.com/newyork

Photos by Dino Perrucci

ジャズクラブに行く前に知っておきたい♪

※この情報は一般的なものです。システムは店によって違います。

当日の流れ

プレイ開始45分前に
演奏開始とドアオープンの時間はウェブでチェックを。入替制の場合、2セット目のドアオープンは1セット目終了後。

カバー（ミュージック）チャージを払う
飲食代と共に演奏後に後払いをすることが多いが、入店前に払う必要があるところも。

着席する
予約をしても座席指定はなし。よい席で見たいなら早めに行くこと。大きな荷物やコートはクロークに預けて（ないところも）。

フード、ドリンクをオーダー
スタッフが注文を取りにくる。小さな店のバーカウンターで見る場合は、好きな飲み物をバーテンダーにオーダー。

音楽を楽しむ
演奏が始まったらステージに集中。それぞれの楽器の音色を聴き、全体の音を体で感じてみて。考えるのではなく感じるのがジャズ。

カバー（ミュージック）チャージと飲食費を支払う
演奏終了間近になると伝票が渡されるので、座席で支払う。チップは飲食代の18～20%を目安に。Taxの2倍の額にすると簡単。遅い時間に終わった場合、帰りはタクシーを使いたい。終演後すぐは客が集中してなかなかつかまらないので注意。

Point 1　ひとりでも平気？
もちろんOK！　なかには日曜ブランチなどのセッションもあるので夜より行きやすいかも。年齢確認の身分証明書も忘れずに。

Point 2　フードは食べられる？
ほとんどが食べられる。バーガーやフライドチキンのような料理が中心。メニューは事前にウェブで確認を。

Point 3　料金は高い？
出演者およびテーブルかバーかで料金は異なる。飲み物だけでもOKだったり、飲食代の最低額（ミニマム）を決めているところも。

Point 4　店内は禁煙？
NYではバーやクラブは大小問わず完全禁煙。どこも喫煙はできないので入店する前にすませておいて。

Point 5　録音、写真は？
基本的に演奏中の録音はNG。写真撮影はフラッシュを使わなければOKだが、事前に確認を。

Point 6　グッズだってあるよ！
ブルーノートなど有名店ではTシャツやCDを販売していたりするが、小さなところはない。

オーダーしたいカクテル

コスモポリタン Cosmopolitan
ウォッカ＋クランベリージュースなど。SATCのキャリーが愛飲。

グリーンアップル・マティーニ Green Apple Martini
青りんごの甘酸っぱい香りとさわやかな口当たり。見た目も綺麗。

チョコレート・マティーニ Chocolate Martini
チョコレートリキュール入りの大人な味。食後のデザート感覚で。

モヒート Mojito
ラム＋ライム＋ミントの葉など。すっきりした味で、のどごし◎。

マンハッタン Manhattan
ウイスキー＋ベルモットなど。カクテルの女王様と呼ばれている。

ハーレムのビール Sugar Hill

1

最近はボサノバ・ジャズも人気

まったり系の
くつろぎサウンドで癒される♪

ブラジリアンジャズともいわれ、ボサノバの優しい浮遊感とジャジーなサウンドを融合させた心地よさが人気。

ジョイス
「Tudo」
ブラジルの歌姫ジョイスの透明感あふれる歌声で綴るアルバム。

シコ・ピニェイロ
「THERE'S A STORM INSIDE」
シコが大御所ミュージシャンと共演した上質なボサノバを満喫。

エリオ・アルヴェス
「Musica」
ブラジル出身で現在NYで活躍中のピアニスト、アルヴェスの代表作。

2

3

セッションってなに？
複数のミュージシャンが集まって即興で演奏すること。ジャムセッションともいう。ディジーズでは、最終セット終了後Late night sessionを見ることができる（月曜を除く）。

夜景もステキ！
ディジーズ・クラブ
Dizzy's Club Coca Cola

セントラルパークと摩天楼をバックに一流ミュージシャンの演奏を堪能！　洗練された雰囲気の中、セレブ気分を味わえるかも。夏なら20時半頃、夕焼けに照らされた摩天楼が最高にロマンティック。

Map 別冊P.19-C1
アッパー・ウエスト・サイド

🏠10 Columbus Cir. (at Broadway) タイムワーナーセンター内 5階
☎1-212-258-9595
🕘日～木18:00～翌1:00、金・土18:00～翌2:30、ライブ：毎日19:30、21:30（火～土の23:30からはセッションもある） ㊞チャージ$20～45
Card A.D.J.M.V. 交地下鉄ⒶⒷⒸⒹ①線59th St. - Columbus Circleより徒歩約1分 URL jalc.org

Photo：Frank Stewart

4

1. 2日間の公演が大盛況だったブラジルのジョイス
2. 前方席に座れば間近で演奏を見ることができる！
3. バックに摩天楼を楽しめるのは、ここならでは！
4. フードとオリジナルカクテルもおいしいと評判

女性同士も大歓迎です

名物プログラム・ディレクター トッド・バルカンさんに聞いてみました！

月曜日は新進気鋭の若手、火～日は世界中から最高のミュージシャンたちをブッキングしています。ここに来れば、いつでもswingできますよ。食事と景色を楽しみながら、ゆったりと音楽を味わえるのも魅力です。

ジャズの魅力を綴った「KEYSTONE KORNER: PORTAIT OF A JAZZ CLUB」の著書としても知られる

JAZZのスタイル
形式にとらわれないフリージャズ、さまざまな音楽を融合したフュージョン、イージーリスニング系のスムースジャズ、イギリス発のアシッドジャズなどがある。

ほかにもこんなJAZZクラブがあるよ！

気軽に楽しむなら

ガラージ

Garage

土日のジャズブランチも人気

カバーチャージなしで気軽に入れるレストラン＆カフェ。食事やドリンクを楽しみながら、リラックスしてジャズを聴くのにぴったり。メニューも充実。

Map 別冊P.11-C3　グリニッチ・ビレッジ

99 7th Ave. S.(bet. Barrow & Grove Sts.)　1-212-645-0600　月〜木12:00〜16:00、17:00〜翌1:00、金12:00〜16:00、17:00〜翌3:00、土11:00〜16:00、17:00〜翌3:00、日11:00〜16:00、17:00〜翌3:00　ライブ：毎日18:00〜22:00ごろ（日によって異なる）　料チャージなし　Card A.M.V.　交地下鉄①線Christopher St.-Sheridan Sq.より徒歩約1分　URL www.garagerest.com

老舗ジャズクラブ！

ビレッジ・バンガード

Village Vanguard

歴史を感じる内装にも注目

1935年創業、数々の有名プレイヤーが出演してきた伝説的クラブ。特に1966年から毎週月曜に演奏している専属ビッグバンドのステージは見逃せない！

Map 別冊P.11-C2　グリニッチ・ビレッジ

178 7th Ave. S.（bet. Perry & W.11th Sts.）　1-212-255-4037　ライブ：毎日20:30、22:30、ドアオープンは20:00　料$25＋1ドリンク（$5〜16）　Card M.V.　交地下鉄①②③線14th St.より徒歩約3分　URL www.villagevanguard.com

地元ファンも多い

スモーク

Smoke

コージー＆フレンドリーな雰囲気

こぢんまりした心地良い店内でエネルギッシュな演奏を楽しめる。日曜から木曜はカバーチャージがないのもうれしい。女性シェフによるフードも評判。

Map 別冊P.5　アッパー・ウエスト・サイド

2751 Broadway（bet. 105 th & 106th Sts.）　1-212-864-6662　月〜土17:30〜翌3:00、日11:30〜翌3:00　ライブ：19:00、21:00、22:30（日によって異なる）　料チャージ日〜木なし（ミニマム$20になる時間帯も）、金・土$35　Card A.D.J.M.V.　交地下鉄①線Cathedral Pkwy.より徒歩約4分　URL www.smokejazz.com

名門ならではのラインナップ

バードランド

Birdland

落ち着いた店内で名演を堪能！

店名はサックス奏者チャーリー・パーカーの愛称が由来。大御所をメインに充実のラインアップが魅力。フードメニューはケイジャンなど南部料理が中心。

Map 別冊P.15-C1　ミッドタウン

315 W. 44th St.（bet. 8th & 9th Aves.）　1-212-581-3080　ライブ：毎日20:30、23:00　料チャージ$20〜50　Card A.D.J.M.V.　交地下鉄Ⓐ©Ⓔ線42nd St. - Port Authority Bus Terminalより徒歩約3分　URL www.birdlandjazz.com

初心者でも聴きやすい定番JAZZ

マイ・フェイヴァリット・シングス
My Favorite Things
ジョン・コルトレーン

『サウンド・オブ・ミュージック』の挿入歌のタイトル曲をはじめ、ガーシュインら名作曲家のスタンダードナンバーをカバー。

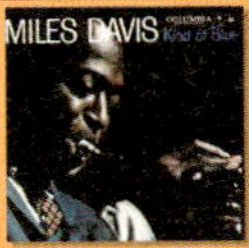

カインド・オブ・ブルー
Kind of Blue
マイルス・デイビス

モダン・ジャズの最高傑作ともいわれる1枚。ジョン・コルトレーン（サックス）やビル・エバンス（ピアノ）らも参加。

処女航海
Maiden voyage
ハービー・ハンコック

ピアニスト、ハンコックが海をテーマに作った、彼の代表作でもある1枚。フレディ・ハバード（トランペット）らも参加。

フリー・フォー・オール
Free for All
アート・ブレイキー＆ザ・ジャズ・メッセンジャーズ

親日家としても知られたドラム奏者、ブレイキーのパワーあふれる1枚。ウェイン・ショーター（サックス）らも参加。

プチぼうけん 12

ブラックミュージックの聖地ハーレムにゴスペルを聴きに行こう！

ハレルヤ〜

おしゃれエリアとしても注目が高まるハーレム。しかし、昔から変わらないものもある。ブラックカルチャーを肌で感じに出かけよう！

ブラック音楽の魂に触れてみよう！

ハーレム文化を身近に感じたいなら、日曜朝の礼拝で歌われるゴスペルを聴くのがおすすめ。ぜひ早起きして体感してみて！（写真はメモリアル・バプティスト教会）

ゴスペルを聴いてみよう TOTAL 1時間

オススメ時間 9時〜　予算 $1〜寄付金として

お役立ち情報
教会により観光客が入れる時間など決まっていたり、開始時間が異なる。人気の教会には開始1時間半前までには到着したい。勝手に座らず案内係の指示に従って。

ゴスペルってどんな音楽？

ハーレムの黒人教会(アフリカ系アメリカ人=黒人信者によって占められるプロテスタント系キリスト教教会のこと)では、日曜の礼拝でゴスペルが歌われる。ハーレムには250を超える教会があり、毎週日曜ソウルフルなすばらしい礼拝が行われてる。信仰心をもつ人々が心から神を称え、感謝するために歌う本場のゴスペルは強く心に迫るだろう。

守りたいルール

1. ゴスペルは観光客に聴いてもらうショーではなく宗教行事の一部。モラルを守って、カジュアルすぎる服装は避けたい。
2. 礼拝中に献金皿が回ってくるので、$1~5を目安に入れること。
3. ビジター受付があるところはそこで名前を告げる。
4. 教会によって開始時間がまちまち。せっかく行ったのにゴスペルが聴けなかったということもあるので、確実に聴きたいのならツアーに参加するのもよい。
5. 礼拝はどこも説教を含めて1時間くらい。途中退室はなるべく避けたいもの。

案内人

トミー富田さん Tommy Tomita

ハーレムコネクション代表、音楽プロデューサー。地元で活躍するミュージシャンたちと深い親交があり、NYのミュージシャン、ダンサー、アーティストを日本へ紹介、数多くのコンサートも手がけている。

松尾公子さん Kimiko Matsuo

ハーレム在住のコーディネーター。ミュージシャンのブッキング、企業やメディアのコーディネート、コラム執筆、各種NYツアー催行などを行う。自身もハーレムの教会で10年間毎週ゴスペルを歌っている。

誰でも参加できるゴスペル・ワークショップ

上記、トミーさんと公子さんが中心になり、ゴスペルを歌いたい日本人向けに開催。初心者でもOK。問い合わせは電話かウェブサイトから。

予約時に連絡　☎1-646-410-0786　土14:00〜16:00　料$20、2回目以降$15（寄付として）　URL harlemtour.fc2web.com/gospelwork.html

教会内部にも注目！

教会内部は、白い壁を基調にステンドグラスで装飾されていて、神聖な空気が漂っている。ちなみに、礼拝中の写真撮影は禁止。

ゴスペルが聴けるハーレムの教会

グレーター・レフュージ・テンプル教会
Greater Refuge Temple

御年90歳を超えるボナー牧師率いる教会。日曜礼拝は11時開始で、観光客は通常2階に案内される。

Map 別冊P.25-D1 ハーレム

2081 Adam Clayton Powell Jr. Blvd.（at 124th St.） 地下鉄②③線125th St.より徒歩約4分

メモリアル・バプティスト教会
Memorial Baptist Church

1935年設立。2004年以来、女性牧師が率いる。観光客は11時開始の日曜礼拝に入れる。30分前には到着を。

Map 別冊P.25-D2 ハーレム

141 W. 115th St.（bet. Lenox & St. Nicholas Aves.） 地下鉄②③線116th St.より徒歩約4分

アビシニアン・バプティスト教会
Abyssinian Baptist Church

1808年設立のNY最古の黒人教会。観光客は11時開始の日曜礼拝に入れる。1〜1.5時間前には到着を。

Map 別冊P.4-B2 ハーレム

132 Odell Clark Pl.（at 138th St.） 地下鉄②③線135th St.より徒歩約5分

おしゃれなSnap!!

信者の人々にとって教会は神様に感謝する所。男性はスーツ、女性はスカートが基本で、家族でドレスアップして出かける。ファッションセンス抜群の女性たちは小物使いにも技あり。特に帽子が華やかで素敵！

ゴッド・マザー

正装するのは当たり前よ

今日は白い服を着ていくホワイト・デーなんですよ

ミスター＆ミセス・ホワイト

WHITE DAY

3姉妹です

毎週ママとパパと一緒に来ます

キャピタル・ワン・バンクの壁画

Capital one Bankビルのもの。迫力ある構図と色使いがいい。

Map 別冊P.25-C1

ゴスペルのあとにハーレム散策もいいね！

アポロ・シアター

ジャクソン5など多くのミュージシャンがステージを踏んだブラックミュージックの殿堂。

Map 別冊P.25-C1 URL www.apollotheater.org

アートも楽しんでね

H&Mの壁画

H&Mの横にある巨大壁画は乳がん検診促進のため描かれた。

Map 別冊P.25-D1

プチぼうけん 13

NYツウの穴場!?

地下鉄7番線でクイーンズへ エスニックグルメ途中下車の旅

人種のるつぼだよ

ニューヨークで最大の面積を誇るクイーンズ。住んでる人の半数がアメリカ国外の出身者で、130以上の言語が混在するグローバルなエリアなんです。普通じゃつまんない、ふかぁ〜いNYを体験したい人におすすめ！

とっても広いクイーンズで安うまグルメを探そう！

民族の数だけレストランの種類もあるクイーンズ。マンハッタンより安くておいしいお店が多いと、リピーターにも人気の穴場！

7番線とは？

各駅にさまざまな国のコミュニティがあることから、地元では"移民線"とも呼ばれることも。路線上にはメッツのホーム、シティフィールドがある。

Queens Map

アストリア
ギリシア系移民の街。最近はブラジル人や日本人も。スタインウエイ北部は中近東系が多い。

ジャクソン・ハイツ
インド、バングラディシュ、メキシコ、ドミニカなど南方アジア系やラテン系が多い。

ロング・アイランド・シティ
イースト・リバー沿いにコンドミニアムが建ち、アーティストが多く住むおしゃれエリア。

サニーサイド&ウッドサイド
アイルランド、コロンビア、韓国系移民が多く住む。アイリッシュバーが点在する。

クイーンズ途中下車の旅　TOTAL 5時間

オススメ時間 11:00〜17:00　予算 $20〜

歩き方の注意
地下鉄での移動が基本。本数が多くないので時間に余裕をもって。駅近のメインストリートをそれると居住区で、道が込み入ってわかりにくいので寄り道には注意。

1 40 St. - Lowery St. Station

Grand Central Terminalより　所要時間11分　徒歩30秒　韓国

4段階の辛さが選べる鍋
ナチュラル・トーフ・レストラン
Natural Tofu Restaurant

人気のスンドゥブ（Soft Tofu）は、キムチとナムル、ご飯のお焦げにお湯を加えたスンニュン付き。その場で切ってくれるイカのBBQやカルビも安くて美味！

Map 別冊P.30-C サニーサイド

40-06 Queens Blvd., Sunnyside　1-718-706-0899　毎日11:00〜24:00（ラストオーダーは23:30）　Card M.V.　17テーブル

骨付きカルビをチョキチョキ！

1. やみつきになる味シーフード・ソフト・トーフ$9.75
2. ソフト・トーフについてくるおかず
3. ボリューム満点のL.A. カルビ $16

アンニョンハセヨ

ヘルシーなコリアンフードを召し上がれ！

2 69 St.Station

Grand Central Terminalより 所要時間17分

タイ

徒歩5分

連日人が押し寄せる人気店
シープラパイ SriPraPhai

地元タイ人のコミュニティで火が付き、いまや超人気のレストラン。本場のホット&スイートで、どれを頼んでもハズれなし。写真付きメニューもわかりやすい。

Map 別冊P.30-D ウッドサイド

🏠64-13 39th Ave. (near 64th St.), Woodside ☎1-718-899-9599 ◷月・火・木～日11:30～21:30 休水 Card不可 席約150

1. マンハッタンからわざわざ食べに来る人多数 2. 定番メニューのパッタイ$9

スナックの定番サモサ$1とパゴタ$3

ナマステ

3 74 St. - Broadway Station

Grand Central Terminalより 所要時間20分

徒歩4分

インド

お手軽インディアンフード
ラジャ・スイーツ&ファストフード Raja Sweets & Fast Food

ショーケースには、サモサやカレー、インドのお菓子がずらり。好きなものをオーダーして店内でイートインできる。すっかりインドに来ちゃった気分。

インド独自のアイスクリーム、クルフィ$1.25

Map 別冊P.30-E ジャクソン・ハイツ

🏠72-31 37th Ave., Jackson Heights ☎1-718-424-1850 ◷10:00～22:00 Card不可 席約20

4 Junction Blvd.Station

Grand Central Terminalより 所要時間23分

徒歩1分

キューバ

著名人のリピーターも多い
リンコン・クリオヨ Rincon Criollo

写真がいっぱい

有名人もよく来ます！

付近住民に愛されるキューバ料理店。人気はトマトソースの細切り牛肉、オックステール、ローストポーク。裏メニューのキューバン・サンドイッチも有名。

Map 別冊P.30-F コロナ

🏠40-09 Junction Blvd., Corona ☎1-718-458-0236 ◷毎日12:00～22:30 Card A. 席15テーブル URL www.rincon-criollo.com

1. 壁には訪れた著名人の写真やサインが 2. タピオカの原料でもあるキャッサバ芋をガーリックソースで$2 3. トマトソースの細切り肉$13.95

5 Flushing - Main St. Station

Grand Central Terminalより 所要時間36分

中国

徒歩3分

魚料理にも定評あり
膳坊 Spicy & Tasty

野菜たっぷりですよ

雑誌などで数々の賞に輝く四川料理店。唐辛子と山椒がきいた、本格的な辛さのメニューが楽しめる。

Map 別冊P.30-G フラッシング

🏠39-07 Prince St.(near 39th Ave.), Flushing ☎1-718-359-1601 ◷毎日11:00～23:00 Card不可 席80

1. 約20種類ある前菜はレジ横のカウンターで注文できる 2. 四川風麻婆豆腐$8.95 3. イカとセロリの炒め物$10.95

ヤンキースタジアムへGO!

女子だって楽しんじゃおー!

チケットはウェブで事前に買っておこう

1 入場!

ゲートオープンは試合開始の2時間前から。早めに行くと、各チームのバッティング・プラクティスが見られる。

2 いざ観戦!

試合前は国歌が流れ、起立して歌う。国歌斉唱の時は、おしゃべり厳禁だが、試合は大きな声で声援を。基本のかけ声は「Let's go Yankees!」。

FOODもたくさん!

観戦前にゲットしておきたい。人気なのはホットドッグだけど、アッパー・イーストの有名店ロベルズのバーガーとスーベニアカップ入りのソーダもおすすめ。

グッズもCHECK!

応援グッズを入手すると、気分も盛り上がる。ビクトリアズ・シークレットのTシャツなど、女子向けのかわいいグッズもたくさん。野球好きの彼みやげにもぜひ。

日本人選手も活躍するヤンキース!
せっかくNYまで来たんだから、
その勇姿を見たいよね。

日本人も大活躍!

ニューヨーク・ヤンキース
New York Yankees

ワールドシリーズを何度も制覇し、スーパースターが多くプレイした。田中将大など日本人選手も在籍。スタジアムの「モニュメントパーク」も訪れたい。

本拠地:ヤンキースタジアム

Map 別冊P.4-B2 ブロンクス

🏠1 E. 161st St. (bet. Jerome & River Ave.), Bronx Free 1-718-293-4300 図地下鉄④Ⓑ Ⓓ線161 St. - Yankee Stadiumより徒歩すぐ URL newyork.yankees.mlb.com

チケット購入方法 クラブハウス、ブローカー、MLBサイト、球場の窓口と4通りの購入方法がある。オススメはMLBサイト。

ダイエットは
帰国してから〜

ニューヨーカーも絶賛！おいしくってコスパも◎ハッピー☆グルメ

この街はな〜んでも揃う、世界のキッチン。
食べる物には困らないけど、アタリ・ハズレはあるんです。
だからarucoスタッフ行きつけの、おいしいところ教えちゃう！
たくさん食べて、お気に入りの味を見つけてね♪

フード最前線！

アレとコレを合わ
進化をとげるハイブリッド

多様な文化の中で、常に新しいト
食のシーンでは、意表をつ
アイデア満載、ト

WHAT?
形はドーナツ、食感はクロワッサン。
パステルカラーのアイシングをあしらった、
売り切れご免の超絶人気ペストリー$5。

リピしたい度 ★★★

A クロナッツTM Cronut™

クロワッサン ＋ ドーナツ

B ラーメンバーガー Ramen Burger

ラーメン ＋ ハンバーガー

WHAT?
バンズ型の麺で
ジューシーなパテとアルグラ
＆ネギ、特製ソースをサンド
したバーガー$8.04。ラーメン
旋風が全米に吹き荒れる今、
ラーメン愛好家の心を掴んだ一品。

リピしたい度 ★★★

C スタッフドピザ Stuffed Pizza

ベーグル ＋ ピザ

WHAT?
見た目はミニ・ベーグル、味は
ピザやクッキー、フレンチトースト。
中心部には、具が詰まっており、
口に放り込めば何が飛び出してくる
かわからないワクワク感が。
４個で$5。

リピしたい度 ★★☆

A

ハイブリッドフードの火付け役！

ドミニク・アンセル・ベーカリー

Dominique Ansel Bakery

人気パティシエのドミニク・アンセルの店。開店する毎朝８時からクロナッツTM（１人2個まで）を求める長蛇の列が。

Map 別冊P.8-B1 ソーホー © Thomas Schauer

189 Spring St.（bet. Sullivan & Thompson Sts.） 1-212-219-2773 月～土8:00～19:00、日9:00～19:00 休祝日 Card A.D.J.M.V. 交地下鉄Ⓒ Ⓔ線Spring St.より徒歩約2分 URL dominiqueansel.com

B

全世界で話題沸騰中

ラーメン・カンパニー

Ramen Co.

ラーメンバーガーの発案者、島本敬三さんの店。バーガーはもちろん、アメリカで成長し続けるラーメンも楽しめる。

Map 別冊P.7-C2 ロウアー・マンハッタン

191 Pearl St.（bet. Maiden Ln. & Ceder St.） 1-646-490-8456 月～金11:00～21:00、土・日12:00～20:00 休祝日 Card A.M.V. 交地下鉄②③線Wall St.より徒歩約3分 URL www.ramen.co

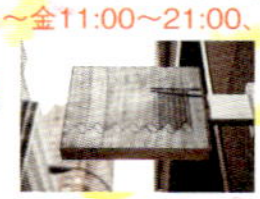

C

おやつにぴったり！

バンタム・ベーグル

Bantam Bagel

金融業界出身の夫妻が始めた小さなベーグルショップ。小腹が空いたら、スナック感覚で挑戦しよう。

Map 別冊P.11-C3 グリニッチ・ビレッジ

283 Bleecker St.（bet. Barrow & Jones Sts.） 1-646-852-6320 月～水7:00～19:00、木・金7:00～20:00、土8:00～20:00、日8:00～19:00 休祝日 Card M.V. 交地下鉄Ⓐ Ⓒ Ⓔ Ⓑ Ⓓ Ⓕ Ⓜ線W 4 St.より徒歩約4分 URL www.bantambagels.com

クロナッツを求めてドミニク・アンセルへ。すでに売り切れだったのでマドレーヌを購入。おいしかった！（大阪府・あん）

せるとこんな味？！
フードを食べてみよう♪

レンドが生まれ続けるニューヨーク。
いた新感覚フードが話題に。
レンドの味に挑戦！

D スモアフライ S'mores Fries

スモア + ポテト

WHAT?
フライドポテトに焼きマシュマロ（スモア）と甘～いチョコレートソースをオン！　甘さと塩辛さが同居する不思議味のスモアフライ$5.51。ピリ辛のチキンウイングのお口直しに。

リピしたい度 ★★☆

おお！

E ドーナツ・アイスクリーム・サンドイッチ Donuts Ice Cream Sandwich

ドーナツ + アイスクリーム

WHAT?
アイスクリームを3スクープも、ドーナツで大胆にサンドしたドーナツ・アイスクリーム・サンドイッチ$6.95。ボリューム感たっぷりなので、空腹時に挑戦したい。

リピしたい度 ★★★

F クレーグル Cragel

クロワッサン + ベーグル

WHAT?
ベーグルのもちもち感とクロワッサンのしっとり感がマリアージュしたのがクレーグル$2.95。トーストするとバターの香り漂う。

リピしたい度 ★★★

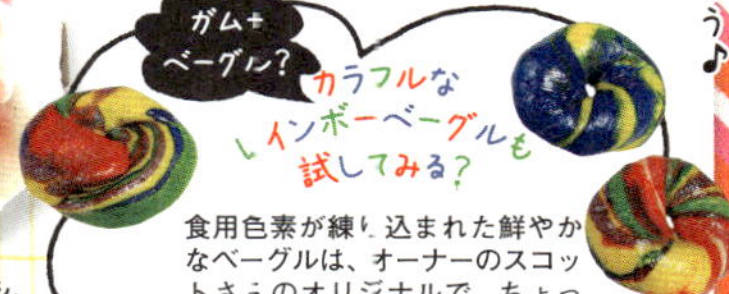

ガム＋ベーグル？

カラフルなレインボーベーグルも試してみる？

食用色素が練り込まれた鮮やかなベーグルは、オーナーのスコットさんのオリジナルで、ちょっとガムみたいな味。店内販売はなく、最低1ダースからオーダー。2日前までにメール注文のみの受け付け。

ううっ！

D

新感覚の味わいが楽しめる

スティッキー・フィンガー・ジョイント
Sticky Fingers Joint

ジューシーなチキンウイングと多彩なソースで有名な手羽先専門店。熱々の手羽先とポテトで気分はアメリカン。

Map 別冊P.16-B2 ミッドタウン

住 484 3rd Ave.（at 33rd St.）　☎1-646-490-5856　営 日～水11:30～23:30、木11:30～翌1:30、金・土11:30～翌3:30　休 祝日　Card A.M.V.　交 地下鉄⑥線33 St.より徒歩4分　URL stickysfingerjoint.com

E

スコーンなどの焼き菓子も美味

ホーレイ・クリーム
Holey Cream

深夜遅くまで営業しているミッドタウンのアイスクリーム屋さん。ローカルから旅行者まで、全甘党派に人気のスポット。

Map 別冊P.18-B2 ミッドタウン

住 796 9th Ave.（bet. 52nd & 53rd Sts.）　☎1-212-247-8400　営 日～木12:00～翌0:30、金・土12:00～翌1:30　休 無休　Card 現金のみ　交 地下鉄Ⓒ Ⓔ線50 St.より徒歩約5分　URL holeycreamnyc.com

F

オーナーはベーグル・アーティスト

ベーグル・ストア
The Bagel Store

ユニークなベーグルのラインナップで知られる店。クレーグルはプレーンにはじまりシナモンやチョコレート風味も。

Map 別冊P.23-D1 ウイリアムズバーグ

住 349 Bedford Ave.（at S. 4th St.）　☎1-718-218-7220　営 毎日6:00～22:00　休 祝日　Card 現金のみ　交 地下鉄Ⓛ線Bedford Ave.より徒歩約10分　URL www thebagelstoreonline.com

ほかにもラーメン＋ブリトーのラーメンリトーやブリオッシュ＋マフィンのブルフィンなど、どんどん登場！

ひとりでも！　みんなとわいわいでも！ NYでクラフトビールを飲んでハッピー♥

近頃全米でブームのマイクロ・ブリューイング。小規模生産の手作り地ビールは旅先のお楽しみ。NYでも小粒な優良ブリュワリーが登場！ ぜひともご当時の味をぷは〜っと堪能して♪

ビールトークン（5枚で20ドル）を買うとお得

Good!

NY CRAFT BEER

ロゴのデザインは、I♥NYのミルトン・グレイザー氏

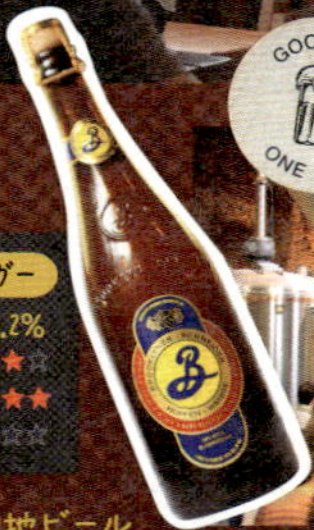

ブルックリン・ラガー

アルコール度数…5.2%
コクの深さ…… ★★☆
苦みの強さ…… ★★★
アロマの強さ… ★☆☆

左／一般向けのツアーも人気。ビール片手にビール作りを見学（ネットにて要・予約）。右／夏場は特に混雑！

NYのアイコン的地ビール

ブルックリン・ブリュワリー　Brooklyn Brewery

言わずと知れたNYを代表する知名度No.1の地ビール。1988年に創業、NYにクラフトビール文化を浸透させた。まずは、定番銘柄の「Lager」をどうぞ。

Map 別冊P.29-C2 ウイリアムズバーグ

🏠79 N. 11th St.（bet. Wythe & Berry Sts.）☎1-718-486-7422　※土・日曜の12:00〜20:00は無料見学ツアーあり。併設のバーで飲むこともできる（有料）
㊋地下鉄Ⓛ線Bedford Ave.より徒歩約8分
URL www.brooklynbrewery.com

ほかにもある！ NYクラフトビール

スィート・アクション

アルコール度数…5.2%
コクの深さ…… ★★☆
苦みの強さ…… ★★★
アロマの強さ… ★☆☆

レッドフック発の新進ブランド

シックスポイント・ブリュワリー　Sixpoint Brewery

口当たりがよくクリスピーな味わいが人気。初心者にはフルーティな「Sweet Action」がいち押し。

Map 別冊P.4-A3 レッドフック

🏠40 Van Dyke St. (at Dwight St.)　☎なし
URL sixpoint.com　現在ツアーは休止中

Alan Gastelum

ペールエール

アルコール度数…6.3%
コクの深さ…… ★★☆
苦みの強さ…… ★★★
アロマの強さ… ★☆☆

ブロンクス発のニューカマー

ブロンクス・ブリュワリー　Bronx Brewery

キリリ感と男前な力強さが評判。ちょいビターな「Pale Ale」はビール好きにうってつけ。

Map 別冊P.4-B2 ブロンクス

🏠856 E. 136th St.（bet. 43rd & 44th Sts.）テイスティングルーム🕘水〜金15:00〜21:00、土・日12:00〜20:00　URL www.thebronxbrewery.com

シングルモルト&カルダモン

アルコール度数…15.3%
コクの深さ…… ★★☆
苦みの強さ…… ★★★
アロマの強さ… ★☆☆

クイーンズより超稀少ビール！

ビッグ・アリス・ブリューイング　Big Alice Brewing

倉庫街の一角で丹念に作られるボトル詰めの超小規模生産ビール（1本$18）。販売は醸造所のみ。

Map 別冊P.30-A ロング・アイランド・シティ

🏠8-08 43rd Rd.（bet. Vernon Blvd. & 9th St.）
☎1-347-668-2337　🕘金17:00〜21:00、土12:00〜20:00、日12:00〜18:00　URL www.bigalicebrewing.com

✉ ブルックリン・ブリュワリーは基本的には醸造所なので、食べ物は売ってないけど、持ち込み可なので、ピザなどを持参しました♪（千葉県・なっしー）

グリルドチーズとトマトスープのお供に地ビールを！

豊富なセレクションが人気

ブラインド・タイガー

Blind Tiger

地ビールをはじめ、豊富なクラフトビールを取り揃えるパブ。日中であれば、女性ひとりでもふらりと入店できる気軽さが魅力。

Map 別冊P.11-C3 グリニッチ・ビレッジ

281 Bleecker St.（bet. Jones & Barrow Sts.） 1-212-462-4682 毎日11:30～翌4:00 料$20～ Card A.D.J.M.V. 交地下鉄Ⓐ Ⓒ Ⓔ Ⓑ Ⓓ Ⓕ Ⓜ線W4 St.より徒歩約4分 URL www.blindtigeralehouse.com

国外のものであれば、チョコのようなコク深いギネスもオススメ

取り扱いクラフトビール

シックス・ポイント、ブルックリン・ラガーなど。欧州のビールもあり

Happy Hour

平日11:30～20:00

昼夜ともに人通りの多いにエリアにあるビレッジの人気パブ。ランチタイムが穴場

I'LL DRINK TO THAT!

こんなところで飲めるよ！

お買い物ついでに1杯！

オン・タップ・アット・ホールフーズ・マーケット・コロンバスサークル

On Tap at Whole Foods Market Columbus Circle

NY市のみならず州全域の地ビールを集めたバー。ホールフーズ・マーケット内にあり便利。地元素材のおつまみをぜひ一緒に。

Map 別冊P.19-C1 アッパー・ウエスト・サイド

10 Columbus Circle（at 59 St.） 1-212-823-9600 毎日12:00～23:00 料ビール$6～、ピッチャー$18～ Card A.M.V. 交地下鉄① Ⓐ Ⓑ Ⓒ Ⓓ Ⓔ線59 St. - Columbus Circleより徒歩すぐ URL www.wholefoodsmarket.com

もちもちの食感がたまらないプレッツェルをブルックリン・ラガーで

地ワインも飲めちゃうホールフーズマーケットのバー！

取り扱いクラフトビール

NY州全域の小規模生産ビール

取り扱いクラフトビール

チェコやドイツなどの欧州クラフトビールが充実

Happy Hour

月～水はピッチャーが$10に

番外編！ チェコ・ビールもうまいんです

ボヘミアン・ホール&ビア・ガーデン

Bohemian Hall & Beer Garden

人気のクイーンズ区アストリアにあるチェコ・ビール専門の店。食事のおいしさと雰囲気のよさからビールファンのお気に入りに。

ビール$6におつまみはソーセージ$9。夏は屋外でビール三昧！

Map 別冊P.30-B アストリア

29-19 24th Ave. Astoria, Queens（bet 29 & 31 Sts.） 1-718-274-4925 月～木17:00～翌1:00、金17:00～翌3:00、土12:00～翌3:00、日12:00～翌3:00 料ビール$5、ピッチャー$16 Card A.M.V. 交地下鉄Ⓝ Ⓠ線Astoria-Ditmars Blvd.より徒歩約5分 URL www.bohemianhall.com

Photos by Bohemian Hall & Beer Garden

NYでクラフトビールを飲んでハッピー♥

Happy Hour 昼や早い夕方などに「ハッピーアワー」としてアルコールや食事を安く提供する店がある。店先に専用の看板をチェック！

Photo Courtesy of William Brinson

aruco調査隊が行く①!

行列してでも食べるべき 話題のグルメバーガー!

滞在中一度は食べたい本場のハンバーガー。ジューシーなこだわりバーガーをずら〜りご紹介!

Photo Courtsey of Jenny Adams

A

Photo : Peter Mauss

NY発、全米各地で話題の店

シェイク・シャック

Shake Shack

セレブシェフ、ダニー・メイヤーによる有名ハンバーガー店。フローズン・カスタードも人気。

Map 別冊P.15-C1 ミッドタウン

☗691 8th Ave. (bet. 43rd & 44th Sts.) ☎1-646-435-0136 ◔日〜木11:00〜24:00、金10:00〜翌1:00、土11:00〜翌1:00 休祝 Card A.M.V. 交地下鉄Ⓐ©Ⓔ線42 St-Port Authority Bus Terminalより徒歩約2分 URL www.shakeshack.com

B

穴場!ステーキ専門店の味

ピーター・ルーガー・ステーキ・ハウス

Peter Luger Steakhouse

ブルックリンにある1887年創業の老舗ステーキハウス。ハンバーガーはランチタイムのみの限定メニュー。

DATA → P.83

C

インテリアもおしゃれ☆

ポップ・パブ

Pop Pub

ビレッジにあるおしゃれなバーガー専門店。店内にはラウンジもあり、カクテルも一緒に楽しめる。

Map 別冊P.11-D2 グリニッチ・ビレッジ

☗83 University Pl. (bet. 11th & 12th Sts.) ☎1-212-477-7574 ◔日〜水11:00〜翌1:00、土11:00〜翌2:00 Card A.M.V. 交地下鉄④⑤⑥ⓁⓃⓆⓇ線14th St-Union Sqより徒歩約5分 URL popburger.com

D

まさに隠れ家…?

バーガー・ジョイント

Burger Joint

ル・パーカー・メリディアン・ホテルのロビー横にある人気店。ニューヨーカーの間では隠れスポットとして愛されている。

Map 別冊P.19-D2 ミッドタウン

☗119 W. 56th St. (bet. 6th & 7th Aves.) ☎1-212-708-7414 ◔日〜木11:00〜23:30 金〜土11:00〜24:00 休無休 Card A.M.V.J. 交地下鉄Ⓕ線57th St. より徒歩約3分 URL www.burgerjointny.com

E

ブルックリンが誇る名店
デュモン・バーガー
DuMont Burger

アメリカ南部の家庭料理がテーマのメニューが人気。話題のバーガーはもちろん、ドーナッツとマック&チーズもぜひ。

Map 別冊P.29-D1 ウイリアムズバーグ

314 Bedford Ave.(bet. S.1st & S. 2nd Sts.) ☎1-718-384-6127 毎日11:30～翌2:00 休祝 Card A.M.V. 交地下鉄Ⓛ線Bedford Ave.より徒歩約7分

F

老舗バーの有名バーガー
コーナー・ビストロ
Corner Bistro

ニューヨーカーに愛され続けているローカル色たっぷりのお店。ビールとハンバーガーの組み合わせをぜひ！

Map 別冊P.11-C2 グリニッチ・ビレッジ

331 W. 4th St. (bet. Jane & 12th Sts.) ☎1-212-242-9502 月～土11:30～翌4:00、日12:00～翌4:00 休無休 Card A.D.J.M.V. 交地下鉄ⒶⒸⒺ線 14th St.より徒歩約3分 URL cornerbistrony.com

G

メニューも多彩な専門店
アイランド・バーガーズ&シェイクス
Island Burgers and Shakes

ヘルズキッチンで話題となったバーガー専門店の２号店。アメリカ各州の地域色を生かしたメニューが豊富。

Map 別冊P.22-B1 アッパー・ウエスト・サイド

422 Amsterdam Ave. (bet. 80th & 81st Sts.) ☎1-212-877-7934 日～木12:00～22:00、金・土12:00～22:30 休無休 Card A.M.V. 交地下鉄①線79th St.より徒歩約4分 URL www.islandburgersandshakes.com

H

こだわりの素材が決め手！
バーガー
BRGR

環境ホルモンや抗生物質とは無縁のナチュラルビーフ・パテが自慢。コクのあるシェイクにも挑戦しよう。

Map 別冊P.15-C3 チェルシー

287 7th Ave. (bet. 26th & 27th Sts.) ☎1-212-488-7500 月～木11:00～23:00、金・土11:00～24:00、日11:00～21:00 休祝 Card A.M.V. 交地下鉄①線28th St.より徒歩約1分 URL www.brgr.com

シェイク・シャックは、ダンボ（→P.137）、アッパー・ウエスト・サイド（Map 別冊P.22-B2）などにも支店あり。

aruco調査隊が行く②!!

甘い!!! けどハマっちゃう…♥ NYカップケーキの人気店☆実食調査

わたしはバニラ派かな

スイーツ大好き編集女子たちがNYで評判のカップケーキを実食☆
ガチ甘バトルに勝った、最強のおすすめカップケーキはこれ!

人気ベーカリーの味に舌鼓

トゥー・リトル・レッド・ヘンズ

Two Little Red Hens

素朴なパンやケーキ目当てにお店はいつも大混雑。レッド・ベルベットは看板メニュー。

Map 別冊P.24-B1 アッパー・イースト・サイド

🏠1652 2nd Ave. (bet. 85th & 86th Sts.) ☎1-212-452-0476 🕘月～木7:30～21:00、金7:30～22:00、土8:00～22:00、日8:00～20:00 休祝 Card A.M.V. 交地下鉄④⑤⑥線86th St.より徒歩約5分 URL www.twolittleredhens.com

1位

レッド・ベルベット Red Velvet

クリームチーズのアイシングと生地のココア味が絶妙♪
$3

マーブル Marble

鉄板の組み合わせ、チョコレート&バニラのクリームが美味。
$3.50

クリーム・ブリュレ Crème brûlée

カップケーキの中にはとろ～りカスタードクリームがイン☆
$3.75

2位

ピーチ・コブラー・カップケーキ Peach Cobbler Cupcake

甘いホイップと、上にのった黄桃の甘酸っぱさがマッチ!
$3.75

店内もかわいらしい☆

モリーズ・カップケイクス

Molly's Cupcakes

シカゴ発のカップケーキ・カフェ。フィリング入りのケーキは食べてからのお楽しみ。

Map 別冊P.11-C3 グリニッチ・ビレッジ

🏠228 Bleecker St. (bet. Carmine & Downing Sts.) ☎1-212-414-2253 🕘月12:00～22:00、火～木8:00～22:00、金・土8:00～24:00、日9:00～22:00 休無休 Card A.M.V. 交地下鉄Ⓐ Ⓑ Ⓒ Ⓓ Ⓔ Ⓕ Ⓜ線W. 4th St.より徒歩約4分 URL mollyscupcakes.com

ビーガンのために手作りする

ベイビー・ケイクス

Baby Cakes

卵やバターなど動物性素材を使わずに作られたビーガン向け。素朴な甘みを味わって。

Map 別冊P.9-D1 ロウアー・イースト・サイド

🏠248 Broome St. (bet. Orchard & Ludlow Sts.) ☎1-855-462-2292 🕘日・月10:00～20:00、火～木10:00～22:00、金・土10:00～23:00 休無休 Card A.M.V. 交地下鉄線Ⓕ Ⓙ Ⓜ Ⓩ線Delancey St./Essex St.より徒歩約3分 URL www.babycakesnyc.com

3位

スペルト・レモン・カップケーキ Spelt Lemon Cupcake

フレッシュレモンのさわやかな酸味が新鮮な味わい。
$4.95

スペルト・キャロット・カップケーキ Spelt Carrot Cupcake

ニンジン入りスペルト粉の生地がやさしい甘みで食べやすい。
$4.95

マグノリア・ベーカリーはデパートのブルーミングデールズ(→P.114)にもあるので買い物ついでに寄れる!(大阪府・梨里)

バナナケーキ・ピーナッツバター・フロスティング
Banana Cake with Peanut Butter Frosting

見た目は地味？だけど、ごろごろピーナッツ入りで食感が楽しい。
$3.25

ラズベリー・チョコレート
Raspberry Chocolate

ラズベリーとビターチョコの無敵のコラボは口溶けシュルル～。
$3.25

素材にこだわっています！

バター・レーン
Butter Lane

オーガニック・バターを使っててていねいに焼き上げる小さなカップケーキ屋さん。

Map 別冊P.12-B3 イースト・ビレッジ

123 E. 7th St.（bet. Avenue A & 1st Ave.）
1-212-677-2880 日・月～水11:00～22:00、木～土11:00～23:00 休祝 Card M.V. 図地下鉄線Ⓛ線3rd Ave.より徒歩約10分 URL www.butterlane.com

シーズン限定ケーキが人気

ジョージタウン・カップケーキ
Georgetown Cupcake

ワシントンDC発のカップケーキ店。日替わりを含め100種類を超えるフレーバーは圧巻。

Map 別冊P.8-B1 ソーホー

111 Mercer St.（bet. Prince & Spring Sts.）
1-212-431-4504 月～土10:00～21:00、日10:00～20:00 休無休 Card A.M.V. 図地下鉄ⓃⓇ線Prince St.より徒歩約2分 URL www.georgetowncupcake.com

バニラ・カップケーキ＋バニラ・フロスティング
Vanilla Cupcake with Vanilla Frosting

シュワっととろけるフロスティングはバニラ風味たっぷり～。
$3

バニラ・カップケーキ＋キャラメル・フロスティング
Vanilla Cupcake with Caramel Frosting

香ばしいキャラメル味のフロスティングはちょっと甘め？
$3

ヘーゼルナッツ・バタークリーム
Hazelnut Buttercream

ナッツの香ばしさとバニラが奏でるハーモニーを楽しんで！
$3

チョコレート・ソルテッド・キャラメル
Chocolate Salted Caramel

大人味のビターなガナッシュに塩キャラメルがおいしい。
$3

濃厚な味を求めるならここ

エンパイア・ケーキ
Empire Cake

アメリカン・ベーキングが堪能できるベーカリー。クッキーやブラウニーも要チェック！

Map 別冊P.11-C1 ミートパッキング・ディストリクト

112 8th Ave.（bet. 15th & 16th Sts.） 1-212-242-5858
月～水8:00～22:00、木8:00～23:00、金8:00～24:00、土10:00～24:00、日11:00～22:00 休祝 Card M.V.
図地下鉄線ⒶⒸⒺ線14th St.より徒歩すぐ URL empirecake.com

カップケーキブームの火付け役

マグノリア・ベーカリー
Magnolia Bakery

人気ドラマ「SATC」に登場で一大ブームに。カップケーキ・ブームの火付け役。

DATA → P.45

チョコケーキ＋チョコ・フロスティング
Chocolate Cake with Chocolate Frosting

チョコレートが濃厚まったりで食べごたえバッチリ。
$3.25

バニラケーキ＋バニラ・フロスティング
Vanilla Cake with Vanilla Frosting

正統派のクラシック・フレーバーは糖度300%!?の爆発感！
$3.25

ほかに、プチサイズ（直径3cmくらい）のカップケーキ、ベイクド・バイ・メリッサ（Map 別冊P.11-D2）もおすすめ。

aruco調査隊が行く③!!

ニューヨークのうまうまチーズケーキ。

チーズケーキ万歳！

濃厚でボリューミーなのが特徴的なNYスタイルのチーズケーキ。
名店もたくさんあり、どこも個性的でスタイルや味わいは異なるもの。
そこで、編集スタッフがそれぞれを食べ比べ！　どこがお気に入りかな？

あっさりな味わい
食感はまるでシフォンケーキ！

直径7cm

シュワシュワ感が最高！

高さ5.5cm

$3.50

プレーン・チーズケーキ

cheesecake data

濃厚さ……… ★★

チーズの味わい
あっさりめの味わいは、基本のクリームチーズのほか、リコッタチーズが多め。

イートイン…… ok

口の中でプシュ～ッとはじける軽やかさがクセになる。後味もさっぱり、思わずふたつめに手が伸びそうな軽い触感がいい。

ノリータのチーズケーキ専門店

アイリーンズ・スペシャル・チーズケーキ

Eileen's Special Cheesecake

1976年以来、アイリーンさん夫婦が経営する小さな店。NYでは珍しい独特の軽い触感で一躍有名に。

Map 別冊P.9-C1　ノリータ

17 Cleveland Pl.（near Kenmare St.）　☎1-212-966-5585
月～金9:00～21:00、土・日10:00～19:00　休祝
料$4～　Card A.M.V.　交地下鉄⑥線Spring St.より徒歩約3分
URL www.eileenscheesecake.com

シングルサイズがうれしい
ニューヨーカーのお気に入り！

直径7cm

1度は食べなきゃ

高さ5.5cm

$4.25

リトル・フェラ・プレーン・チーズケーキ

cheesecake data

濃厚さ……… ★★★★

チーズの味わい
クリーミーでコクのあるチーズ味。もったり＆しっかり感がまさにNYスタイル。

イートイン…… ok

コクのあるなめらかな味わいは、小さくてもボリュームたっぷり。この1ピースだけで充分な満足感を与えてくれる。

NYチーズケーキの代名詞？

ジュニアズ

Junior's

ブルックリンが本店の人気ダイナー。チーズケーキが有名でストロベリーやチョコなど、フレーバーも豊富。

Map 別冊P.19-C3　ミッドタウン・ウエスト

W. 45th St.（bet. Broadway & 8th Ave.）　☎1-212-302-2000
月～木6:30～24:00、金・土6:30～翌1:00、日6:30～23:00
料$5～　Card A.D.M.V.　交地下鉄Ⓝ Ⓠ Ⓡ Ⓢ ① ② ③ ⑦線Times Sq.－42nd St.より徒歩約3分　URL www.juniorscheesecake.com

ジュニアズのFresh Strawberry Cheese Pieもおいしいよ。試してみて！（静岡県・かおり）

ニューヨークでチーズケーキが名物になったワケ

1920年ごろヨーロッパ系移民により広まったというチーズケーキ。なぜその風味になったのかは不明だけど、濃厚なベイクドスタイルがNY流。どこがオリジナルかという論争は尽きることなく、その独自のおいしさが長い間人々を惹きつけています!

人気4店のイチオシを食べ比べ!

スムース&クリーミー! 地元住民に愛される上質なケーキ

NYチーズケーキ(スライス)

cheesecake data

濃厚さ……★★

チーズの味わい
リコッタとサワークリームが多めで、さっぱりしてまろやかな味わい。

イートイン……ok

スムースでしっとりした舌触り、ほのかにレモンの風味が口の中ではじける味わいが上品。地元の隠れファンが多い。

ていねいさがにじみ出ている小さなベーカリー

トゥー・リトル・レッド・ヘンズ

Two Little Red Hens

レッド・ベルベッド・ケーキも有名だけど、地元住民やリピーターにはチーズケーキが人気とか。

DATA→P.68

パンチの効いた生地に 根強いファンが多い老舗の味

NYスタイル・チーズケーキ

cheesecake data

濃厚さ……★★★★★

チーズの味わい
バターっぽいコクとどっしり感が共存。これぞ間違いなくチーズ比率50%強!

イートイン……ok

どっしりとした生地がまさにアメリカン・スイーツ。パンチの効いた甘さと濃厚なチーズ風味を楽しみたい人におすすめ。

イースト・ビレッジの老舗

ベニーロズ

Veniero's

創業1894年の老舗イタリアン・カフェ。持ち帰るなら、レジそばのチケットをもらってから列に並ぼう。

Map 別冊P.12-B2 イースト・ビレッジ

342 E. 11th St.(bet. 1st & 2nd Aves.) ☎1-212-674-7070
日~木8:00~24:00、金・土8:00~翌1:00 休祝
料$4~ Card A.M.V. 交地下鉄Ⓛ線1st Ave.より徒歩約4分
URL venierospastry.com

ジュニアズは、グランド・セントラル・ターミナル(→P.49)内にもある。軽く食事もできる。

C H E L S E A

A

Lobster Place

新鮮なシーフードがたくさん！　なかでもトライしたいのは巨大なスティームド・ロブスター。値段は時価で、1ポンド約$15。

手づかみで豪快に！

C

Ninth Street Espresso

NYいちとの呼び声も高いエスプレッソ・バー。シンプルなカウンターで立ち飲みがクール。イースト・ビレッジにも2店あり。

B

Ronnybrook Milk Bar

NY州にある牧場の直営店。成分無調整牛乳を使ったミルク系フードはもちろん、卵料理やスープ、サンドイッチもおいしい。

イート
それともおみ
グルメの
チェルシー・

食べ歩きとおみやげ探しを
アーケード型なので移動も楽だし、NY
時間があっても

濃厚ミルクもぜひ！

F

Friedmans Lunch

抗生物質フリーの肉やオーガニックの卵など素材にこだわった料理が自慢。ほとんどのメニューをグルテンフリーにしてもらえる。

NYの食の流行発信地

チェルシー・マーケット

Chelsea Market

ナビスコ工場を改造し1997年にフード中心のモールとして誕生。30以上の店があり、食の流行に敏感なグルメたちで常ににぎわう。

Map 別冊P.10-B1,2 チェルシー

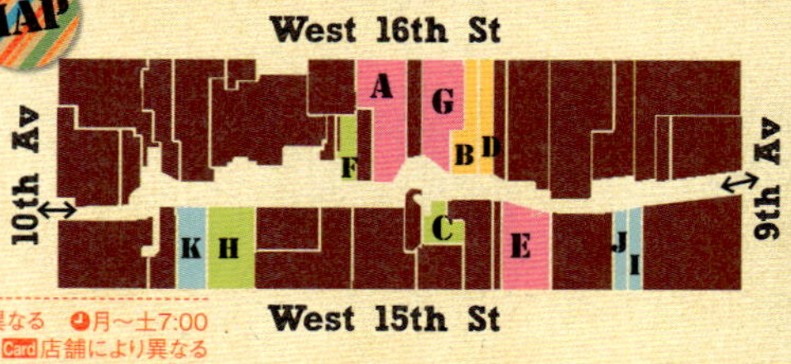

🏠75 9th Ave. (bet. 15th. & 16th Sts.)　☎店舗により異なる　🕘月～土7:00～21:00、日8:00～20:00（店舗により異なる）　㊡無休　Card店舗により異なる　🚇地下鉄Ⓐ©Ⓔ線14th St. より徒歩約5分　URL www.chelseamarket.com

Ronnybrook Milkの牛乳やヨーグルトドリンクはホールフーズやスーパーなどでも売ってます。濃厚でおいしい～。（埼玉県・Midori）

サワードゥブレッド（酸味のあるパン）が人気！

E Amy's Bread

全米トップ10に選ばれたこともあるNYの代表的ベーカリー。自然素材を使ったパンは上質で洗練された味わい。他に2店あり。

イン？
やげ選び？
デパート、
マーケット

一緒にできちゃうのがここ。
の人気店が大集合しているのもgood。
なくてもマストゴー！

D Dickson's Farmstand Meats

ローカルにこだわりNY近郊の農家から直接買い付ける精肉屋さん。ここのホットドッグは絶品。プラス50¢でチリをトッピング！

ホームメイド・ホットドッグ$5.50

G The Green Table

オーガニックフードが楽しめるワインバー。メニューは地元農家の食材を使った日替わりで、ワインも有機orバイオダイナミック。

甘さ控えめでまろやか～

H Sarabeth's Bakery

"NYの朝食の女王" サラベスのベーカリーカフェ。マフィンやスコーン、クッキーなどがぎっしり並ぶ。もちろん人気のジャムも！

おみやげも忘れずに！！

I Eleni's

まるでアート作品のようなキュートなアイシングクッキーがずらり。NYをモチーフにしたものも豊富で、見るだけでも楽しい。

J Fat Witch Bakery

魔女の女の子がシンボルのここのブラウニーは、NYみやげの定番。いろいろな種類があって、全部トライしたくなっちゃいそう！

K Chelsea Market Basket

ユニークなおみやげを探すならここへ。店内には食料品からホームグッズまで、キッチュでポップな商品がいっぱい。

1階にあるセレクトショップ、アンソロポロジーにも立ち寄ってみて！ （→P.105、P.119）

Brunch time!

おいしくって、おしゃべりもノン・ストップ！週末ブランチで、ニューヨーカーの仲間入り

ニューヨーカーの週末は、
遅めに起きて友人や家族とゆったりブランチが定番！
パンケーキをほおばりながら、おしゃべりを楽しんじゃおう。

Let's Eat Brunch
オシャレな雰囲気

ダッチスタイル・パンケーキ $15
ほかではなかなかお目にかかれないフワフワのパンケーキ

1. おしゃべり好きのニューヨーカーで大混雑の店内
2. トーストしたイングリッシュマフィン付きのソフト・スクランブルド・エッグ$12

人気ブランチスポット

プルーン
Prune

素朴でハートフルなアメリカ家庭料理レストラン。ダウンタウンの有名ブランチスポットで、週末は大混雑。店内はこぢんまりとして座席数も少ないので、事前の予約は必須。

Map 別冊P.12-B3
イースト・ビレッジ

54 E. 1st St. (bet. 1st & 2nd Aves.)
1-212-677-6221 月〜金17:30〜23:00、土・日10:00〜15:30、17:30〜23:00 休祝 予$15〜
Card A.M.V. 交地下鉄F線2nd Ave.より徒歩約3分
URL www.prunerestaurant.com

週末ブランチをもっと楽しむ3カ条

ニューヨーカーっぽく過ごすなら、この3つのポイントを押さえて！もっと楽しいひとときが過ごせるはず。

1 これを頼めば、本物のニューヨーカーに近づける

ブランチの定番ドリンクは、シャンパンまたはスパークリングワインとオレンジで作るカクテル、ミモザ。または、トマトジュースとウオッカのブラッディーマリー。お酒が苦手な人はレモネードやノンアルコール・カクテルを。

2 人気店は早い時間に行こう

せっかく行ったのに、2時間待って疲れ果てた……なんて話もよくある。事前に予約できればよいが、小さな店は予約を取らないことも。そんなときは、ちょっと早めに行くか、平日ランチに行こう。

クリントン・ストリート〜レストランは、マフィンとスコーンもおいしかった！（千葉県・momo）

Let's Eat Brunch

ワッフルの名店

Waffle

Photos Courtesy of Le Parker Meridien New York

ホテル内の朝食スポット

ノーマズ Norma's

雑誌などで「NYのベスト・ブレックファスト」と人気の高いレストラン。$9で飲み放題のフレッシュ・オレンジジュースもオーダーしてみて。

Map 別冊P.19-D2 ミッドタウン

119 W. 56th St.（bet 6th & 7th Aves.）ル・パーカー・メリディアン・ホテル内 ☎1-212-708-7460 月～金7:00～15:00 土・日7:30～15:00 休無休 Card A.D.J.M.V. 交地下鉄Ⓕ線 57th St.より徒歩約3分 URL www.normasnyc.com

waz-za（ワッフル） $22
生地にもトッピングにも
フルーツをたっぷり盛り込んで

週末ブランチで、ニューヨーカーの仲間入り

Let's Eat Brunch

どれを頼んでもハズレなし！

Egg benedict

Photo Courtesy of Sarabeth's Kitchen

朝食の女王！

サラベス Sarabeth's

クラシックエッグベネディクト $17.50
半熟タマゴがとろ～り☆

アッパー・ウエストの1号店のオープン以来、マンハッタンに6店舗展開。ジャムやペストリーをはじめ、朝食目当てにニューヨーカーにも観光客にも人気のレストラン。

Map 別冊P.19-D2 ミッドタウン

40 Central Park South (bet. 5th & 6th Aves.) ☎1-212-826-5959 月～土8:00～23:00、日8:00～22:00 休無休 Card A.D.J.M.V. 交地下鉄Ⓕ線 57th St.より徒歩約3分 URL www.sarabethscps.com

Let's Eat Brunch

パンケーキならココ

待ってでも食べる価値あり

クリントン・ストリート・ベーキング・カンパニー&レストラン Clinton St. Baking Company & Restaurant

雑誌やテレビのベスト・ブランチにたびたび紹介される有名店。いち押しはパンケーキで、その味は期待を裏切らない。予約は取らないため、週末には長蛇の列が。

Map 別冊P.9-D1 ロウアー・イースト・サイド

4 Clinton St.（bet. Houston & Stanton Sts.） ☎1-646-602-6263 月～金8:00～16:00、18:00～23:00、土9:00～16:00、18:00～23:00、日9:00～18:00 休祝 予$15～ Card A.M.V.（ディナーのみ。ランチはカード不可） 交地下鉄Ⓕ線 2nd Ave.より徒歩約8分 URL www.clintcnstreetbaking.com

Pancake

パンケーキ $13
メイン州産ブルーベリーと
メープルバター添え

3 時間はたっぷり取っておこう

週末とあって、ゆっくり時間をかける人が多い。次のスケジュールをびっちり入れて慌ただしく食事をするのには不向き。日々のタイトなスケジュールは忘れ、地元流にのんびりしよう。

ブランチなら、コーヒーはどのお店もだいたいおかわり自由。

EAT
CANDY ICE CREAM SODA

“ひとりごはん”にもおすすめ！ $10ランチ、$30ディナー☆レストラン

Dining

さまざまな人が働き暮らす大都市NYには、ひとりでフラッと入れるレストランもたくさん。おひとりさまだからってファストフードじゃ味気ない。気軽においしいモノをたくさん食べよう！

Lunch ランチ編

TOTAL
Arugula and 4Toppings with Carrot Chili vinegar Dressing
$8.85
グリーン野菜1種に、トッピングはトマト、グレープ、ニンジン、コーンをチョイス。パン$1.50を添えて。
SWEETGREEN

ワシントンDC発サラダ専門店

スイートグリーン
Sweetgreen

2013年、話題のノマド・エリアにオープン。ローカル＆オーガニックにこだわった野菜やドレッシングをカスタマイズしてオリジナルサラダをつくろう。

Map 別冊P.16-A3 グラマシー

1164 Broadway (bet. 27th & 28th Sts.)
1-646-449-8884
毎日10:30～22:00
休 無休　Card A.M.V.
地下鉄Ⓝ Ⓡ線28th St. より徒歩約4分
URL sweetgreen.com

あっさり	味	こってり
少	ボリューム	多
低	コスパ	高

チップ　不要
狙いどき　14:00～16:00

ウィスコ$7.12はシャープ・チェダーにベーコン＆トマトをオン！

NYではまだ珍しい「トッツ」が食べられる

クラシックからエクストラチーズ入りまで、チーズ好きにはたまらないメニューがラインアップ。アメリカ西海岸などで見かけるトッツ（丸いフライドポテト）も食べられる。オリジナル・ビール$4.83と一緒にどうぞ。

本場グリルド・チーズの味

メルト・ショップ
Melt Shop

Map 別冊P.15-D3 グリニッチ・ビレッジ

55 W.26th St. (bet. 5th & 6th Aves.)
1-212-447-6358　月・火9:00～21:00、水～金9:00～22:30、土10:30～22:30、日10:30～21:00　休 祝　料 $10～　Card A.M.V.
地下鉄Ⓝ Ⓡ線28 St.より徒歩約4分　URL www.meltshop.com

黄色が目印のポップな外観

ひとりのときは、よくホールフーズ（→P.122）のイートインを利用します♪　（神奈川県・田中まり）

味：あっさり ― こってり
ボリューム：少 ― 多 ※自分で調整できる
コスパ：低 ― 高
チップ　不要　先に取ってからレジで会計
狙いどき　11:00～12:00

ホットチョコレートも有名

シティ・ベーカリー

City Bakery

TVシリーズ『SATC』の舞台として有名になったベーカリー＆カフェ。ランチには、種類豊富なサラダやスープをサラダバー形式の量り売りで食べられる。

Map 別冊P.11-D1 チェルシー

🏠3 W. 18th St. (bet. 5th & 6th Aves.)　☎1-212-366-1414
🕘月～金7:30～19:00、土8:00～19:00、日10:00～18:00
休祝　料$7～
Card A.M.V.　交地下鉄Ⓛ Ⓝ Ⓠ Ⓡ ④ ⑤ ⑥線14th St-Union Sq.より徒歩約7分
URL www.thecitybakery.com

味：あっさり ― こってり
ボリューム：少 ― 多
コスパ：低 ― 高
チップ　不要
狙いどき　13:00～15:00

©Will Sterns

リピーター続出！

ミートボール・ショップ

The Meat Ball Shop

今やニューヨークに6店舗あるミートボールの専門店。ボール、ソースなどを好きに組み合わせていろんな味を楽しめる。サクッと食べられるサイズがいい。

Map 別冊P.9-D1 ロウアー・イースト・サイド

🏠84 Stanton St. (at Allen St.)
☎1-212-982-8895
🕘日～木12:00～翌2:00、金・土12:00～翌4:00
休無休　料$7～　Card M.V.
交地下鉄Ⓕ線2nd Ave. より徒歩約3分
URL www.themeatballshop.com

NYのレストランは高級店でもひとりで食事している人が多いので、わりと気兼ねなく入れますよ。

Dinner ディナー編

あっさり	味	こってり
	★(こってり寄り)	

- 少 ボリューム 多:★(多寄り)
- 低 コスパ 高:★(高寄り)
- チップ 要
- 狙いどき 17:00～19:00、閉店前

TOTAL
Kitchenette Specialty-turkey meatloaf with mashed potatoes and gravy
$16.50
カロリー控えめのあっさりターキーのミートローフにマッシュドポテト。サラダ&デザートを付けてもおトク。
KITCHENETTE TRIBECA

アットホームな雰囲気がいい

キチネット・トライベッカ

Kitchenette Tribeca

1960年代をイメージさせるインテリアがポップでかわいいレストラン。カジュアルな雰囲気で、朝食からディナーまで楽しめる。地元の家族連れにも人気。

Map 別冊P.8-B3 トライベッカ

156 Chambers St. (bet. Greenwich St. & W. Broadway)
1-212-267-6740 月～金7:30～23:00、土・日9:00～23:00 休祝 料$10～ Card A.M.V.
図地下鉄①②③線Chambers St.より徒歩約1分
URL www.kitchenetterestaurant.com

ロブスタービスクにはオイスタークラッカーをトッピング

- あっさり 味 こってり:★(中央)
- 少 ボリューム 多:★(多寄り)
- 低 コスパ 高:★(高寄り)
- チップ 要
- 狙いどき 17:00～18:00

TOTAL
Lobster Roll
$29(時価)
ロブスターの身を惜しげもなく使ったロブスターロールに、レッドリーフレタスのサラダ&フライ付き。
ED'S LOBSTER BAR

シンプル&カジュアルな名店

エドズ・ロブスター・バー

Ed's Lobster Bar

白を基調としたシンプルなインテリア。メインのロブスター料理はもちろん、オイスターもひとつからオーダー可能。ひとりで食事している女性も多く、オススメ。

Map 別冊P.9-C1 ノリータ

222 Lafayette St. (bet. Spring Broome Sts.)
1-212-343-3236 月～木12:00～15:00、17:00～23:00、金12:00～15:00、17:00～24:00、土12:00～24:00、日12:00～21:00 休祝
料$30～ Card A.M.V.
図地下鉄⑥線Spring St.より徒歩約3分
URL lobsterbarnyc.com

1. カウンター席が狙い目。ディナー時は混雑するので、少しずらそう 2. ノリータにある。オープンして以来、静かな人気

チェルシー・マーケット(→P.72)にあるエイミーズ・ブレッドのパンはホントにおいしい。サンドイッチはランチに。(新潟県・かねこ)

心も体も喜ぶオーガニックの店

©Courtesy photo of peacefood cafe

あっさり	味	こってり
★		

少	ボリューム	多
	★	

低	コスパ	高
	★	

チップ　要

狙いどき　13:00〜17:00

ナチュラルな食事と雰囲気

ピースフード・カフェ
Peacefood Cafe

野菜たっぷりメニューが人気のビーガン・カフェ。旅行中の野菜不足もここで解消！　卵や乳製品を一切使用していないスイーツもおすすめ。

Map 別冊P.11-D2 グリニッチ・ビレッジ

41 E. 11th St. (at University Pl.)　1-212-979-2288
毎日10:00〜22:00　休祝
予$10〜　Card A.D.J.M.V.
交地下鉄Ⓛ Ⓝ Ⓠ Ⓡ ④ ⑤ ⑥線14 St.-Union Sq.より徒歩約6分
URL www.peacefoodcafe.com

秘伝のソースがクセになる〜

あっさり	味	こってり
		★

少	ボリューム	多
		★

低	コスパ	高
		★

チップ　要

狙いどき　17:30〜19:00

開放的でモダンな店内。女性ひとりでも問題ナシ

フランスの人気チェーン店が上陸

ル・ルレ・デュ・ベニス・ラントルコート
Le Relais de Venise L'Entrecôte

メニューは、ランチもディナーも同じステーキセットのみというユニークなステーキ専門店。NYの豪快なステーキと異なり、女性でも食べやすいプレカットがうれしい。

Map 別冊P.20-B2 ミッドタウン

590 Lexington Ave. (at 52nd St.)
1-212-758-3989　月〜金12:00〜14:30　17:00〜22:30、土・日12:30〜15:00　17:00〜22:30
休祝　予$24〜　Card A.M.V.　交地下鉄⑥線51st St.、Ⓔ Ⓜ線Lexington Ave.-53rd St.より徒歩約2分
URL relaisdevenise.com

チップが必要なとき、目安は18〜20%。タックスが8.875%なのでその金額を2倍にした約18%で払うと計算がラク。

arucoスタッフもお気に入り

飲んでしゃべって笑って食べて！おすすめの“女子会ダイニング”

おしゃれ空間×おいしい食事で女子会を楽しむのは日本もNYも同じ！
わがまま女子でも大満足、とっておきの夜を楽しむ
選りすぐりの優良ダイニングをご紹介！

おいしいもの食べたいよね〜

あこがれのレストランにふらり！

Gramercy Tavern
グラマシー・タバーン

おすすめPoint
◆高級レストランの味をカジュアルに楽しめる
◆新鮮な野菜を使用
◆客層がおしゃれ

1. 入ってすぐのタバーンエリアは予約不要で服装もカジュアルでOK
2. 旬の野菜をふんだんに使ったクリエイティブでセンスの光る味を堪能しよう

ビール片手に美味な食事を！

DBGB Kitchen & Bar
ディービージービー・キッチン&バー

おすすめPoint
◆セレブシェフのカジュアルライン
◆客層がおしゃれ
◆遅くまで開いている

セレブシェフ、ダニエル・ブールー氏のカジュアル・ダイニング。ダウンタウンらしくヒップな若者が集まり、週末などは大混雑。ハンバーガーもおすすめ。

Photo：B.Milne

1. ビールにぴったりなラムのソーセージTunisienne $15　2. インダストリアルでモダンなインテリアがおしゃれ　3. 新鮮なシーフードが山盛りの前菜Plateau de MerのGrand $69
4. プルドポークも入ったThe Piggie $19

Photo：T.Schauer

Map 別冊P.12-B3　イースト・ビレッジ

299 Bowery St.（bet. Houston & 1st Sts.）
1-212-933-5300　ランチ：金12:00～15:00
ディナー：日・月17:00～23:00、火～木17:00～24:00、金・土17:00～翌1:00（土17:00～）ブランチ：土・日11:00～15:00　Card A.D.J.M.V.　予ランチ、ディナーとも予約が望ましい　カジュアル　交地下鉄Ⓕ線2nd Ave.より徒歩約4分　URL www.dbgb.com/nyc

値段の目安
アペ2皿＋
メイン2皿＋
ワイン2杯＝
ひとり約$60

おすすめPoint
◆小皿でいろんな種類が食べられる
◆気軽に入れる
◆遅くまで開いている

Map 別冊P.11-D1
チェルシー

53 W. 19th St.（bet. 5th & 6th Aves.）
1-212-255-4160
日～水12:00～22:30、木～土12:00～23:30
休祝　Card A.M.V.　カジュアル　交地下鉄ⒻⓂ線23rd St.より徒歩約5分
URL www.boquerianyc.com

ディービージービー・キッチンでオーダー必須は、ブラッド・ソーセージ。ビールがすすむ〜！（静岡県・三ヶ日）

値段の目安
アペ2皿＋
メイン1皿＋
デザート2皿＝
ひとり約$70

予約困難なレストランとして知られるNY屈指のレストラーナー、ダニー・メイヤー氏の名店も、タバーンエリアなら入りやすい。ぜひ気軽に出かけてみて。

Map 別冊P.12-A1 グラマシー

42 E. 20th St.（bet. Park Ave. & Broadway） 1-212-477-0777 ランチ：月～金12:00～14:00　ディナー：日～木17:30～22:00、金・土17:30～23:00　タバーン：日～木12:00～23:00、金・土12:00～24:00 Card A.D.J.M.V. 予タバーンエリアは不要（レストランは要予約） カジュアル 交地下鉄⑥線23rd St.より徒歩約5分 URL www.gramercytavern.com

女子のハートをキャッチ☆

Ayza Wine & Chocolate Bar

アイザ・ワイン＆チョコレート・バー

おすすめPoint
◆ジャックトレスのチョコが食べられる
◆ワインの種類が豊富
◆女子率が高く、気取らない雰囲気

夕方になるとがぜん女子率が高くなるワインバー。手が込んで見た目も美しい小皿料理は、どれもワインと最高の相性。デザートやカクテルも充実。

1. 甘～いチョコレート・マティーニもお忘れなく。ジャックトレスのチョコを添えて　2. シーバスのグリル。小皿料理も豊富でどれも目移りしてしまう。数皿をシェアするのが鉄則

Photo Courtesy of Ayza

Map 別冊P.11-C3 グリニッチ・ビレッジ

1 7th Ave. S.（at. Carmine St.） 1-212-365-2992 月～木16:30～24:00、金・土16:30～翌1:00、日16:30～23:00 Card A.D.J.M.V. カジュアル 交地下鉄①線Houston St.より徒歩約2分 URL www.ayzanyc.com

値段の目安
アペ3皿＋
メイン2皿＋
ワイン2杯＝
ひとり約$50

人気のスパニッシュ・バル

Boqueria

ボケリア

アリオリでローストしたジャガイモさん♪

アットホームなタパス・バー。熟成イベリコ豚や生ハム、スペイン風オムレツなど、ワインもサングリアもぐいぐい飲めちゃうメニューにぞっこん！

値段の目安
小皿4皿＋
メイン1皿＋
ワイン2杯＝
ひとり約$40

1. 小さな店内はいつも賑やか。
2. シーフードのぷりぷり感がたまらないPaella de Mariscos1人$19（注文2名以上）

やさしい味の地中海料理

Fig & Olive

フィグ＆オリーブ

おすすめPoint
◆小皿料理がおいしい
◆ワインの種類が豊富
◆遅くまで開いている

1. モロッコ風チキン煮込みのChicken Tajine$27　2. ズッキーニにチーズと松の実をトッピング、Zucchini Carpaccio$14

開放的で洗練された心地良いインテリア。NY女子にひときわ人気の地中海料理ダイニング。彩り豊かな料理の数々に食欲もアップ。

値段の目安
アペ1皿＋
メイン1皿＋
ワイン2杯＝
ひとり約$50

Map 別冊P.10-B2 ミートパッキング・ディストリクト

420 W. 13th St.（bet. 9th Ave. & Washington St.） 1-212-924-1200 日・月12:00～22:00（日11:00～）、火～木12:00～23:00、金・土12:00～23:30（土11:00～） Card A.M.V. 予ランチ、ディナーとも予約が望ましい カジュアル 交地下鉄Ⓐ Ⓒ Ⓔ線14th St. - 8th Ave.より徒歩約8分 URL www.figandolive.com

週末などはどこも大混雑。予約可能な店なら直前でもよいから予約を入れておくのがベター。

肉食女子なら、迷わずガブリ。魅惑のポーターハウスステーキを食べ尽くす！

**アメリカに来たなら一度は食べたいのがステーキ！
なかでも挑戦してみたいのはNYスタイルのポーターハウス。
みんなで一緒にわいわいつつけば、巨大なお肉も怖くない！**

いただきまーす

ポーターハウスステーキって？

T字形の骨を境にストリップロイン（サーロイン）とテンダーロイン（ヒレ）の両方が楽しめる部位をTボーンという。このテンダーロインの部位が3分の1以上入っているものをポーターハウスステーキという。

テンダーロイン(ヒレ) tenderloin

腰肉の中央部にある脂肪に包まれたとっても柔らかい棒状の部位。1頭から取れる量がわずかな最高級部位。ヒレ、ヘレ、フィレともいう。

Tボーン T-bone

T字形の骨を境にストリップロイン（サーロイン）とテンダーロイン（ヒレ）の両方を楽しめる部位。日本国内ではなかなかお目にかかれない。

サーロイン sirloin

背中のリブロースからモモに続く部分。きめが細かく柔らかな最高級部位。そのおいしさに、英国王が"サー（ナイト爵）"の称号を与えたとか。

USDAプライムビーフ　$90.90
ステーキ・フォー・トゥー
2人前36〜38oz（1.02kg〜1.08kg）

USDAって何？

米国農務省のこと。米の牛肉はUSDAによって格付けされている。プライムは最上級クラス。

パンもウマイ！

ペロリといけちゃいますよ

アメリカで味わえる「ドライ・エイジド・ビーフ」

肉を適切な温度と湿度で管理して、一定期間（店により異なるが14〜40日間）熟成させたもの。肉の水分が抜け、風味が凝縮される。この香りとうまみはまさに本場の味！

チョココインももらえる！

ピーター・ルーガーでステーキを食べ残したら、ウエイターさんが慣れた手つきで持ち帰り用に詰めてくれた。（東京都・優佳）

ウエーターさんに聞いた

おすすめサイドメニュー

ウエーター歴7年
ベニーさん

$14.95

スライスド・トマト＆オニオンwith自家製ソース

ビーフトマトとタマネギをスライスしただけのシンプルな前菜。自家製ソースがマッチ。

$9.95

クリームド・スピナッチ

たっぷりのホウレンソウをクリーミーに仕上げた1品。ステーキのサイドとして活躍。

$10.95

ルーガーズ・スペシャル"ホーリーカウ"ホットファッジ・サンデー

自家製のドイツ風ホイップクリーム"シュラッグ"がたっぷりトッピングされたサンデー。

ピーター・ルーガーを楽しむためのコツ

ランチハンバーガーも美味！

さすがステーキハウスが作るハンバーガー。厚みのあるジューシーな肉汁がじわっと出て、ほかとはまったく違う。隠れた人気メニュー！ →P.66

残ったらテイクアウトもOK

ポーターハウスは2人前からオーダー可能。女性なら3名でシェアしてちょうど。残ったら持ち帰りしよう。冷えてもよい肉に美味♪

平日昼なら予約なしでもOK

ただし、少し早めに行くのが確実。ディナータイムは、マンハッタンからわざわざ専用車でやってくる人もいるので予約がおすすめ。

1. 赤レンガがひときわ目立つ老舗ステーキハウス
2. 広々としたダイニングルームは、ランチ＆ディナータイムともなるといつも満席に

創業1887年の老舗ステーキハウス

ピーター・ルーガー・ステーキ・ハウス

Peter Luger Steak House

ニューヨークにおけるポーターハウスステーキ・ブームの火付け役。NYステーキの象徴でもある店。ブルックリンにありながらも多くの客が訪れ、名店として君臨する。

Map 別冊P.29-D3 ウイリアムズバーグ

178 Broadway（near Driggs Ave.） ☎1-718-387-7400 月～木11:45～21:45、金・土11:45～22:45、日12:45～21:45 Card不可 予望ましい カジュアル 席150 交地下鉄Ⓙ Ⓜ Ⓩ線Marcy Ave.より徒歩約7分 URL www.peterluger.com

使える！レストラン英会話

焼き加減はいかがなさいますか？
How would you like your steak cooked?

ミディアム（ミディアムレア、レア、ウェルダン）でお願いします。
I'd like my steak Medium (Medium-rare, Rare, Well-done), please.

ほかにも見つけた！

ポータハウスステーキのおいしいお店

日本にも上陸した有名店

ウルフギャングス・ステーキハウス・トライベッカ

Wolfgang's Steakhouse TriBeCa

ピーター・ルーガーで40年以上ウエーターとして働いたウルフギャング氏がそのレシピを受け継いでオープンさせた。本店はパーク・アベニュー店。

Map 別冊P.8-A2 トライベッカ

409 Greenwich St.（bet. Beach & Hubert Sts.） ほかにミッドタウンなど3店舗あり ☎1-212-925-0350 日～木12:00～22:30、金・土12:00～23:30 Card A.D.M.V. 予ランチ、ディナーとも予約が望ましい カジュアル 席250 交地下鉄①線Franklin St.より徒歩約7分 URL wolfgangssteakhouse.net

グラセン構内にある

マイケル・ジョーダンズ・ステーキハウス

Michael Jordan's The Steak House N.Y.C.

NBAの元スーパースターで実業家のマイケル・ジョーダンがオーナーのステーキハウス。吹き抜けの広々とした空間で優雅にステーキを堪能できる。

Map 別冊P.16-A1 ミッドタウン

23 Vanderbilt Ave.（グランド・セントラル・ターミナル駅構内） ☎1-212-655-2300 月～金11:30～14:30、17:00～22:15、土17:00～22:15、日17:00～21:15 休無休 Card A.D.J.M.V. 交地下鉄Ⓢ④⑤⑥⑦線Grand Central-42nd St.より徒歩すぐ URL michaeljordansnyc.com

ステーキハウスは、日本のように野菜などの付け合わせがセットになっていないのがフツー。別にオーダーして！

元気が戻ってくる魔法の1杯☆

NY定番のカップスープを召し上がれ！

NYのスープ事情

アメリカを代表する家庭料理のひとつがスープ。移民大国だけに、さまざまなルーツのスープがたくさん。とりわけNYでは、伝統的なものから現代的フュージョンものまで堪能できる。

小腹が空いたときに、旅疲れで体調が万全でないときに、どんなときでも、体をいたわってくれるスープ。野菜たっぷりお腹にやさしいアメリカの味をどうぞ！

A

侮れないWFMのスープコーナー！

ホールフーズ・マーケット

Whole Foods Market

DATA→P.122

B

ボストン発のファストカジュアル

オー・ボン・パン

Au Bon Pain

いまやアメリカのみならず、カナダ、インド、中東、東南アジア諸国にも進出しているベーカリー・チェーン。種類豊富な焼きたてパン＋スープが鉄板の組み合わせ。

Map 別冊P.20-B2 ミッドタウン

599 Lexington Ave.（bet. 52nd & 53rd Sts.） 1-212-355-4815
月〜金6:00〜21:00、土・日7:00〜19:00 休祝 Card A.D.J.M.V. 交地下鉄⑥線51 St.より徒歩約3分 URL aubonpain.com

C

ランチタイムは大混雑！

ヘール&ハーティ・スープ

Hale & Hearty Soups

ブルックリン出身のシェフ、ブルース・ロジャー氏の哲学が生きるスープが人気。専門店だけに種類も豊富で、定番ものから旬のスープまでよりどりみどり！

Map 別冊P.20-B1 アッパー・イースト・サイド

849 Lexington Ave.（bet. 64th & 65th Sts.） 1-212-517-7600
月〜金8:00〜19:00、土・日10:00〜19:00 休祝 Card A.D.J.M.V. 交地下鉄Ⓕ線Lexingotn Ave./63 St.より徒歩約2分 URL www.haleandhearty.com

D

英国発サンドイッチ・チェーン

プレタマンジェ

Pret A Manger

店名（仏語で「できたての食事」）のとおり、ナチュラル素材を用いたサンドイッチやスープはすべて店内で手作りされる。ボリュームは上品で抑えめ。

Map 別冊P.20-B2 ミッドタウン

600 Lexington Ave.（bet. 52nd & 53rd Sts.） 1-212-644-8760
月〜金6:00〜22:00、土・日8:00〜18:00 休祝 Card A.D.J.M.V.
交地下鉄⑥線51 St.より徒歩約3分 URL www.pret.com

E

NY発グルメ・サンドイッチ専門店

ウィッチクラフト

Wichcraft

仕掛人はセレブシェフのトム・コリッキオ氏。厳選した素材、マヨネーズやジャムもホームメイドという、強いこだわりで知られ、地元で圧倒的な人気を誇る。

Map 別冊P.12-A2 イースト・ビレッジ

60 E. 8th St.（at Broadway） 1-212-780-0577 月〜金8:00〜18:00、土・日10:00〜18:00 休祝 Card A.D.J.M.V. 交地下鉄ⓃⓇ線8 St.-NYUより徒歩約1分 URL wichcraft.com

---

さっぱり系

レンズ豆

カレーや煮込み料理などにも使われるレンズ豆。ニンジンやセロリ、タマネギを刻んでじっくり煮込んだスープがポピュラー。ポテトのようなたんぱくな味わいが好きな人におススメ。

12oz（Sサイズ）
$3.79

LENTIL

A

＋ORDER

パン

7種の穀物のうまみを閉じ込めた7グレイン・ロール。店内のベーカリーセクションで購入可。

コク クリーミー系

ニューイングランド・クラムチャウダー

アメリカ東海岸ニューイングランドの漁師料理が起源とされるクリーム系のスープ。ハマグリの旨みとごろっとしたポテトとタマネギが最高の相性。トマトベースのマンハッタン・クラムチャウダーもある。

12oz（Sサイズ）
$4.89

NEW ENGLAND CLAM CHOWDER

C

＋ORDER

パン

コクのあるクリーム系スープにペアリングしたのは、ほんのり酸味が効いたサワードゥ・ブレッド。相性ばっちり。

夜遅くデリでスープをテイクアウトしたら、煮詰まりすぎていた。（東京都・ミルクティー）

あっさり系

ミネストローネ

イタリア発、おなじみのトマトベースの野菜スープ。基本の具材はタマネギ、ポテト、にんじん、セロリ、ズッキーニなど。お店によっては豆やベーコンがイン！

12oz（Sサイズ）
$3.79

MINESTRONE

A

+ ORDER

ベーグル　野菜たっぷりスープにはプレーンなベーグルを組み合わせてみては？　店内のベーカリーセクションにて購入。

さらっと系

チキン・ヌードル

アメリカの家庭の味として知られる。チキン、ニンジン、タマネギ、セロリにエッグヌードルが入る。味つけは塩コショウのみ。栄養価が高く、病人食としても広く親しまれている。

12oz（Sサイズ）
$3.49

CHICKEN NOODLE

NY定番のカップスープを召し上がれ！

B

+ ORDER

クラッカー　食欲がないときにおすすめなのがオイスター・クラッカー。ちなみに本当にオイスター（カキ）が入っているわけではなし！

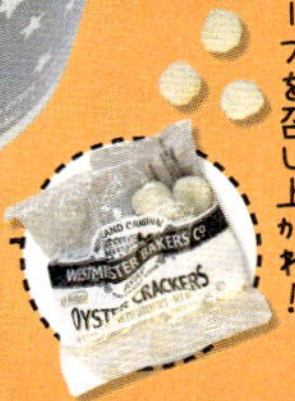

とろっと系

トマト・フェタ

チキンや野菜のブロスをベースに、トマトとフェタチーズをふんだんに使ったクリーミーな味わいのスープ。バジル入りの香り高いプレーンもある。

12oz（Sサイズ）
$3.99

TOMATO FETA

D

+ ORDER

パン　香ばしいパンと相性がよいトマトスープに選んだのはミニ・バゲット。グリルドチーズがあったら、それもぜひ一緒に。

とろっと系

パンプキン・サイダー

秋から冬にかけて多くのスープ・バーで姿を現す人気のスープ。甘いカボチャをベースにミルクをプラスしたポタージュ風のものが多い。リンゴサイダーを加えたものはNYらしい一品。

12oz（Sサイズ）
$5.05

PUMPKIN CIDER

E

+ ORDER

グリッシーニ　イタリア生まれのグリッシーニ。ナクサクの歯触りと、とろみのあるスープとの対照的な食感を楽しめる。

有名スープ専門店がチェーンとして生まれ変わった、オリジナル・スープマン（MAP 別冊P.19-C2）も手軽でおすすめ。

相性バツグンなのはどれ？

ベーグル×フィリング ぴったり☆組み合わせ対決！

CC＝クリームチーズだよ

ニューヨークといえばやっぱりベーグル！　焼きたてをそのまま食べるのもいいけど、フィリング（具）との組み合わせを楽しめるのも魅力。さて、どの組み合わせに挑戦してみる？

ニューヨーカーの定番！

やっぱりおいしい黄金の組み合わせ

Plain + Lox CC

プレーン＋サーモン＋プレーン・クリームチーズ

$3.95

ベーグルサンドのベスト・オブ・定番！　プレーンベーグルにスモークサーモンとたっぷりのクリームチーズがマッチ。やみつきになりそう A

Sesame + Egg Salad

セサミ＋エッグサラダ

$4.25

卵とマヨネーズを混ぜたもの（サラダ）をサンド。日本の卵サンド感覚でホッとする味。こぼれるほどたっぷりの卵がおいしい！ A

Raisin + Walnut Raisin CC

レーズン＋ウォルナッツレーズン・クリームチーズ

$3.50

ハチミツ入りのレーズン＆ウォルナッツ・クリームチーズがベーグルとほどよくマッチ。コーヒーとの組み合わせを楽しめる。おやつにもいい B

Nine Grain + Apple Cinnamon CC

9グレイン＋アップルシナモン・クリームチーズ

$3.10

シナモンがきいたクリームチーズは、生クリームのようにやわらかい口当たり。穀物のベーグルとぴったり。エッサいち押しのペアリング A

使える！オーダー英会話

クリームチーズ入りのプレーンベーグルをひとつください。
Can I have a plain bagel with cream cheese?

ここで食べますか、それとも持ち帰りますか？
Stay here or to go?

ここで食べます　Stay here please.
持ち帰ります　To go please.

ベーグルをトーストしてもらえますか？
Could you toast the bagel?

クリームチーズ（具）を別容器に入れてもらえますか？
Could you put the cream cheese (spread) in a separate container?

クリームチーズ（具）を別にしてもらえますか？
Could you put the cream cheese (spread) on the side?

できたてホヤホヤはどれですか？
What's fresh and warm?

ベーグル最高！

オーダー時のヒント5

1 オーダーは手早くがルール
長い行列ができるのもざら。並んでいるときに決めておくのがいい。

2 トーストしてくれない店も
ほとんどの店ではしてくれるが、店によってはしないところも。

3 フィリングは別容器に
とにかく量が多い。挟まず容器（コンテナ）に入れてもらうのもよい。

4 ナイフ＆フォークをもらおう
フィリングによっては、日本人女子の口には大きすぎるものもある。

5 焼きたてが一番だけど
ベーグルはすぐ固くなる。持ち帰ったらトーストかレンジでチンを。

クリームチーズが苦手だけど豆腐クリームチーズならOK！　ストロベリーフレーバーにハマった。（神奈川県・ERI）

ダマされたと思って食べてみて!

意外なおいしさにビックリな組み合わせも!

焼きたてなら朝か昼よ!

Pumpernickel + Plain Tofu
パンパーニッケル+プレーン豆腐クリームチーズ
$3.45

見た目は巨大オレオ! 食べると、まずはライ麦の苦味が広がり、後から豆腐クリームチーズのさっぱりした味が広がる。ツウ好みの組み合わせ A

Poppy Seeds + Maple Raisin Walnut CC
ポピーシード+メープル・レーズン・ウォルナッツ・クリームチーズ
$3.50

ポピーシード・ベーグルに、メープル、レーズン、ナッツが入ったクリームチーズをサンド。フィリングの甘みとプチプチの食感がクセになりそう C

Raisin + Peanut Butter & Jelly
レーズン+ピーナッツバター&ジェリー
$2.50

濃厚こってりのピーナッツバターとジェリー(ジャム)のサンドイッチは、アメリカでは定番! スイーツと同じでとにかく甘いアメリカーンな味 B

Everything + Scallion CC
エブリシング+スキャリオン・クリームチーズ
$2.99

ガーリックやセサミなど香ばしいトッピングのベーグルに、青ネギが入った柔らかいクリームチーズが絶妙にマッチ。ランチにぴったり B

Plain + Spinach Tofu CC
プレーン+ほうれん草豆腐クリームチーズ
$4.50

ほうれん草のクセを感じさせない豆腐クリームチーズは、口当たりもよく栄養たっぷり。プレーンと組み合わせたら、ランチにぴったりの一品 C

Cinnamon Raisin + Blueberry CC
シナモンレーズン+ブルーベリー・クリームチーズ
$3.45

レーズンのベーグルにブルーベリーのフィリングが程よく調和。香りもすっきりで風味豊かなフルーティーな味。おやつ代わりにもおすすめ A

A 3番街店よりすいてる!
エッサ・ベーグル
Ess-a-Bagel

店で作られるので、焼きたてが食べられる。3番街店はいつも長蛇の列だが、こちらはこぢんまりとして並ぶこともあまりない穴場。イートイン可。

Map 別冊P.12-B1 グラマシー

住 359 1st Ave. (at 21st St.)
☎ 1-212-260-2252 営 月~金6:00~21:00、土・日6:00~17:00 Card A.M.V. 席 9テーブル 交 地下鉄⑥線23rd St.より徒歩約12分、Ⓛ線1st Ave.より徒歩約7分 URL www.ess-a-bagel.com 他 ミッドタウン店:831 3rd Ave. (bet. 50th & 51st Sts.)

B 知る人ぞ知るベーグル店
デービッド・ベーグルズ
David's Bagels

エッサ1番街店のそばにあるタイ人オーナーのベーグル店。フレンドリーなサービスと歯ごたえのあるベーグルが人気で、コアなファンが多い。イートイン可。

Map 別冊P.12-B1 グラマシー

住 273 1st Ave. (bet. 15th & 16th Sts.)
☎ 1-212-780-2308 営 毎日6:00~20:00 Card M.V. ($10以上) 席 9テーブル 交 地下鉄Ⓛ線1st Ave.より徒歩約6分
URL なし

C 食べ応えバツグン!
ミュレイズ・ベーグル
Murray's Bagels

1996年創業。ベーグルマイスターが昔ながらの手法で手作りするベーグルは、中身がぎゅっと詰まってモチモチ。ビレッジの住民たちにも人気。

Map 別冊P.11-D2 グリニッチ・ビレッジ

住 500 6th Ave. (bet. 12th & 13th Sts.)
☎ 1-212-462-2830 営 月~金6:00~21:00、土・日6:00~20:00 休 祝 Card A.M.V. 席 6テーブル 交 地下鉄Ⓕ Ⓜ線14 St.、Ⓛ線6 Ave.より徒歩約2分
URL www.murraysbagels.com

Lox(ロックス)とは、スモークサーモンのこと。東欧ユダヤ人の使うイーディッシュ語が語源。

最高級ホテル 超ゼイタクな

**厳選された旬な
ラグジュアリーだけどカジュ
おしゃれなNYの食トレ**

THE PLAZA FOOD

シェフ・イングリッシュ

「Roast Beef Sandwich」$12

ジューシーでやわらかローストビーフは、定番中の定番。

具だくさんでボリュームたっぷり!

「Spit Roasted Chicken Pie」$18

串焼きチキン、プロヴォローネチーズ、ルッコラのペーストが絶妙な焼きたてピザ。

No.1 サブ

「Broccoli Sandwich」 $9

ベジー派もご安心あれ。グリルド・ブロッコリーは女性に人気。

彩りもきれいなサンドイッチ♡

ビリーズ・ベーカリー

この甘さがついついクセになる!

「Classic Chocolate」 $2.5

見た目もキュートなNYのアイコン、カップケーキ。激甘覚悟で一度は挑戦したい。

ウィリアム・グリーンバーグ・デザート

鮮やかなスイーツが満載!

「Black & White Cookie」 $3

起源は諸説あるものの、NYではポピュラーな白黒アイシングのクッキー。

1. モダンシックな高級感あふれるインテリア
2. 厳選されたハムやチーズなど、食材を買い求めるお客さんも
3. イートイン可能なハイテーブル&チェアー
4. ゴージャスな食材は見るだけでも価値あり

最高級ホテル・プラザの華麗なるヒストリー

1907年に建設、国の歴史建築物にも指定されている高級ホテル。1985年にはプラザ合意（先進5カ国で決定されたドル安政策）がこのホテルでなされた。『グレート・ギャッツビー』や『ホーム・アローン2』など、多くの映画にも、NYのランドマークとして華々しく登場。さまざまな富豪たちによって繰り返し買収され、現在、客室の多くは高級コンドミニアムとして分譲。今なおホテル部分も存続している。

よってらっしゃい!

プラザ・フードホールはいつも人がいっぱい。イートインは座れたらラッキー。（沖縄県・まーちゃん）

「プラザ」のフードコートへ

テナントがずらり。
アルさも兼ね備えた食の空間で、
ンドを先取りしちゃおう。

ロブスターとレタスの食感が◎

オーシャン・グリル＆オイスター・バー

「Grilled Lobster Salad」 $21

トーストしたブリオッシュに新鮮レタスと巨大なグリルド・ロブスターがON！

ちっちゃくておいしくてキュート♪

スリータルト

「Mini Cookies」
6個で$4.50

焼き菓子で有名なショップからは、おみやげにもよさそうな、かわいいクッキーを。

フレンチスタイルのサラダ！

「Tuna Nicoise」
$12.50

ツナとポテトをトッピングした南仏風サラダ。ディジョン・ドレッシングがマッチ。

エピセリー・ブールー

超ゼイタクなフードコートへ

高級なロブスターを約113gも使ったLobster Rollのほか、カニやエビのロールもある。

メーン州直送、自慢の新鮮ロブスター！

「Shrimp Roll」
$18

「Crab Roll」
$13

「Lobster Roll」
$15

ルークス・ロブスター

高級感たっぷり！

レディーM

「Mille Crepe」 $7.5

アッパーイーストサイドの有名店も進出。上品な口どけのミルクレープは看板メニュー。

舌の上でとろけるまろやかクリーム！

ハイエンドな食空間へ！

プラザ・フードホール

The Plaza Food Hall

スターシェフのトッド・イングリッシュが手がける高級フードコート。シーフード、スシ、ピザ、スイーツなど、バラエティに富んだテナントが人気。

Map 別冊P.19-D2 ミッドタウン

1 W. 59th St.（bet. 5th & 6th Aves.）プラザ・ホテル（→P.41）の地階　1-212-986-9260　月～金11:00～21:30、土・日11:00～18:00　Card A.D.J.M.V.　交 地下鉄Ⓝ Ⓠ Ⓡ線5th Ave. - 59 St.より徒歩約1分　URL www.theplazafoodhall.com

Photos by Tom McWilliams, Eric Laignel, Luke's Lobster, Chef English, No.7 Sub, Billy's Bakery, William Greenberg Jr. Desserts

ほかにもこんなテナントが……！

- Chi Noodle Bar（ヌードル専門店）
- FP Patisserie（名店パヤール系列のチョコレート専門店）
- Vin Sur Vingt（パリ発ワイン＆カフェ）
- Ora di Pasta（フレッシュパスタ専門店）
- Vive la Crepe（クレープ専門店）
- YoArt Frozen Yogurt Boutique（フローズン・ヨーグルト）
- William Greenberg Desserts（スイーツ）
- Pain D'Avignon（ベーカリー）
- Kusumi Tea（お茶専門店）
- La Maison Chocolat（チョコレート）
- Piada（イタリアン）
- Sabi Sushi（お寿司）

…and more.

プラザブランドの紅茶やチョコレートはおみやげにおすすめ。

TEA

試飲もできるよ！

スタバのお茶専門店がニューヨークへ！

ティーヴァナ・ファイン・ティーズ＋ティー・バー
Teavana Fine Teas + Tea Bar

全米はじめ、メキシコとカナダに300店舗を展開 。紅茶や中国茶、日本茶はもちろんのこと、世界中のあらゆるお茶をはじめ、新鮮なペストリーや軽食も一緒に楽しめる。

Map 別冊P.20-B1 アッパー・イースト・サイド

1073 3rd Ave.（at 63rd St.） 1-212-759-2940 月～金8:00～20:00、土9:00～21:00、日9:00～20:00 休無休 Card A.D.J.M.V. 地下鉄Ⓕ線Lexington Ave. / 63 St.より徒歩約2分 URL www.teavana.com

のんびりポイント 落ちついた雰囲気とやさしい照明でくつろげる～

1.見ているだけでも楽しくなるおしゃれなディスプレイ 2.旅の疲れも吹き飛ぶ美味なお茶が豊富 3.軽食も充実

Photos by Teavana

ココもチェック！

ハーニー＆サンズ

ソーホーに旗艦店を構えるNY郊外発のティー専門店。世界中の高級茶葉を取り扱う。無料テイスティングも有り。

DATA→P.142

どっちにする？

どっち派？

歩き疲れたらちょっと休憩～♪

／のんびり＼ティータイム OR ＼さくっと／コーヒーブレイク

COFFEE

コーヒー好きが集う人気カフェ

ブルックリン・ロースティング・カンパニー
Brooklyn Roasting Company

さくっとポイント 店内も広いので、ダンボ散策に立ち寄りたい

トレンディなダンボ地区にカフェ兼焙煎所を構える。良質の豆は市内レストランやカフェでも楽しまれている人気ブランド。

To go!

どうぞ！

Map 別冊P.27-D1 ダンボ

25 Jay St.（bet. John & Plymouth Sts.） 1-718-855-1000 毎日7:00～19:00 休無休 Card A.D.J.M.V. 地下鉄Ⓕ線York St.より徒歩約5分 URL www.brooklynroasting.com

1.腕利きバリスタが作るラテは絶品
2.ロフト造りのゆったりとした店内

NYご当地コーヒーのパイオニア

ナインス・ストリート・エスプレッソ
Ninth Street Espresso

To go!

NYのコーヒーブームに先駆け、高品質のエスプレッソにこだわってきた。ローカル・コーヒーブランドのフラッグシップ・カフェ。

さくっとポイント 持ち帰りしてトンプキンス・スクエア・パークでも◎

シングルオリジン豆をケメックスで$5～。

Map 別冊P.13-D2 イースト・ビレッジ

700 E. 9th St.（bet. Ave. C & Ave. D） 1-212-358-9225 毎日 7:00～20:00 休祝日 Card 現金のみ 地下鉄Ⓛ線1 Ave.より徒歩約12分 URL www.ninthstreetespresso.com

ナインス・ストリート・エスプレッソのコーヒー豆はNYみやげにもよろこばれました！（東京都・Maki）

ニューヨーク初の抹茶専門カフェ

マッチャ・バー MatchaBar

ふじリンゴ・ジンジャーや抹茶ホットカカオ（いずれも$4.60）など、独創的な抹茶ドリンクが話題の新スポット。

Map 別冊P.29-C2 ウイリアムズバーグ

93 Wythe Ave.（bet. N. 10th & N. 11th Sts.） 1-718-599-0015 月〜金8:00〜19:00、土・日10:00〜19:00 休祝日 Card A.D.J.M.V. 交地下鉄Ⓛ線Bedford Ave.より徒歩約7分 URL matchabarnyc.com

日本の抹茶を使用！

のんびりポイント 抹茶グリーンを基調とした癒しのインテリア

1.抹茶系ドリンクは$3.25から 2.創始者のマックス＆グラハム兄弟 3.こぢんまりとした心地よい店内

Photos by nickydigital.com

のんびりポイント 香り高い紅茶と手作りスコーン、女主人のおもてなし！

ビレッジの隠れ家的ティールーム

ポダンク・ティールーム Podunk Tearoom

女主人のエルスペスさんが切り盛りする店。テーブルサービスはないので、トレイは自分で受け取って着席しよう。

Map 別冊P.12-B3 イースト・ビレッジ

231 E. 5th St.（bet. Bowery St. & 2nd Ave.） 1-212-677-7722 月〜土11:00〜20:00、日12:00〜19:00 休祝日 Card A.M.V. 交地下鉄⑥線Astor Pl.より徒歩約5分 URL www.podunktearoom.com

店内もおしゃれ！

1.オリジナル・ティーバッグはおみやげに 2.ひとりでも気軽にオーダーできるティーセット$17 3.キュートなインテリア

観光やショッピングに疲れたら、ひと息つきましょ。
せっかくなら、こだわりのカフェに行きたいよね。
ティー派の人もコーヒー派の人もおすすめはここ！

ココもチェック！

ゴリラコーヒー Gorilla Coffee

赤と黒のロゴが目印のブルックリン発ブランドのカフェ。グッズも人気。

Map 別冊P.26-B3 プロスペクトパーク

97 5th Ave.（at Park Pl.） 1-718-230-3244 月〜土7:00〜21:00、日8:00〜21:00 休祝日 Card A.D.J.M.V. 交地下鉄②③線Bergen St.より徒歩約4分 URL gorillacoffee.com

To go!

さくっとポイント ユニオンスクエア周辺の散策ついでに立ち寄れる！

スタイリッシュさが際立つカフェ

トビーズ・エステート Toby's Estate

エスプレッソ大国オーストラリアの人気店がNYへ。地元NYで焙煎された良質の豆は評判となり、市内3カ所に店舗を展開中。

Map 別冊P.12-A1 イースト・ビレッジ

160 5th Ave.（bet. 20th & 21st Sts.） 1-646-559-0161 月〜金7:30〜21:00、土9:30〜21:00、日9:30〜20:00 休無休 Card A.M.V. 交地下鉄ⓃⓇ線23 St.より徒歩約3分 URL www.tobysestate.com

1.本場のフラット・ホワイトも！ 2.洗練されつくされたインテリア

To go!

雰囲気よしのカフェ

カフェ1668 Kaffe 1668

1.店内はやや暗めだが落ち着ける 2.クオリティの高いラテアート$4.37

市内3カ所で展開するカフェ。自家焙煎のシングルオリジンがコーヒー派を唸らせる。北欧テイストのインテリアも人気。

Map 別冊P.8-B3 トライベッカ

275 Greenwich St.（bet. Warren & Murray Sts.） 1-212-693-3750 月〜金6:30〜22:00、土・日7:00〜21:00 休祝日 Card A.D.J.M.V. 地下鉄①②③線Chambers St.より徒歩約3分 URL www.kaffe1668.com

さくっとポイント 人々がシェアできる大きなテーブル席あり

Photos by Michael Cooper
Photos by Bob Cuk

コーヒー好きなニューヨーカーは、カフェインレスのデカフェ（Decaf）でオーダーする人が多数。

ディナーのあとにまったり&ほっこり～♪
なごみの"夜お茶"スポット

ごはんのあとって、飲みもいいけど、やっぱりデザート&お茶だよね～。
おしゃれで極上のスイーツが楽しめるとっておきのティー・スポット！

Closing Time 22:45

デザート・バーの本家本元
チカリシャス
ChikaLicious

ミシュラン・ガイドの推奨店としても紹介され、ザガットでも常に高ランクの日本人シェフ、チカさんのお店。カウンター席がおすすめ。

Map 別冊P.12-B2 イースト・ビレッジ

203 E. 10th St.（bet. 1st & 2nd Aves.）
1-212-995-9511　木～日15:00～22:45　休月～水　Card A.M.V.
図地下鉄⑥線Astor Pl.より徒歩約7分
URL www.chikalicious.com

1. シグネチャーメニューでもあるメインのチーズケーキ　2. スイーツだけで前菜、メイン、デザートの3コース$16が味わえる　3. こぢんまりとした店内は夕方から夜にかけて行列ができるほどの人気

Photos Courtesy of ChikaLicious

知っておくと便利！ミッドタウンのお茶スポット

ホテルが密集するミッドタウンには、夜遅くまで営業しているスタバやダイナーが多い。ダイナーも大小たくさんあるが、ファミレスチェーン系のアップルビーズなら入りやすくて安心だね。

Closing Time

スターバックス Starbucks

店舗	Map	Closing Time
1656 Broadway (51th St.)	別冊P.19-C2	24:00（土～23:00）
60th St. & Broadway-II	別冊P.19-C1	翌1:00
1585 Broadway (47th St.)	別冊P.19-C3	翌1:00（金～翌2:00）
49th St. & 7th Ave.	別冊P.19-C3	24:00（土～22:00）
47th St. & 8th Ave.	別冊P.19-C3	23:30（金～24:00）
43rd St. & 8th Ave.	別冊P.15-C1	23:00（金～24:00）
42nd St. & 8th Ave.	別冊P.15-C1	翌1:00（金～翌2:00）

Closing Time

アップルビーズ Applebee's

店舗	Map	月～木	金・土	日
42nd St.	別冊P.15-C1	翌1:00	翌2:00	翌0:30
50th St.	別冊P.19-C3	24:00	翌1:00	24:00

チカリシャスのお店の向かいには持ち帰り専門店があり。ここでスイーツ購入→部屋でお茶、もいいかも～。（神奈川県・梨里）

かわいいスイーツが人気 ボジィ・ティー・パーラー
Bosie Tea Parlor

Closing Time 22:00

週末は~23:00

お茶の専門家カイリー・ホリデーさんとパティシエのダミエン・ハーゴットさんがコラボした絶品フレンチ・スイーツの店。

Map 別冊P.11-C3 グリニッチ・ビレッジ

10 Morton St.（bet. Bleecker St. & 7th Ave.）
1-212-352-9900 月～金7:30～22:00（木～23:00、金～24:00）、土・日10:00～24:00（日～22:00） 休祝 Card A.M.V.
交地下鉄Ⓐ Ⓑ Ⓒ Ⓓ Ⓔ Ⓕ Ⓜ線W. 4th St.より徒歩約4分 URL www.bosienyc.com

1. ローズ・マカロンとラズベリーのイスパハン$6.50
2. 落ち着いた雰囲気の店内

24時間営業がうれしい！ バビーズ
Bubby's

日本にも上陸したアメリカンダイナー。リンゴやチェリーなど、旬の素材を使ったパイが有名。コーヒーはこだわりのシングル・オリジンで。

Map 別冊P.8-B2 トライベッカ

120 Hudson St.（at N. Moore St.）
1-212-219-0666 月8:00～23:00 火～日24時間営業 休祝
Card A.M.V. 交地下鉄①線Franklin St.より徒歩約2分 URL bubbys.com

1. キャラメル＆ジンジャーのウオームアップルパイ$8
2. アットホームな雰囲気

Open Time 24hours

月曜除く

スタバのティー版？ アルゴ・ティー
Argo Tea

Closing Time 23:00

1. コーヒー人気のNYにおいてティー派には貴重なお店 2. アサイー入りアイスティー

シカゴ発のチェーン店。世界中の茶葉を、独自でブレンドしたフレーバーティーが人気。ゆったりした雰囲気でくつろげるのもいい。

Map 別冊P.12-A1 チェルシー

949 Broadway（bet. 22nd & 23rd Sts.）
1-646-755-7262 月～金6:00～23:00、土7:00～23:00、日7:00～22:00 休無休
Card A.M.V. 交地下鉄Ⓡ Ⓦ線23rd St. より徒歩約1分 URL www.argotea.com

ニコニコ印のキュートなパイ パイ・フェイス
Pie Face

オーストラリアから上陸したパイ専門店。夜遊び後に小腹が空いたらニコニコスマイルのミートパイをぱくり！

Closing Time 23:00

Map 別冊P.19-C2 ミッドタウン

1691 Broadway（at 53rd St.）
1-212-757-7864 毎日7:00～23:00 休無休 Card A.D.J.M.V.
交地下鉄Ⓔ Ⓜ線7th Ave.より徒歩約1分
URL piefacenyc.com

1. コーヒー$1.95 2. ミニ・チャンキー・ステーキ・パイ$2.66。セイボリーパイは種類も豊富

夜遅くの外出にはくれぐれも注意を。宿のそばならまだしも、距離があるならタクシーを使うなどで移動して。

ひんやり甘くて シアワセ気 アイスクリー

ニューヨー
子供から大人まで
誰もが夢中の旬のアイ

オーガニックなアイス ブルー・マーブル・アイスクリーム
Blue Marble Ice Cream

若き起業家アレクシスとジェニーによる、ブルックリン発スーパープレミアム・アイスクリーム。やさしい味わいでたちまち人気に。

Map 別冊P.27-D3 ボコカ

196 Court St. (bet. Congress & Warren Sts.) ☎1-347-384-2100 月～金7:30～22:00(金～23:00)、土・日8:30～23:00 休祝 Card M.V. ($10以上) 交地下鉄Ⓕ Ⓖ線Bergen St.より徒歩約8分 URL www.bluemarbleicecream.com

フルーツの旨みがギュッ！ ピープルズ・ポップ
People's Pops

ピーチやラズベリーなど、フレッシュなローカルフルーツをふんだんに使っている。シャーベットのようなさっぱりした味のアイスキャンディー。

チェルシー・マーケットで購入可 →P.72

※ほかハイライン（→P.140）やスモーガスバーグ、イースト・ビレッジにも店舗あり。Whole Foodsでも購入できる

地元の人に愛される アンプル・ヒルズ・クリーマリー
Ample Hills Creamery

地元産のミルクや卵を使用。メニューは常時20種類以上で、サイズは4種類。体にやさしい味わいを求めて多くの人がやってくる。

Map 別冊P.26-B3 プロスペクト・ハイツ

623 Vanderbilt Ave. (at St. Marks Ave.) ☎1-347-240-3926 日～木12:00～23:00、金・土12:00～24:00 休祝 Card A.M.V. 交地下鉄ⒻⒼ線7 Ave.より徒歩約7分 URL www.amplehills.com

豪快なトッピングに注目！ ビッグ・ゲイ・アイスクリーム
Big Gay Ice Cream

小さな屋台から始まった人気店。カレー風味のココナッツ、チョコとベーコンなど、ユニークなトッピングや組み合わせで話題に！

Map 別冊P.12-B3 イースト・ビレッジ

125 E. 7th St. (bet. Avenue A & 1st Ave.) ☎1-212-533-9333 日～水12:00～22:00、木～土12:00～24:00(冬期は変更あり) 休祝 Card M.V. 交地下鉄Ⓛ線1st Ave.より徒歩約8分 URL biggayicecream.com

NYはフローズンヨーグルト専門店が多いのでよく食べました。PinkberryやYOGOがお気に入り♪（東京都・はな）

ローカル・アイスの火付け役
ヴァン・リーウィン・アーティザン・アイスクリーム
Van Leeuwen Artisan Ice Cream

NY近郊の素材で作ったナチュラル・アイスクリームの店。路面店のほか、街なかで見かけるクリームイエローの屋台が目印！

Map 別冊P.12-B3 イースト・ビレッジ

48 1/2 E. 7th St.（at 2nd Ave.）☎1-718-701-1630（Office）月〜金8:00〜24:00、土・日9:00〜24:00 Card不可 地下鉄⑥線Astor Pl.より徒歩約5分 URL www.vanleeuwenicecream.com

ダイエット中におすすめ！
ビクトリー・ガーデン
Victory Garden

NY近郊で搾られるゴートミルクで作られるアイスクリームは、低カロリー＆ヘルシーなうえ味も絶品。フレーバーも多数あり。

Map 別冊P.11-C3 グリニッチ・ビレッジ

31 Carmine St.（bet. Bleecker & Bedford Sts.）☎1-212-206-7273 月〜土12:00〜23:00、日12:00〜22:00（冬期は変更あり）休祝 Card A.M.V. 地下鉄ⒶⒷⒸⒹⒺⒻⓂ線W. 4th St.より徒歩約4分 URL victorygardennyc.com

クセもなく食べやすい！ $3.89

口溶けなめらか〜分になるムずら〜り♪

カーたちは、みんな大好き！スクリームをご紹介！

LOVE!

ICE CREAM

1本でいろんな味を！
ポップバー
popbar

ジェラートやフローズンヨーグルトを棒アイスにしたユニークなポップバー専門店。お気に入りのバーにナッツなどのトッピングを。

Map 別冊P.11-C3 グリニッチ・ビレッジ

5 Carmine St.（at 6th Ave.）☎1-212-255-4874 日〜木12:00〜22:00 金・土12:00〜24:00 休祝 Card A.M.V. 地下鉄ⒶⒺⒸⒹⒺⒻⓂ線W. 4th St.より徒歩約4分 URL pop-bar.com

HAZEL NUTS ALMOND WITH CHOCOLATE TOPPING

マルチな味が楽しめちゃう☆ $4.99

編集部イチオシ！

DON'T FORGET

スーパーものも見逃さないで！

クロンダイク KLONDIKE $1.99

みんな知ってるシロクマが目印！

バニラアイスをチョコでコーティングした定番アイス。イチゴにオレオなどフレーバーも多数。

ここで買えるよ！
Food EmporiumなどのスーパーやDuane Readeなどのドラッグストア、デリで購入できる。

ADIRONDACK アディロンダック・クリーマリー CREAMERY $5.49

小さなアイスクリームブランド

ニューヨーク北部アディロンダック山脈の麓で生まれたアイス。地ミルクで作る昔ながらの味わい。

ここで買えるよ
Whole Foods Market、Fairway Market、Garden of Eden、Duane Readeなどで購入できる。

BEN & JERRY'S ベン＆ジェリー ICE CREAM $4.79

アメリカン・アイスの王様！

日本にも上陸。バーモント発の老舗ブランド。ニューヨークにもスクープショップが点在する。

ここで買えるよ！
Food EmporiumなどのスーパーやDuane Readeなどのドラッグストア、デリで購入できる。

自分好みのサンドイッチを

サンドイッチのスムーズオーダー術

ボリューミーなのがNYスタイル！

忙しいニューヨーカーたちに定番の人気が、カスタムメイド・サンドイッチ。自分の好みで具材やパンを選ぶのはちょっと面倒だけど、ステップがわかれば楽しい。ぜひ挑戦してみて！

STEP 1 Start! カウンターへ

まずは列に並んで、オーダーステーションの受付へ。カスタムメイド・サンドイッチをオーダーしたいとお店のスタッフに伝えよう。

カスタムメイド・サンドイッチをお願いします。

I would like to have a custom made sandwich.

STEP 2 パンと中身を選ぶ

レタス、トマト、チーズを入れてください。キュウリは抜いて。

Lettuce, tomato, and cheese, please. But NO cucamber.

many many many

マーブルライ麦パンをお願いします。

I would like to go with marble rye bread.

まず、サンドイッチの基本となるパンと中身を選ぶ。サンドイッチ専門店では、だいたいベーグルからイタリアンブレッドなど種類豊富。さらにハムや肉などメインの具を選ぶ。人気はカロリー控えめであっさりしたターキー（七面鳥）ハム。ローストビーフやハム類も充実。続いてレタス、トマト、チーズ、オニオンなど、基本トッピングを選択する。食べられない具があれば、その場で入れないようお願いしよう。

チャバッタ、クラブ、全粒粉のヒーロー、プレーンなヒーロー、マーブルライ麦パン、ホワイトブレッド、全粒粉ラップ、7グレイン（7つの雑穀）入り全粒粉パン、種入りライ麦パン、カイザーロール、プンパーニッケル、プレーンラップ、ライ麦パンなど、パンの種類は豊富。

STEP 3 味付けを選ぶ

パンと具が決定したところで次は味付け。こってり派にはマヨネーズやドレッシング、あっさり派なら塩コショウがおすすめ。

塩コショウ、それからマヨネーズを少し入れてください。

Salt and pepper, and a bit mayo, please.

STEP 4 GOAL! お会計へ

店内飲食（持ち帰り）でお願いします。

To stay (To go), please.

オーダーがすべて終わったら、お会計へ。飲み物やスープ、サラダなどのサイドメニューも一緒にいかが？

チェーン展開を広げる専門店

レニーズ Lenny's

1989年のオープン以来、NYに続々と店舗展開を続けるサンドイッチ専門店。カスタムメイド・サンドイッチ人気の火付け役。

Map 別冊P.15-C2 ミッドタウン

1 Penn Plaza (33rd St., bet. 7th & 8th Aves.) ☎1-646-390-0005 月〜金7:00〜19:30、土・日8:00〜15:30 Card A.M.V. 図地下鉄①②③線34th St.-Penn Stationより徒歩約3分 URL www.lennysnyc.com

オトナ買い
しちゃうぞ！

話題のアイテム満載！
キレイ&かわいいを極める
お買い物&ビューティナビ

ポップな雑貨も、かわいいお洋服も、おいしいおみやげも、
乙女心をくすぐる♥ときめきアイテムがたっくさんのNY！
おしゃれ流行発信地では、物欲MAX高まるね〜。
もちろん、オンナっぷりUPのコスメはマストです♪

お宝発見！イイネ！がたくさん
ビンテージショップでお気に入りの一着を探そう♪

古着やビンテージをさりげなくミックスして着こなすニューヨーカーたち。どこか味のある洋服たちのなかから、自分だけのスタイルを！歴史を感じる素敵なアイテムやハイブランドの掘り出し物が手に入るかも。

1970年代エレガンス
Narnia
ナルニア

雰囲気のある店内には、フォークロアなアイテムがぎっしり。ハイエンドブランドのビンテージもある。オーナーのセンスにファンも多い。

Map 別冊P.9-D1 ロウアー・イースト・サイド

161 Rivington St.（at Clinton St.） ☎1-212-979-0661 毎日11:00〜19:00 休祝 Card A. M. V. 交地下鉄Ⓕ Ⓜ Ⓙ Ⓩ線Delancey St-Essex St.より徒歩約8分 URL narniavintage.com

Modern ethnic モダンエスニック

エスニック調のビンテージシューズは状態もいい $125

一点ものは即買いがおすすめ

ボヘミアンルックには外せないワンピース $85

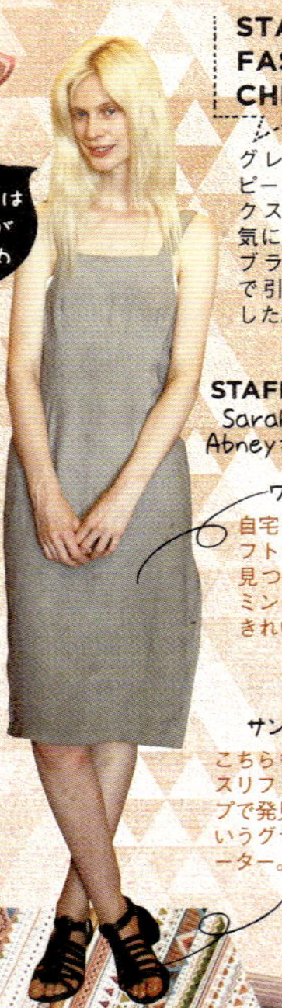

STAFF'S FASHION CHECK!

グレーのワンピースはリラックスした雰囲気になるので、ブラックの靴で引き締めました。

STAFF Sarah Abneyさん

ワンピース
自宅そばのスリフトショップで見つけたもの。ミントブルーがきれい。

サンダル
こちらもおなじスリフトショップで発見したというグラディエーター。

'60 hippie 1960年代ヒッピー系

さらっと着られるワンピースは人気アイテム $75

コーディネートの主役になってしまうクリノリン$75

近所の人たちがよく来ます！

週に一度入荷のある
Stella Dallas
ステラダラス

日本人経営による古着屋。1940〜60年代の古着を中心に、幅広いセレクションが人気。ブルックリンにも店舗あり。

Map 別冊P.11-D3 グリニッチ・ビレッジ

218 Thompson St.（bet. W. 3rd & Bleecker Sts.） ☎1-212- 674-0447 毎日12:30〜19:30 休祝 Card A.D.J.M.V. 交地下鉄Ⓕ Ⓜ Ⓙ Ⓩ線Delancey St.-Essex St.より徒歩約8分 URL www.amarcordvintagefashion.com

STAFF'S FASHION CHECK!

ポイントは母や知人から大切に受け継いだ古着。自分に合うように着こなすよう気をつけています。

STAFF 蔦谷 楽さん

パンツ
常連さんからのいただいたもの。1970年代のリネンパンツ。

シャツ
元々は母親の愛用品。1960年代のコットン・シースルーシャツ。

古着を買うときは、時間に余裕をもって行くといいかも。根気よく探すと掘り出し物が見つかるよ。（福岡県・Lisa）

Europian girly ヨーロッパ風ガーリー

スリット入りのレトロな大花柄ワンピース$70

John Abbottのワンピース$75

Etienne Aignerのカゴバッグ$65

プリント柄好き必見よ♪

STAFF Victoria Phillipsさん

トップス
オレンジのトップスもビンテージ。デコルテラインがキレイに見えるVネック。

スカート
ノベルティプリントのビンテージスカートは1950年代に作られたもの。

STAFF'S FASHION CHECK!

スカートを主役にしたかったので、トップスはシンプルにし、ヘアスタイルもすっきりとまとめました。

イタリア製にこだわった

marcord Vintage Fashion

アマルコルド・ビンテージ・ファッション

イタリア人のオーナーが買い付ける古着は、ヨーロッパテイスト好きにおすすめ。小物の品揃えも豊富。イースト・ビレッジにも店舗あり。

Map 別冊P.29-C2 ウイリアムズバーグ

223 Bedford Ave.（bet. N.4th & 5th Sts.） 1-718-963-4001
毎日12:00～20:00 休祝
Card A. M. V. 交地下鉄Ⓛ線Bedford Ave.より徒歩約2分
URL narniavintage.com

ビンテージショップでお気に入りの一着を探そう♪

もちろんココもCHECK！

インパクトのある上着で目立っちゃおう！

ベロア調のワンピースはパーティに大活躍

ビーコンズ・クローゼット
Beacon's Closet

ウイリアムズバーグから移転し、売り場も広くなり、見やすくなった。古着を売りに持ち込む人と、購入しに来る人でいつも賑わっている。

Map 別冊P.29-C2 グリーンポイント

74 Guernsey St.（near Nassau Ave.） 1-718-486-0816 毎日11:00～20:00 休祝
Card A. M. V. 交地下鉄Ⓖ線Nassau Ave.より徒歩約4分
URL beaconscloset.com

Adult unique 大人ユニーク

かわいいアイテムいっぱいよ

STAFF'S FASHION CHECK!

ガーリーなワンピースはそのまま着てもかわいいけど、レザーのベルトとブーツでブラッシュアップしました！

ワンピース
お店で見つけたビンテージワンピ。肩のラインがお気に入り。

ワークブーツ
甘いワンピースにはハードなブーツを。ハズすのがブルックリン流？

STAFF Mary Hallさん

クールなライダースジャケット$275

遊び心のあるワンピース$65

バッグやヘッドアクセなどの小物も充実

キュートなアイテムが揃う

Awoke Vintate

アウォーク・ビンテージ

クオリティが良く、かわいらしい商品が豊富。値段が手頃な物も多いのもうれしい。古着のほか、オリジナルアイテムも展開している。

Map 別冊P.29-C2 ウイリアムズ.バーグ

132 N. 5th St.（near Bedford Ave.）
1-718-387-3130 毎日10:00～21:00
休祝 Card A. M. V.
交地下鉄Ⓛ線Bedford Ave.より徒歩約2分
URL awokevintage.com

古着やビンテージショップが多いエリアは、イースト・ビレッジやウイリアムズバーグ。

トレンド おしゃれセレクト

魅力的なオーナーや敏腕バイヤ
ステキなものばかりで、そのセン
最先端ファッションをチェックす

これでアナタもファッショニスタ★

Edgy Style

新進アーティストにも注目する

バード
Bird

BRAND LIST
Acne Studios、Alasdair、Alexander Wang、A.P.C.など

※参考価格：コート$500〜、トップ$250〜など

バーニーズやスティーブン・アランのバイヤーを経たオーナーが、1999年にオープン。アメリカやヨーロッパの人気若手デザイナーのアイテムが揃う。

Map 別冊P.29-D2
ウイリアムズバーグ

203 Grand St.（bet. Bedford & Driggs Aves.） 1-718-388-1655 月・金11:00〜20:00、火〜木12:00〜21:00、土・日11:00〜19:00 休無休 Card A.D.J.M.V. 図地下鉄Ⓛ線Bedford Ave.より徒歩約7分 URL shopbird.com

試着できますか？
Can I try this one?

大きすぎます（小さすぎます）。
This is too large (too small).

Unique Girly

インスタグラムもCHECK！

クローク&ダガー
Cloak & Dagger

Map 別冊P.12-B2
イースト・ビレッジ

334 E. 9th St.（bet. 1st & 2nd Aves.） 1-212-673-0500 月〜土12:00〜20:00、日12:00〜19:00 休無休 Card A.D.J.M.V. 図地下鉄Ⓛ線1 Ave.より徒歩7分 URL www.cloakanddaggernyc.com

フェミニンな店内には、オーナー＆デザイナーのブルックリンさんが買いつけるビンテージアイテムと、ガーリッシュでどこかユニークな洋服たちが並ぶ。

BRAND LIST
Illesteva、L'ecole des Femme、Lauren Moffatt、Sessunなど

セレクトショップのインスタグラムやピンタレストがステキ！ 世界観や入荷情報などもチェックできます。（東京都・tomo）

Stylish Simple

トレンドど真ん中のおしゃれセレクトショップはココ！

Shoes
$148

Shoulder Bag
$175

Knit Cap
$77

ブロガーだったオーナーがオープンさせたショップ。地元ブルックリンのデザイナーやブラジルのものなどからと、個性豊かなセレクションが魅力的。

Map 別冊P.29-D2 ウイリアムズバーグ

263 S.1st St.（at Havemeyer St.）
1-347-889-6164 毎日12:00～19:00 休無休 Card A.D.J.M.V.
地下鉄Ⓛ線Bedford Ave.より徒歩約10分 URL www.joinerynyc.co

ステキなインテリアも多く扱う

ジョイナリー
Joinery

Outerwear
$809.60

BRAND LIST
Kieley Kimmel、Josi Faye、Farrell & Co.、Pas De Calais、Tiro Tiroなど

ど真ん中の
ショップはココ！

ーにより選ばれたブランドは、
スにうっとりすること間違いなし。
るならセレクトショップへGO！

これ、お取り置きお願いできますか？
Could you please hold this?

開放的な店内

クリーチャーズ・オブ・コンフォート
Creatures of Comfort

ぴったりです。
It fits me.

2005年にロスアンゼルスでスタートしたショップ。素材やディテールにこだわった、ベーシックでシンプルなデザインのアイテムが多い。オリジナルラインも素敵。

Map 別冊P.9-C1 ノリータ

205 Mulberry St.（bet. Spring & Kenmare Sts.）
1-212-925-1005 月～土11:00～19:00、日12:00～18:00 休無休 Card A.D.J.M.V.
地下鉄⑥線Spring St.より徒歩約2分
URL shop.creaturesofcomfort.us

Border Shirt
$155

No-sleeve
$295

Pants
$410

Summer Knit
$403

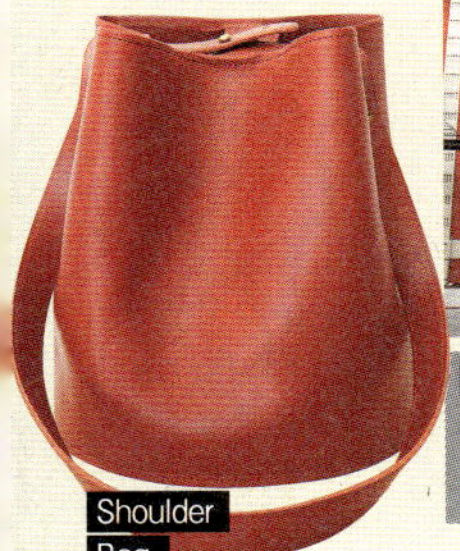

Shoulder Bag
$524

BRAND LIST
Acne Studios、Isabel Marant、MM6 by Maison Martin Margielaなど

Cool Relax

ほかにもこんなShopが！

OTHER SHOP

かっこいいアイテムを探しに
オーウェン Map 別冊P.10-B2
URL owennyc.com

上質な大人カジュアル
スティーブン・アラン Map 別冊P.8-B3
URL www.stevenalan.com

幅広いセレクトで人気
オープニング・セレモニー Map 別冊P.8-B2
URL www.openingceremony.us

NYのトレンド最先端を走るセレクトショップでは、買い物だけでなくスタッフのおしゃれな着こなしも参考に。

いま
押さえておきたい
人気NYブランド大集合！

ゴシガルにSATCに、ドラマや映画でたくさん登場するNYブランド。なかでも、リアルに使えて女度アップしてくれる旬なモードブランドをご紹介。いち早くチェックして手に入れちゃお！

おしゃれ大スキ
ミーハー女子3人の
今、気になる
NYブランドあれこれ

R：NYに行ってきました！　今回もた〜くさん買い物しちゃった。
N：おぉー、何買ったー？？
Y：コーチは買った？　昔からあるNYブランドだけど、最近さらにかわいくなったよね。
R：もちろん買ったよん♪　あと定番でいうと、トリー・バーチのバッグ、ダイアンのワンピ、アナ・スイのコスメを買ったかな。
N：私も『SATC』のキャリーの真似がしたくって、ダイアンのお店に行ったよ。笑
Y：あはは！　『SATC』と『Gossip Girl』はNYドラマの定番だよね。
N：私も『Gossip Girl』にハマっているときは、NY行く度にブレアの真似してミリーを買ってきたな〜。

Milly

鮮やかな色使いで女子人気が高いお嬢様ブランド。柄も大胆で華やか。

Tory Burch

フラットシューズが大流行に。おしゃれなのに履きやすいのはうれしい。

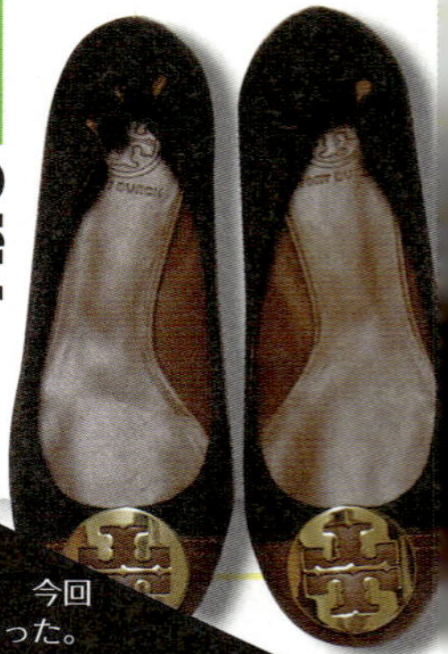

Tibi

かわいいけどかっこいい、かつフェミニンな雰囲気が多くの女性から支持されている。

Kate Spade

NYのビジネスウーマンの定番バッグといえば、このブランド。使いやすいデザインがいい。

Jack Spade

地厚のキャンバストートバッグは定番アイテム。シーズン限定カラーは売り切れ必至！

コーチ Coach

1941年創業。高級皮を使用したバッグが人気。新作も要チェック！

Map 別冊P.20-A2 ミッドタウン

595 Madison Ave.（at 57th St.）
月〜土10:00〜20:00、日11:00〜18:00　地下鉄④⑤⑥線59th St.より徒歩約7分
URL www.coach.com

チビ Tibi

2005年に創立。シルエットがきれいで、ワンピースなどが人気。

Map 別冊P.8-B1 ソーホー

120 Wooster St.（near Prince St.）　月〜土11:00〜19:00、日12:00〜18:00
地下鉄ⓃⓇ線Prince St.より徒歩約4分
URL www.tibi.com

ジャック・スペード Jack Spade

ケイト・スペード系列のメンズブランド。機能性の高いアイテムがずらり。

Map 別冊P.8-B1 ソーホー

56 Greene St.（bet. Broome & Spring Sts.）　月〜土11:00〜19:00、日12:00〜18:00　地下鉄ⓃⓇ線Prince St.より徒歩約6分
URL www.jackspade.com

ケイト・スペード Kate Spade

バッグを中心にアクセサリーやアパレルも展開。色使いもステキ。

Map 別冊P.8-B2 ソーホー

454 Broome St.（at Mercer St.）
月〜土10:00〜20:00、日11:00〜19:00　地下鉄⑥線Spring St.より徒歩約6分
URL www.katespade.com

トリー・バーチの靴やマークのバッグなどは日本で買うよりぜんぜん安かった。（大阪府・ERI☆）

人気NYブランド大集合！

Marc Jacobs

モードでトレンド、かわいいを叶えてくれる人気ブランド。おしゃれ度UP間違いなし。

Anna Sui

キュート好きな女子のマストブランド。妖艶なのにガーリー。

Rag & Bone

デニムを中心にシャツやパンツなどクラシック＆モダンなアイテムがずらり。

Diane Von Furstenberg

ラップドレスで一世を風靡。女性の魅力を最大限に引き出す美しいシルエットばかり。

Coach

コーディネートを選ばないデザインが多く、デイリーに活躍するアイテムが見つかる！

R：わかるー。ロケ地も行ったりしてね。
Y：ドラマと言えば、『White Collar』の主人公ニールがかっこいいんだけど、登場する女性陣もさりげなく、マークのバッグ持っていたり、ラグ・アンド・ボーンのジャケット着ていたりするんだよね。『Glee』でもチビのワンピとかよく出てたよ。
N：衣装も気になるんだけど、セレブの私服もチェックしてる？　テイラー・スウィフトがケイト・スペードのワンピ着てたんだけど、ほんとかわいかったな～。系列のメンズブランドのジャック・スペードもかっこいいよね。特に小物は、女の子も使えるのもいいよね、
R：あ～、またNYに行きたくなっちゃった！

座談会参加メンバー

N.S.さん（アパレル勤務）
愛読書は海外セレブのゴシップ雑誌。特にファッションスナップのページが楽しみ♥

R.T.さん（証券会社勤務）
かわいいものに目がない丸ノ内OL。NYはパワースポット。流行も定番や老舗も押さえたい。

Y.A.（aruco編集スタッフ）
NYが舞台のアメリカドラマ大好き、今のお気に入りは、『White Collar』『Suit』『GIRLS』！

ミリー → P.41

ダイアン・フォン・ファステンバーグ → P.45

マーク・ジェイコブス Marc Jacobs

遊び心たっぷりの流行のアイテムが揃う。お気に入りが見つかるかも。

Map 別冊P.8-B1 ソーホー

163 Mercer St.（bet. Prince & Houston Sts.） 月～土11:00～19:00、日12:00～18:00 地下鉄Ⓝ Ⓡ線Prince St.より徒歩約4分 URL www.marcjacobs.com

アナ・スイ Anna Sui

コスメから洋服、バッグまで揃う。NY限定アイテムをゲットしよう。

Map 別冊P.8-B1 ソーホー

113 Greene St.（bet. Spring & Prince Sts.） 月～土11:30～19:00、日12:00～18:00 地下鉄Ⓝ Ⓡ線Prince St.より徒歩約2分 URL www.annasui.com

トリー・バーチ Tory Burch

トレンドに敏感な女性たちがこぞって愛用。バッグや洋服も使い勝手がよい。

Map 別冊P.9-C1 ノリータ

257 Elizabeth St.（Houston & Prince Sts.） 月～土11:00～19:00、日12:00～18:00 地下鉄Ⓕ線2nd Ave.より徒歩約5分 URL www.toryburch.com

ラグ・アンド・ボーン Rag & Bone

「毎日着たくなる洋服」がモットーの上品なカジュアルブランド。

Map 別冊P.8-B1 ソーホー

119 Mercer St.（bet. Prince & Spring Sts.） 1-212-219-2204 月～土11:00～20:00、日12:00～19:00 休祝 Card A.M.V. 地下鉄Ⓝ Ⓡ線Prince St.より徒歩約2分 URL www.rag-bone.com

マーク・ジェイコブス・プロデュースのブックストア「ブックマークBOOKMARC」はMAP 別冊P.11-C2

みんなよりひと足お先に！ 日本未上陸ブランドをゲットしよう

続々と日本上陸を果たすアメリカンブランドたち。気になるけれど、
みんなと同じじゃイヤ！　人と差をつけたいあなたに
ぴったりな洋服を探しに行こう！

カジュアルアイテムが豊富 Madewell メイドウェル

1937年創業。トレンドを意識したデザインと、シルエットがキレイなデニムが人気。セレブや他ブランドとのコラボも話題。

Map 別冊P.8-B2　ソーホー

486 Broadway（at Broome St.）　1-212-226-6954
月～土10:00～20:00、日11:00～19:00　休無休　Card A.D.J.M.V.
地下鉄⑥線Spring St.より徒歩約4分　URL www.madewell.com

オフィスうけするウエアがずらり Ann Taylor LOFT アン・テイラー・ロフト

洗練されたデザインで品がある。大人かわいいテイストを目指す都会の女性に大人気。オフィスで使えるアイテムも多い。

Map 別冊P.15-C1　ミッドタウン

1459 Broadway（at 42nd St.）　ほかに多数店舗あり
1-212-704-4195　月～金8:00～22:00、土9:00～22:00、日11:00～19:00　Card A.D.J.M.V.　地下鉄Ⓝ Ⓠ Ⓡ Ⓢ ① ② ③ ⑦線Times Sq. - 42nd St.より徒歩約2分　URL www.anntaylorloft.com

日本未上陸のランジェリーブランド、ビクトリアズ・シークレットもおすすめ！（埼玉県・まみ）

Jacket $178
Pants $118
Dress $158

かわいいがいっぱい

アンソロポロジー
Anthropologie

大人向けガーリーファッションを提案してくれるセレクトショップ。洋服やアクセサリーのほか、インテリア雑貨まで取り扱う。

Map 別冊P.8-B1 ソーホー

375 W. Broadway (bet. Broome & Spring Sts.) 1-212-343-7070 月〜土10:00〜21:00、日10:00〜20:00 休祝 Card A.D.M.V. 交地下鉄 Ⓒ Ⓔ線Spring St.より徒歩約6分 URL www.anthropologie.com

チェルシー・マーケット店 →P.72

ここもcheckだよ!

Top $22.95
Top $32.50

ビクトリアズ・シークレットの姉妹ブランド

キュート&セクシー

Pink
ピンク

sexy

Bottom $39.50

ジャージー素材のTシャツやタンク、パンツなど、着心地抜群のウエアがたくさん。MLBなどプロスポーツとのコラボアイテムに注目!

Map 別冊P.8-B1 ソーホー

565 Broadway (at Prince St.) 1-212-219-9812 月〜土10:00〜21:00、日11:00〜20:00 Card A.D.J.M.V. 交地下鉄Ⓡ線Prince St.より徒歩約1分 URL www.victoriassecret.com/pink

日本上陸を望む声多し!

Urban Outfitters
アーバン・アウトフィッターズ

Sweet casual

Dress $69
Bag $98
Shoes $75

ほかに「フリーピープル」も展開してるよ

旬のアイテムがリーズナブルに手に入る。レトロ、ビンテージ、ボヘミアンなどテイストはいろいろ。遊び心がたっぷり。

Map 別冊P.8-B1 ソーホー

628 Broadway (near W. Houston St.) ほかに多数店舗あり 1-212-475-0009 月〜土10:00〜22:00、日10:00〜21:00 休祝 Card A.M.V. 交地下鉄ⒷⒹⒻⓂ線Broadway - Lafayette St.より徒歩約1分 URL www.urbanoutfitters.com

ほかにもウェットシール、Jクルー、エクスプレスなどのブランドも人気。

一流ブランドが80%オフ!?　感動のオフプライス

Michael Kors

A

マイケル・コース $1810 → **$579.97**

Vivienne Westwood

A

ヴィヴィアン ウエスト ウッド $830 → **$299.97**

DVF

A

ダイアン・フォン・ファステンバーグ $245 → **$129.97**

SPORTO

C

スポルト $50 → **$39.95**

D&G

A

ディー・アンド・ジー $310 → **$149.97**

rebecca taylor

D

レベッカ・テーラー $365.50 → **$169.97**

Marc by Marc Jacobs

A

マークby マークジェイコブス $398 → **$54.49**

BCBG

B

ビーシービージー $128 → **$45.97**

SEE by Chloé

C

シーバイクロエ $395 → **$295**

MIUMIU

C

ミュウミュウ $595 → **$499.95**

老舗ディスカウントストア

A センチュリー21

Century 21

広い店内には、高級ブランドの服がところ狭しと並べられている。朝早くからやっているものうれしい。

Map 別冊P.6-B1　ロウアー・マンハッタン

22 Cortlandt St.（bet. Church St. & Broadway）ほかに多数店舗あり
1-212-227-9092　月～水7:45～21:00、木・金7:45～21:30、土10:00～21:00、日11:00～20:00　休祝　Card A.D.J.M.V.
図地下鉄Ⓔ線World Trade Centerより徒歩約4分　URL www.c21stores.com

英国発の大型ショップ

B バーリントン・コート・ファクトリー

Burlington Coat Factory

35～60%オフが中心。マイケル・コースやコーチ、ベッツィジョンソンなどのアメリカンブランドが多い。

Map 別冊P.11-D2　イースト・ビレッジ

4 Union Square S.（bet. Broadway & University Pl.）
1-212-673-8056　月～土9:00～22:00、日9:30～21:30
休祝　Card A.M.V.　図地下鉄Ⓛ Ⓝ Ⓠ Ⓡ ④ ⑤ ⑥線14th St. -Union Sq.より徒歩約1分　URL www.burlingtoncoatfactory.com

オフプライスショップは、たっぷり時間を割いていけばお宝も見つかるよ～。試着もぬかりなく！（千葉県・あっこ）

お買い物天国ニューヨーク。あれもこれも欲しいけど、できれば、ブランド品を安く手に入れたい！
そんなわがままを叶えてくれるディスカウントショップを一挙紹介。

C 靴を探すならまずここに ディー・エス・ダブル

DSW

靴専門のディスカウントストア。パーティ用から普段使いのものまで、さまざまな靴が揃っている。

Map 別冊P.12-A2 イースト・ビレッジ

40 E. 14th St. ほかに多数店舗あり ☎1-212-674-2146
月～土10:00～21:30、日10:00～20:00 Card A.D.M.V.
地下鉄Ⓛ Ⓝ Ⓠ Ⓡ ④ ⑤ ⑥線14 th St. - Union Sq.より徒歩約1分
URL www.dsw.com

D 人気ブランドが驚く値段で手に入る ノードストローム・ラック

Nordstrom Rack

高級デパート、ノードストロームのアウトレットバージョン。お宝満載で、ついつい長居してしまうお店。

Map 別冊P.12-A2 イースト・ビレッジ

60 E. 14th St.（near 4th Ave.） ☎1-212-220-2080
月～土10:00～22:00、日11:00～20:00 休祝 Card A.M.V.
地下鉄Ⓛ Ⓝ Ⓠ Ⓡ ④ ⑤ ⑥線14 th St. - Union Sq.より徒歩約2分
URL shop.nordstrom.com

ファッションもメイクも
$150以下で完全なりきりセレブ

セレブメイクを教えてくれた
久保田佳枝さん
メイクアップ・アーティスト。2004年よりニューヨーク在住。ファッション雑誌を中心に、NYコレクションなどに関わる。

NYの街をセレブ気分で歩いてみたい！　そう思う人はたくさんいるはず。本人と同じ高級ブランドには手が届かなくても、メイクとファッションあわせて$150でセレブになりきれるアイテムみ〜つけた！

make up!

アラサー&アラフォーの憧れ★ゴージャスセレブ
サラ・ジェシカ・パーカーになる！

Sarah jessica parker

Gorgeous♪

©Aflo

Lips

jordana
Squeezen' Shine
Super Shiny Tosty
Lip Gloss
Be Coralful
$1.99

なりきりメイク
ラメ入りリップグロスで華やかに。グロスライナーとグロスでみずみずしさをプラス！

Face

L'OREAL
True Match
Naturale
All-Over
Mineral Glow
Nude Glow
$15.25

Wet'n Wild
Kohl
Brow-Eyeline
Mink Brown
99¢

なりきりメイク
自然な立体感を出すのがコツ。マットではなく、つやのある仕上げで若々しく！

L'OREAL
Voluminous 5
Fuller Lashes
Black
$7.50

なりきりメイク
ブロンズ系ブラウンで品のある大人のスモーキーアイ。ブラックのマスカラは必須！

Eyes

L'OREAL
Hip Studio Secret
Metallic Shadow
$7.99

make up point

1. シャープにきちんとがサラ流。ラメ入りベースやブロンザーなどを使ってつや感のあるベースを作る。
2. アイラインもアイブロウもやや太めのラインでキリッと描く。目ヂカラばっちりで印象的な目元に。
3. ヌーディ系のリップライナーでしっかり口角をとったら、ふっくらラメ入りグロスで華やかに。

REVLON
Brow Fantasy
Pencil & Gel
Dark Blonde
$7.50

コスメはすべてデュアン・リードでget! → P.131

海外ゴシップ誌『people』にはセレブが着ているファッションが載っているよ！（福岡県・みいちゃん）

Camisole
Black
$8

©Aflo

Riders Jacket
Black
$29.99

$150以下で完全なりきりセレブ

Long Cardigan
White
$19.99

Dameged Denim
Gray
$29.99

Cotton Stole
Purple
$12.99

Bootie
Black
$29.99

アイテムを手に入れたのはココ!

ターゲット

Target

有名デザイナーとのコラボアイテムで注目される大手スーパーチェーン店。ブルックリンに次ぎ、ハーレムに巨大店舗がある。

Map 別冊P.5 ハーレム

517 E. 117th St.（East River Plaza内）
1-212-835-0860　月～土8:00～23:00、日8:00～22:00　Card A.M.V.　地下鉄⑥線116th St.-Lexingtonより徒歩約15分　URL www.target.com

fashion point

1
きれいな縦ラインを作るタイトなジャケットとスキニージーンズは、小柄なサラお得意のスタイル。

2
足元をロールアップし、インパクトのある靴をもってくことで、メリハリのあるコーディネートに。

3
全体をシックでベーシックな色合いでまとめて、どこかに差し色を入れることで、サラ度アップ！

Lips

Styli-Style
Lip Stain 24
$7.49

なりきりメイク

口紅やグロスとは違った、透明感のある色付きリップステインでスーパーナチュラルに！

Face

make up!

ゴシップガールでブレイク！
キュート&セクシーなTVドラマの新女王
ブレイク・ライブリーになる！

Blake lively

©Aflo

PHYSICIANS FORMULA
Bamboo Silk
Bronzer
Midium Bronzer
$9.95

Feminine & Sexy

Cheek

Cover Girl & OLAY
Simply Ageless
Sculpting Blush
Rich Cinamon
$12.77

なりきりメイク

ピーチシナモン系のチークと、ブロンザー＆パウダーで健康的な印象に。

New York Color
Brow Eyeliner
Pencil
Jet Black
99¢

make up point

1
肌もリップもナチュラルがブレイク風。ブロンザーやチークで自然な素肌になるように仕上げて。

2
ブラックのラインをぼかしてソフトな囲み目を作る。大人っぽいけど潤んだキュートな印象。

3
仕上げはチーク。頬の高い部分にほんのり丸くのせる。あくまでもナチュラルに塗りすぎには注意。

Maybelline
Colossal
Diamonds 9X
Glam Black
$7.77

コスメを手に入れたのはココ！

ウォルグリーン

Walgreens

Map 別冊P.15-C1　ミッドタウン

1471 Broadway (corner of 42nd St.)
1-212-302-0552　24時間営業
Card A.D.M.V.　地下鉄Ⓝ Ⓠ Ⓡ Ⓢ ① ② ③ ⑦ 線Times Sq. - 42nd St.より徒歩すぐ　URL www.walgreens.com

なりきりメイク

落ち着いたシマー・グレイッシュ・ブラウンのシャドウとハイライトで立体感のある目元に。

Eyes

Wet'n Wild
Color Icon
Eyeshadow
Sugar & Noisette
各$1.99

ブレイクは私服もおしゃれ！　お気に入りの靴ブランドはルブタンらしい。（大阪府・YOKO）

Bla Lively

Off Shoulder
Mini Dress
$29

Flower
Bangle
$6.50

GGを
ぜひみてね！

©Aflo

All in One
Short Pants
$26

Shiney Shoes
Silver
$32.99

Clutch Bag
Pink
$14.50

アイテムを手に入れたのはココ！

シャーロット・ルッセ

Charlotte Russe

LAブランドらしく鮮やかな色使いも◎。女性らしいシルエットが多いので、デート服にもぴったり。

Map 別冊P.4-A2　ニューポート（ニュージャージー）

30 Mall Dr. West（Newport Center内）　☎1-201-420-6999
月～土10:00～21:30、日11:00～18:00
休無休　Card A.M.V.　交33rd St.駅か、World Trade Center駅からPATH Trainに乗車。Newport駅下車、徒歩約2分

fashion point

1
長い足が魅力とあって、スカートもパンツもミニ丈の着こなしがお得意。まずはここからなりきって。

2
子供っぽくなりがちなアイテムも、ほどよい露出とタイトさでセクシーに。大人かわいいが基本！

3
凝った服にはじゃらじゃらアクセサリーをつけない。そうすることで若々しくフレッシュな印象に。

みんな大好き♥ 素材にこだわった おしゃれな

こだわりのチョコーレート・ブランドが多いNY。種類も豊富だから迷っちゃう。そこでおすすめチョコを一挙ご紹介！

15cm
7cm

PERU Cacao75%
Original Collection $8.49

check
口どけ感：★★★★
コク：★★★★★
甘さ：★
苦み：★★★★★

Mast Brothers Chocolate

マスト・ブラザーズ・チョコレート

兄リックさんと弟マイケルさん、マスト兄弟によるブルックリン発のブランド。素材となるカカオにこだわり、大人のチョコとして人気を博している。中身はもちろん、イタリア製の美しい包装紙にも定評あり。

飾りたてない素のカカオの味わいは通好み

カカオ豆ドリンクもぜひ！

ここで買えるよ

マスト・ブラザーズ・チョコレート
Mast Brothers Chocolate
Map 別冊P.29-C1 **ウイリアムズバーグ**

111 N. 3rd St.（near Berry St.） ☎1-718-388-2625 月～土10:00～19:00、日10:00～17:00 休祝 Card A.D.J.M.V. 交地下鉄Ⓛ線Bedford Ave.より徒歩約6分 URL mastbrothers.com

ワイルドな西部をイメージしたちょっぴり大人な味わい

Brooklyn Cowgirl Collection
Alderwood Smoked Salt 50% raw + 50% roasted chocolate
$8.99

check
口どけ感：★★★★
コク：★★★★
甘さ：★★
苦み：★★★★

15cm
7cm

Fine & Raw Chocolate

ここで買えるよ
ホールフーズ
DATA → P.122

ファイン&ロウ・チョコレート

日陰栽培されたオーガニック生カカオの味わいを、特殊な低温処理で引き出した味わいがポイント。ブルックリンのブッシュウィックにはショップ併設の工場もオープン。

Hu Kitchen

ヒュー・キッチン

ビーガン&パレオ・スタイル*で人気のレストランがプロデュース。遺伝子組み換え作物や精製砂糖などは一切使用していない。

*パレオ：旧石器時代の食生活を再現しようというユニークな食のスタイル。

12cm
5cm

ここで買えるよ

ヒュー・キッチン Hu Kitchen
Map 別冊P.12-A2 **イースト・ビレッジ**

78 5th Ave.（bet. 13th & 14th Sts.） ☎1-212-510-8919 月～金7:00～22:00、土・日9:00～21:00 休祝 Card A.D.J.M.V. 交地下鉄ⓁⓃⓆⓇ④⑤⑥線14 St.-Union Sq.より徒歩約4分 URL hukitchen.com

Crunchy Banana
ChocolateCacao 72% $5.97

72%カカオとオーガニック・ドライ・バナナが絶妙な味わいを醸し出す

check
口どけ感：★★★★
コク：★★★★
甘さ：★★★
苦み：★★

ホールフーズ（→P.122）には、カカオ・プリエトやラーカなど板チョコがずらり。NY産には「LOCAL」のロゴあり。（東京都・アイ）

チョコレートがいっぱい

イマドキのチョコをゲットしよ〜♪

NYのチョコ事情

ビーガンやオーガニックなど、多彩な食スタイルが根づく街らしく、NYのチョコ・トレンドも絶えず変化中。最近はカカオそのものの味わいを引き出すビター系が人気のもよう。

Jacques Torres Chocolate

ジャック・トレス・チョコレート

“ミスター・チョコレート”の名で親しまれるジャック・トレス氏のシリーズ。目印のオレンジの包装紙がキュート。

15cm / 7.5cm

シルキーななめらかさでほろ苦さもまろやかに

check

- 口どけ感：★★★★★
- コク：★★★★
- 甘さ：★★
- 苦み：★★★★

Midnight Soul Cacao 80% $5.50

ここで買えるよ

ジャック・トレス・チョコレート Jacques Torres Chocolate

Map 別冊P.27-C1 ダンボ

66 Water St.（near Main St.）
1-718-875-1269
月〜土9:00〜20:00、日10:00〜18:00
休祝 Card A.D.J.M.V.
図地下鉄Ⓕ線York St.より徒歩約6分
URL www.mrchocolate.com

Cacao Prieto

カカオ・プリエト

発明家&宇宙技術士のダニエル・プリエト・プリストン氏が手がけるプレミアム・チョコ。ドミニカにいる氏の家族が育てるカカオ豆で作られる。

15cm / 9.5cm

Single Origin Cacao72% Cashew & Cranberry $12

check

- 口どけ感：★★★★★
- コク：★★★★★
- 甘さ：★★★
- 苦み：★★★

ナッツとクランベリーがマッチした上品なバーク・バー

ここで買えるよ

カカオ・プリエト Cacao Prieto

Map 別冊P.4-A3 レッドフック

218 Conover St.（bet. Dikeman & Coffey Sts.）
1-347-225-0130
月〜金9:00〜19:00、土・日11:00〜19:00 休祝 Card A.D.J.M.V.
URL www.cacaoprieto.com

Raaka Virgin Chocolate

ラーカ・バージン・チョコレート

生カカオの低温加工技術を追求した末に誕生した上質のビーガン・チョコ。フェアトレードとオーガニックにこだわりぬいた逸品。カカオの深い味わいを堪能できる。

ここで買えるよ

ラーカ・バージン・チョコレート Raaka Virgin Chocolate

Map 別冊P.26-A3 レッドフック

64 Seabring St.（near Van Brunt St.）
1-855-255-3354 月〜金10:00〜17:00、土10:00〜16:00 休日・祝 Card A.D.J.M.V.
URL www.raakachocolate.com

メープルの甘さとクリスピーなカカオ・ニブの食感が絶妙

check

- 口どけ感：★★★★
- コク：★★★★★
- 甘さ：★★★
- 苦み：★★★

Maple and Nibs (75% cacao) $7.95

14cm / 6cm

Sweetriot

スイート・ライオット

ココナッツや話題のフラックスシード、チアシードなど、健康派が気になるフレーバーが人気のフェアトレード・チョコ。控えめなカロリーとお値段も魅力。

ここで買えるよ

ホールフーズ

DATA → P.122

riotBar 70% QuirkyQuinoa $3.99

check

- 口どけ感：★★★★
- コク：★★★
- 甘さ：★★
- 苦み：★★★

14.5cm / 7.5cm

ダークチョコレートにサクサク感が香ばしいキヌアをブレンド

マスト・ブラザーズはカフェ、ファイン&ロウはブッシュウィックに店舗併設の工場がオープン。ラーカの工場見学ツアーも人気。

キュートなオリジナルグッズがいっぱい。iPhoneケース$35

HENRI BENDEL
ヘンリ・ベンデル

オリジナルアイテムを狙え！

スタイリッシュな品揃えを誇る女性向けブティックデパート。茶と白のストライプをあしらったオリジナルアイテムがかわいい。

Map 別冊P.19-D2 ミッドタウン

712 5th Ave.（bet. 55th & 56th Sts.） 1-212-247-1100 月～土10:00～20:00、日12:00～19:00 休祝 Card A.D.J.M.V. 交地下鉄Ⓕ線57th St.より徒歩約3分、地下鉄ⒺⓂ線5th Ave. - 53rd St.より徒歩約4分 URL www.henribendel.com

1階のコスメ売り場はコスメの流行発信地として人気。2階のアクセサリーも要チェック

Restroom 地下1階
Café & Restaurant 2階

広々とした居心地のよい店内。常にさまざまなイベントを開催中

Bloomingdale's
ブルーミングデールズ

なんでも幅広く見たいなら

1872年創業の老舗。高級店ながらも親しみやすい雰囲気で、ブランド品からカジュアルまで幅広い商品が揃う。ソーホーにも支店あり。

Map 別冊P.20-B1 アッパー・イースト・サイド

1000 3rd Ave.(at 59th St.) 1-212-705-2000 月～金10:00～20:30、土10:00～22:00、日11:00～19:00 休祝 Card A.D.J.M.V. 交地下鉄④⑤⑥線59th St. - Lexington Ave.より徒歩約3分 URL www.bloomingdales.com

店のショッピングバッグをコピーしたオリジナルバッグ

Restroom 2、3、4、7、8階
Café & Restaurant 地下1、1、6、7階

買い物スイッ デパートショッピ

あらゆるブランドのいろんなトイレもカフェもあるから、がっちりお買い物

お得なパスでディスカウント！

ブルーミングデールズとメイシーズでは、館内インフォメーションでパスポートを提示すると旅行者向けセービングパスがもらえる。会計時に見せれば、ともに10%（ブルーミングデールズはシティパスのチケットで15%）オフに！

ラグジュアリーな空間はおしゃれエリートたちの行きつけスポット

Barneys New York
バーニーズ・ニューヨーク

最新トレンドをキャッチ

洗練されたファッションを提案するスペシャリティストアにはハイセンスな商品がずらり。9階のレストランFred'sも人気。

Map 別冊P.20-A1 アッパー・イースト・サイド

660 Madison Ave.（at 61st St.） 1-212-826-8900 月～金10:00～20:00、土10:00～19:00、日11:00～18:00 Card A.M.V 交地下鉄ⓃⓆⓇ線5th Ave.- 59th St.より徒歩約4分 URL www.barneys.com

Restroom 2、6、9階
Café & Restaurant 8、9階

メイシーズのセービングパスはセール品でもさらに割引してくれるからおトク！（静岡県・かおり）

モード、
チON！
でパワー・
ング★

アイテムがずらり！
時間を気にせず
できるね♪

シャネル、ルブタン、グッチ、ジミー・チューなど憧れブランドが勢揃いの8階靴売り場

ファッションも人気ブランドが一堂に揃う

Saks Fifth Avenue
サックス・フィフス・アベニュー

8階のシューズ・セクションが人気

1924年創業。5番街の中心地にあるハイエンドデパート。8階の靴売り場はNY最大級の規模で独自の郵便番号をもつほど。

Map 別冊P.20-A3 ミッドタウン

611 5th Ave.（bet. 49th & 50th Sts.）
1-212-753-4000 月～土10:00～20:00、日11:00～19:00 休祝 Card A.D.J.M.V. 交地下鉄Ⓑ Ⓓ Ⓕ Ⓜ線47-50th St - Rockefeller Ctrより徒歩約5分 URL www.saksfifthavenue.com

高級感あふれる落ち着いた店内。あのトリー・バーチも充実の品揃え

Restroom 2、3、4、5、8階
Café & Restaurant 5、8階

Bergdorf Goodman
バーグドルフ・グッドマン

5番街のショーウインドーにも注目。特にクリスマス前の展示は必見！

クラッシーな雰囲気を味わえる

商品はもちろん、外装、内装、ディスプレイ、スタッフまですべてに高級感が漂うセレブ御用達デパート。地下はコスメ売り場、最上階の9階にはヘアサロンも。

Map 別冊P.20-A2 ミッドタウン

754 5th Ave.（at 58th St.） Free 1-800-558-1855 月～金10:00～20:00、土10:00～19:00、日11:00～18:00 Card A.D.J.M.V. 交地下鉄Ⓝ Ⓠ Ⓡ線5th Ave. - 59th St.より徒歩約2分 URL www.bergdorfgoodman.com

Restroom 地下1、7階
Café & Restaurant 地下1、7階

Restroom 地下1、4、6階
Café & Restaurant 地下1、中2、2、3、4、5、6、7、8階

Macy's
メイシーズ

ビジターズパスで10%オフに

1902年から現在の場所で営業。世界最大規模の売り場面積を誇る巨大デパート。サンクスギビングのパレードを主催することでも有名。

Map 別冊P.15-C2 ミッドタウン

151 W. 34th St.（bet. Broadway & 7th Ave.） 1-212-695-4400 月～木9:00～21:30、金12:00～23:00、土8:00～23:00、日11:00～20:30（季節により異なる） Card A.D.J.M.V. 交地下鉄①②③線34th St. - Penn Stationより徒歩約2分 URL www.macys.com

星のロゴが目印のオリジナルショッピングバッグもキュート

2階はすべて靴売り場。ほぼ全階にスタバなどのカフェがあるのもいい

arucoスタッフ
おすすめ

まるでお菓子の
ディランズ・キャンディ・

店内に一歩入ると、どこもかしこ
ハッピーオーラ満開、夢
おすすめのスイーツ

1位 量り売りキャンディ・バー（ボックスをいっぱいにして$18前後）
Pick Your Packaging Candy Bar

これぞディランズの定番。店内にところ狭しと並んだジェリービーンズ、ガム、チョコレート、グミなどを、ボックス（別料金）に好きなだけ詰めていくというもの。童心に戻って選んでみて！

How to buy

①ボックスか袋をチョイス
ボックスが不要なら、無料のビニール袋をチョイス。

②好きなものを好きなだけ入れる
付属のスコップで入れて。たくさん詰めると意外に高い。

③レジで会計！
1ポンド$15で計算される。紙袋もかわいい！

入口では、チョコレートのウサギちゃんがお出迎え

2位 うずまきペロペロ・キャンディ（$3.25）
Whirly Pop

昔懐かしい王道キャンディも、ディランズの手にかかればとってもポップでかわいい！　思わず手にとってしまいそう。かなり大きいけど、ほどよい酸味と甘みでおいしい。ただし食べきるのには覚悟が必要かも。

疲れたら2階のカフェでひと休み

天井からキャンディが下がる、かわいいカフェ・スペース。アイスクリームやサンデー、カップケーキなどでホッとひと息。

とにかく店内がかわいくて大好きなお店♪　ボックスはお菓子を食べたあとに小物入れにしています。（東京都・Yuka）

テーマパーク
バーのSweetsベスト5

もお菓子が詰まったパラダイス。
いっぱいのディランズで、
を紹介しちゃいます！

セレブのサインがある地下は必見！

地階には、ここを訪れたセレブたちがサインした量り売りキャンディボックスがずらり。マイリー・サイラスやキャメロン・ディアスなど、セレブの名前を見ているだけでワクワク。

3位 チョコレートバー（各$3.25、4個で$12）
Chocolate Bars

ばらまきみやげ用にベストのシグネチャーチョコ。ヘーゼルナッツ、ミルクアーモンド、クッキー＆クリームなど定番はもちろん、新しいフレーバーも続々ラインアップで目が離せない！

4位 クッキー＆クリーム・ポップコーン（$9）
Popcorn・Cookies and Cream

ポップコーンをクッキー＆クリーム・フレーバーのキャラメルでコーティング。甘いと思いながらつい手が伸びてしまうおいしさ。ほかにチョコレートキャラメルやピーナッツなどのフレーバーも。

オーナーはラルフ・ローレンの娘さん

ディランズ・キャンディ・バー
Dylan's Candy Bar

チョコやグミなどのキャンディがずらりと並び、まるでお菓子の家のよう。1階が量り売りコーナー、地階はギフトアイテム、2階はカフェになっている。

Map 別冊P.20-B1 アッパー・イースト・サイド

1011 3rd Ave.（at 60th St.） 1-646 735-0078 月～木10:00～21:00、金・土10:00～23:00、日11:00～21:00 休祝 Card A.D.J.M.V. 交地下鉄Ⓝ Ⓠ Ⓕ線Lexington Ave.-59th St.より徒歩約2分 URL www.dylanscandybar.com

5位 シーソルト・キャラメル（$10）
Sea Salt Caramels

トゥーゴー・シリーズからシーソルト味をチョイス。塩キャラメルのほんのり残るしょっぱさにチョコレートがマッチしてGood！ おみやげにもよろこばれそう。

最近はキャンディだけでなく、Tシャツやアクセサリー、コスメまでライン拡大！ コスメはセフォラ（→P.131）でも入手可！

毎日の料理が元気いっぱいカラ

いつものクッキングタイムも、かわい気分の上がるキュートなグッズを揃え

テンション上がる キュートなエプロン＆鍋つかみ

花柄がかわいいエプロン

すそのフリルが乙女ちっくなエプロン／$32 D

キッズ用だけど日本人女性ならOKのミトン／$8 B

フェミニンな鍋つかみ

鍋つかみでも鍋敷きでもマルチに使える／$8 B

『SATC2』にも登場！

映画版で、シャーロットがローズちゃんをだっこして、お菓子を作りながら電話で話しているシーン。ここで着ているカップケーキ柄のかわいらしいエプロンは、アンソロポロジーのもの！

食卓を彩る カラフル食器たち

人気の☆柄のお皿

アメリカンなプレート／$16.95 C

スープに最適なドット柄スープ器

左右両方に付いた持ち手が便利！／$10.95 C

NYの摩天楼プリントのマグカップ

コーヒーブレイクにNYを思い出せそう／$11.95 C

陶器とシリコンのエコなカップ

陶器とシリコンを使ったエコなタンブラー／$10 B

料理だけでなく小物入れにも使えそう／$28 D

ポップでラブリーな器

ドットの組み合わせはアート作品のよう／$28 D

A プロ仕様から家庭用まで ブロードウエイ・パンハンドラー

Broadway Panhandler

ポップでユニークな雑貨的おもしろグッズからプロ仕様まで、幅広い品揃え。セールもやっている。

Map 別冊P.12-A2 イースト・ビレッジ

65 E. 8th St.（near Broadway） ☎1-212-966-3434
月～土11:00～19:00（木～20:00）、日11:00～18:00 休祝
Card A.M.V. 交地下鉄Ⓝ Ⓡ線8th St. - NYUより徒歩約2分
URL www.broadwaypanhandler.com

B かわいいキッチングッズが揃う ウィスク

Whisk

有名ブランドをはじめ、便利なクッキングツール、キッズ用のエプロンなど、キッチングッズがたくさん。

Map 別冊P.29-D2 ウイリアムズバーグ

231 Bedford Ave.（at N.4th St.） ☎1-718-218-7230
月～土10:00～20:00、日11:00～19:00
休祝 Card A.M.V. 交地下鉄Ⓛ線Bedford Ave.より徒歩約3分
URL www.whisknyc.com

おもしろくてキュートなキッチングッズを探すならゼイバーズ（→P.121）もおすすめ。（群馬県・やぐっちゃん）

楽しくなる！
フルキッチン雑貨

い雑貨と一緒ならウキウキワクワク！
て、お家で楽しく料理しちゃおう♪

バナナを均等にカッティング！／$9.98 Ⓐ

お手軽＆簡単！バナナスライサー＆ストロベリーハラー

イチゴのへたもワンプッシュでカット／$8.99 Ⓐ

おもしろフライ返したち Ⓐ

使いやすいかは謎……でも飾るだけでもかわいい／$9.95

キッチン回りのそうじも楽しくなっちゃうブラシ

ほかに2色展開あり／$9.95 Ⓐ

料理スキルも上達しちゃう！？
遊び心たっぷりグッズ

カラフルでスタイリッシュなファンネル

ひとつあると便利！／$5.95 Ⓐ

ユニークなレモン搾り器

頭部分でスクイーズ。飾って置くだけでも／$8.98 Ⓐ

何を入れるか一目瞭然！タマネギ＆トマト入れ

タマネギ用ケース／$6.95、トマト用ケース／$6.95 Ⓐ

カラフル＆アメリカンな
布雑貨

おみやげにもいい存在感大のキッチンクロス

食器用にもお手ふき用にも使える！／$20 Ⓑ

テーブルが華やかになるランチョンマット

コーナー飾りにも活躍しそう／$18 Ⓓ

C おしゃれなNYモチーフものがたくさん
フィッシュ・エディ
Fishs Eddy

マンハッタンのイラストが描かれたマグやプレートが好評。セールやビンテージコーナーにも注目！

Map 別冊P.11-D1 チェルシー

住889 Broadway（at 19th St.） ☎1-212-420-9020
営月～木9:00～21:00、金・土9:00～22:00、日10:00～20:00
休祝 Card A.M.V. 交地下鉄ⓁⓃⓆⓇ④⑤⑥線14th St.-Union Sq.より徒歩約6分 URL www.fishseddy.com

D ひとめ惚れアイテム多し！
アンソロポロジー
Anthropologie

きれい系セレクトショップは、アパレルだけでなくキッチン雑貨類も豊富。店内のディスプレイもかわいい。

Map 別冊P.10-B1・2 ミートパッキング・ディストリクト

住75 9th Ave.（チェルシー・マーケット内） ☎1-212-620-3116
営日～木10:00～20:00、金・土10:00～21:00 休祝 Card A.D.M.V.
交地下鉄ⒶⒸⒺⓁ線14th St.-8 Ave.より徒歩約7分
URL www.anthropologie.com ソーホー店→P.105

もっと本格的で大人っぽいキッチングッズならウイリアムズ・ソノマ（MAP 別冊P.20-B1）がおすすめ。

ついつい"リピ買い"しちゃう！グルメストア&スーパーのおいしいおみやげ

旅行中一度は訪れる定番の場所。NYにはお手頃から高級までたくさんのグルメストア&スーパーがあるけど、ここではarucoスタッフがいつも買ってしまうおすすめアイテムをご紹介！

また買いすぎちゃった！

ちょっと面倒なレジでの支払い方法教えます！

1. レジで並ぶレーンを決める

レジは目的別で分けられていることが多い。購入点数が少ない（店により異なるがだいたい10個以下）人専用のExpress、現金支払い専用のCash Onlyなど。

2. 自分でカゴから商品を出す

キャッシャーでは、自分でカゴから商品を取り出して置く。ベルトコンベヤのようになっている場合、次の人との切れ目がわかるよう商品のあとに仕切り棒を置く。

3. 支払いをする

カード Credit（チャージChargeということも）か現金Cashを選ぶ。カードの場合、マシンにスライドさせたら液晶画面に金額が出るので、確認後サインをする。

サラダバーも使えるよ！

NYではグルメストアを中心に街角のデリなどでよく見かけるのがサラダバー。サラダやフルーツを集めたコールド・セクションと、肉や魚、パスタ、カレー、チャーハンなど温かいものを集めたホット・セクションからなるところが多い。

1 ビュッフェスタイルが基本

2 容器を選んだら好きなお惣菜を盛ろう

3 料金は取った分だけチャージされる

サラダバーのあるグルメストア イーライズ、ホールフーズ、グルメガレージ、シタレラ（店舗により異なる）、ディーン&デルーカ（店舗により異なる）

大型スーパーのターゲット（→P.109）はアメリカンな雑貨やお菓子を買うのにおすすめ。（埼玉県・あきら）

Trader Joe's
トレーダー・ジョーズ

オーガニックがお手頃価格

明るい店内とリーズナブルな価格が人気。なかでもオーガニックアイテムやPB商品はオトクなので必見。丈夫でバリエーション豊富なエコバッグもおみやげにゲットしたい。

肉料理にも魚料理にもマッチ！　値段も安いのでいつも買いだめです。（編集・N）

Map 別冊P.11-C1　チェルシー

675 6th Ave. (bet. 21st & 22nd Sts.) ほかに店舗あり　1-212-255-2106　毎日8:00〜22:00　Card A.D.M.V.　地下鉄Ⓕ Ⓜ線23rd St.より徒歩約1分　URL www.traderjoes.com

1. ココアパウダー$1.99　2. ドライフルーツの種類はダントツ。オーガニック・クランベリー$3.99　3. ドライフルーツをチョコレートでコーティング。$3.99〜　4. レモンペッパー$1.99とヒマラヤン・ピンク・ソルト$1.99　5. チョコレートカバーしたプレッツェル$3.29　6. クランベリー・グリーンティー$3.99

Eli's Manhattan
イーライズ・マンハッタン

黄色とネイビーのロゴが目印

地階はオーガニックの野菜や果物、1階はパンやサラダバーなど。カフェ・コーナーでは購入したものを食べられる。

Map 別冊P.24-B2
アッパー・イースト・サイド

1411 3rd Ave. (corner of E. 80th St.)　1-212-717-8100　毎日7:00〜21:00　Card A. M.V.　地下鉄⑥線77th St.より徒歩約7分　URL www.elizabar.com

1. エントランスのわりに広い店内。パック入りのスープやお総菜の種類も多い　2. おみやげには、かわいいオリジナルブランドのチョコレート$20がおすすめ

Zabar's
ゼイバーズ

お総菜を買うなら絶対ココ

ニューヨークいちお総菜がおいしいとの噂。創業当初から取り扱うスモークフィッシュと、自家製ローストコーヒー豆もお忘れなく！

Map 別冊P.22-B1
アッパー・ウエスト・サイド

2245 Broadway (at 80th St.)　1-212-787-2000　月〜金8:00〜19:30、土8:00〜20:00、日9:00〜18:00　Card A.M.V.　地下鉄①線79th St.より徒歩2分　URL www.zabars.com

おみやげにおすすめ☆

1. オリジナルブランドのチョコレート$3.99　2. ヘーゼルナッツ・フレーバーのコーヒー$11.98

Whole Foods Market

ホールフーズ・マーケット

スキンケア&コスメも充実

生鮮食料品から食材、お菓子、雑貨、スキンケア製品まで、幅広いラインアップ。オーガニック&通常農法両方扱う。イートインできるデリコーナーはおすすめ。

1

3

ローカルにこだわってます

1. 軽い食感のオリジナルブランドのクラッカー$1.79 2. ボストン発のかわいいクッキー$5.99 3. NY郊外のはちみつブランド、ハンプトンズ$7.50も扱う 4. シナモンシュガーでコーティングされたアーモンド$8.99 5. リパブリックティーのアサイー・グリーンティー$8.99

2

メイソンジャーに入ったナッツはおみやげにおすすめ。(ライター・T)

4

5

Map 別冊P.9-C1 ロウアー・イースト・サイド

95 E. Houston St.（bet. Bowery & Chrystie Sts.）ほかに店舗あり ☎1-212-420-1320 毎日8:00～23:00 Card A.M.V. 地下鉄Ⓕ線2nd Ave.より徒歩約2分 URL www.wholefoodsmarket.com

Gourmet Garage

グルメ・ガレージ

カジュアルな雰囲気が人気

もともとレストランなど食のプロ向けのスーパーだったこともあり、野菜や肉の鮮度には定評あり。価格も安いので気軽に立ち寄れる。

Map 別冊P.8-B2 ソーホー

489 Broome St.(near Wooster St.) ほかに店舗あり ☎1-212-941-5850 毎日7:00～21:00 Card A.M.V. 地下鉄ⒿⓃⓆⓇⓏ⑥線Canal St.より徒歩約8分、ⒶⒸⒺ線Canal St.より徒歩約6分 URL www.gourmetgarage.com

1

1. 一度では食べきれないほどたくさん入ったオートミールレーズンクッキー$2.99 2. 自家焙煎のコーヒー$6.99も人気商品 3. 新鮮野菜がずらりと並ぶ店内

3

2

Citarella

シタレラ

2

1

3

1. オーナーがイタリア人とあって、イタリア食材も豊富 2, 3. おみやげにおすすめなチョコレート・ビスコッティ$5.99とプレーン・ビスコッティ$5.99

シーフードとお総菜が◎

1983年に高級鮮魚専門店としてオープン。今でも新鮮なシーフードならおまかせの店。それらを使用したお総菜やデリコーナーも人気。

Map 別冊P.11-D2 グリニッチ・ビレッジ

424 6th Ave.（at 9th St.）ほかに店舗あり ☎1-212-874-0383 月～土7:00～23:00、日9:00～21:00 Card A.M.V. 地下鉄ⒶⒷⒸⒹⒺⒻⓂ線W. 4th St. - Washington Sq.より徒歩約3分 URL www.citarella.com

ホールフーズのエコ（トート）バッグは、安くてかわいいのでいつも買ってしまいます！（兵庫県・佳恵）

Dean & Deluca
ディーン&デルーカ

不動の人気を誇るグルメストア

1970年代、高級グルメストアとして発展した。日本に上陸したもののNYのほうが先に販売されるものもあるので探してみて。

Map 別冊P.8-B1 ソーホー

560 Broadway (at Prince St.) ほかに店舗あり ☎1-212-226-6800 月～金7:00～20:00、土・日8:00～20:00 Card A.M.V. 地下鉄Ⓝ Ⓡ線Prince St.より徒歩1分 URL www.deandeluca.com

1. シンガポールの紅茶ブランドとの限定コラボティー$25 2,3. オリジナル・キャンディシリーズから、ブロックの形のラムネ$4とベアグミ$2.25

Food Emporium
フード・エンポリウム

オリジナルもチェック!

1. パッケージがかわいいハワイアン・レッド・シーソルト$5.99 2. オリジナルブレンドのフレッシュ・スクイーズ・グレープフルーツジュース$2.49

NYにチェーン展開している

生鮮食料品から食材、お菓子、雑貨などが揃う王道のアメリカンなスーパー。場所にもよるが朝早くから夜遅くまで営業しているのがうれしい。

Map 別冊P.19-C3 ミッドタウン

810 8th Ave. (at 49th St.) ☎1-212-977-1710 毎日7:00～24:00 Card A.D.M.V. 地下鉄Ⓒ Ⓔ線50th St.より徒歩2分 URL www.thefoodemporium.com

Fairway
フェアウェイ

安くて新鮮! 庶民の強い味方

店の外に中に、ところ狭しと野菜や果物が積まれている光景は圧巻。大量に仕入れて安く売るスタイルで、多くの人でにぎわう。2階はオーガニック売り場。

「ザ・アメリカ」という薄いパンケーキを食べたい人におすすめ!(カメラマン・M)

プライベイトブランドが充実

Map 別冊P.22-B2 アッパー・ウエスト・サイド

2127 Broadway (at. 74th St.) ほかに店舗あり ☎1-212-595-1888 毎日7:00～翌1:00 Card A.M.V. 地下鉄①②③線72nd St.より徒歩3分 URL www.fairwaymarket.com

1. NYのイラストの描かれたチョコ$3.99 2. サラベスのホットチョコレート$26.99 3. レモンとディル、チリのスパイス各$2.99 4. パンケーキミックス(クランック)$4.49

"Buy 1 Get 1 Free"は1個買ったら同じ商品がもう1個無料、"Save $2"は通常価格より$2安く買えますよ、ということ。

気になる！

ニューヨーカーのご愛用コスメは？ おしゃれピーポーのBagをのぞいちゃおう

ニューヨーカーたちは、いったいどんなコスメを使っているの？　気になる疑問を解決するために、おしゃれゲイ男子＋3人のおしゃれ女子たちのバッグの中身をこっそり見せてもらっちゃいました〜。

おしゃれ度No.1!

CHECK!

有名コスメブランドのマネージャーさんのBagをCheck！

Michael's goods

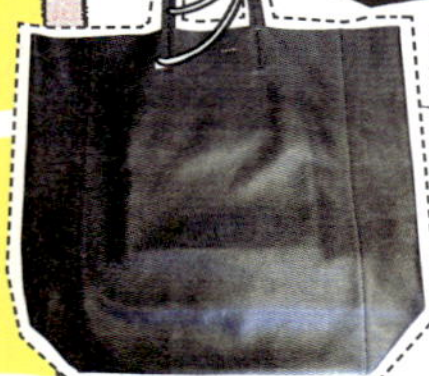

使っているBagはコチラ！

セリーヌ
ラムスキンのトートバッグは手触りもよくて、使い心地抜群。

チェルシー・ハンドラーの本

1

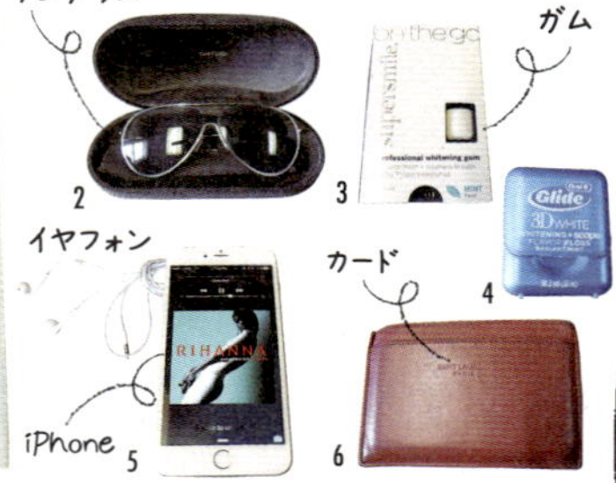

サングラス 2

ガム 3

4

イヤフォン

iPhone 5

カード 6

WOW?

さりげないおしゃれを心がけています

ご愛用コスメ！

7　8　9　10　11　12　13

1.再読中の女優チェルシー・ハンドラーの本　2.トム・フォードのサングラス　3.歯を白くするスーパースマイルのガム　4.オーラルBの3Dホワイト・フロス　5.iPhoneは6プラス。これで音楽も聴く　6.サンローランのカード入れ　7.クラランスのファンデーション　8.ケビン・マーフィーのヘアワックス　9.トム・フォードのボディローション　10.ラ・メールのハンドクリーム　11.ラ・メールのリップバーム　12.無印良品のボトルにはアルマーニの香水入り　13.ボビー・ブラウンのブラシ

マイケルくん
台湾出身。高級コスメブランド、ラ・メールのカウンターマネージャー。

コスメはここで買えるよ！

セフォラ URL www.sephora.com Map 別冊P.8-B1
デュアン・リード URL www.duanereade.com Map 別冊P.15-C1

通勤用

ボッテガ・ヴェネタとエコバッグ

 化粧品コーナーで何度もテスターを試してから購入するニューヨーカーが多い気がする……。（東京都・モナ）

写真スタジオアシスタントさんのBagをCheck!

身軽に動けるようにしています!

CHECK!

使っているBagはコチラ!

エコバッグ
ミュージシャンの父からもらったコミックブック会社のバッグ。

リリーさん
NY出身。美大で写真専攻卒業。現在は写真スタジオでインターンシップ中。

Lily's goods

ご愛用コスメ!

1.ハンバーガー型のポーチ。左にはお金とID、右にはニベアとバーツビーズのリップクリーム、ミラニの口紅、メトロカード　2.任天堂のamiibo カービィ　3.マッチを集めるのが趣味　4.友達が自費出版したコミックブック　5.サングラスはソックスの中に入れてます

おしゃれピーポーのBagをのぞいちゃおう

人気ベーカリーの店員さんのBagをCheck!

基本のメイクはマスカラと口紅だけ!

Sarah's goods

ご愛用コスメ!

CHECK!

使っているBagはコチラ!

ペルリーナ
ブルックリンのフリーマーケットで購入したビンテージのバッグ。

サラさん
NY出身。写真専攻の大学生。ブルー・スカイ・ベーカリーでアルバイト中。

1.左からラベンダー水、カバーガールのマスカラ、elfのアイライナー、Jordanaのアイブロウペンシル、elfのリップグロス、ランコムの口紅、tarteのリップグロス、リンメルのシャドウ、メイベリンのファンデ　2.髪留め　3.友人から薦められた本　4.携帯はギャラクシー　5.財布　6.バース・コントロール・ピル

ミュージカル女優のBagをCheck!

機能性の高いコスメを愛用しています

使っているBagはコチラ!

CHECK!

ルーツ
カナダブランドのバックパック。荷物が多いので重宝しています。

アントニエッタさん
カナダ出身。NYUで作業療法士の博士号取得。現在は女優としても活動中。

Antonietta's goods

ご愛用コスメ!

1.Ricky'sでジョークで買ったサングラス　2.ヘッドショットとビジネスカード　3.練習中の歌の楽譜と舞台の脚本　4.MoMAで買ったカセットテープ型のiPhoneケース　5.左からリズ・ワティエのチークブラシ、メイベリンのマスカラ、シャネルのアイクリーム、レブロンの口紅は色違いで2色、スティラのリキッドアイライナー　6.東京発のブランドhoboのポーチ

夜はバッチリメイクしてパーティーなどに出かけるニューヨーカー。朝はナチュラルメイクの人が多いかも。

NY発コスメ
イキイキ、ピカピ

キレイになりたい！は、世界
そんな願いを叶えてくれ
ニューヨーカーに愛される

美を追求し続ける

Bliss
ブリス

1996年に誕生。目的別のラインでニューヨーカーをとりこに。スパ&オリジナル商品が人気！

Map 別冊P.19-D2 ミッドタウン

12 W. 57th St. (bet. 5th & 6th Aves.), 3rd Floor, ブリス57スパ内 Free 1-877-862-5477 月〜金9:00〜21:00、土9:00〜20:00、日9:00〜19:00 Card A.D.J.M.V. 図地下鉄Ⓕ線57th St.より徒歩約3分 URL www.blissworld.com

セレブがこぞって愛用！

1. ブラッドオレンジのボディケア$18〜36 2. 塗るだけでやせるという夢のようなクリーム、ファットガール・スリープ$38

ニュアンスカラーがおしゃれ！

1. ユニークなパッケージと発色のよさが人気のアイシャドウAether Pelette by Faye Toogood$40
2. 専用リムーバーでオフも簡単！Dual Phase Makeup Remover$22

パッケージもインパクト大！

MAKE
メイク

非営利団体We See Beauty Foundationが展開するブランド。シグネチャー商品のアイシャドウが人気。

※デパートのバーニーズ・ニューヨークで扱いあり

バーニーズ・ニューヨーク → P.114

オリジナル商品をチェック！

C.O. Bigelow Chemists
シーオー・ビゲロウ・ケミスト

1838年創業の老舗ドラッグストア。注目は緑茶やフルーツを使ったオリジナル商品。

Map 別冊P.11-D2 グリニッチ・ビレッジ

414 6th Ave. (bet. 8th & 9th Sts.) Free 1-800-793-5433 月〜金7:30〜21:00、土8:30〜19:00、日8:30〜17:30、祝9:00〜16:30 Card A.D.J.M.V. 図地下鉄ⒶⒷⒸⒹⒺⒻⓂ線W. 4th St. - Washington Sq.より徒歩約5分 URL www.bigelowchemists.com

おみやげにもよさげなもの多し

1. ローズマリーとミント配合のボディクレンザー$12 2. ライムとコリアンダーの香りがさわやかなハンドウオッシュ$12 3. ローズサルベ$5.50は顔にもボディにも 4. レモンオイルを使ったボディクリーム$49.50

フラワーキャンドルで一躍有名に

1. アークティックベリーのミルククリーム$52
2. バイオアクティブベリーのクリーム$66
3. ムーンフラワー・キャンドル$38

ノリータの人気店

Red Flower
レッド・フラワー

創始者のヤエルさんは元資生堂のディレクター。そのためユズや米などを使用したアイテムも。

Map 別冊P.9-C1 ノリータ

13 Prince St. (bet. Elizabeth & Bowery Sts.) ☎1-212-966-5301 毎日12:00〜19:00 Card A.D.M.V. 図地下鉄⑥線Spring St.より徒歩約5分 URL www.redflower.com

ナチュラルコスメをチェックするなら、エービーシー・カーペット&ホーム（MAP 別冊P.11-D1）がおすすめ！（神奈川県・山田亜希）

で美しく♡
力女子力アップ！

中の女の子の共通の思い。
るコスメをご紹介〜♪
アイテムをゲットしよう。

発色抜群のリップグロス

Armour Beauty

アーマー・ビューティー

ロック歌手でモデルのテオ・コーガンさんが開発したリップグロスは、色ツヤが長持ちすると評判！

※ミオミア、リッキーズなどで扱いあり

ミオミア →P.128
リッキーズ →P.133

発色もよく持続力と保湿力が抜群!!

1, 2. パラベン不使用。マンゴーやシアバターなど天然素材にこだわたグロスは各$21

ナチュラルでここちよい香り

1. シトラスノートが爽やかなトワレBS003$185 2. ジャスミンとローズがベースのPRJ VIは$55

自然派フレグランス

LURK

ラーク

オーガニックのホホバオイルをベースに、エッセンシャルオイルをブレンドしたフレグランスを展開。

※店舗はないので、購入はウェブサイト、または以下のリストのNEW YORKにあるショップで。
URL lurkmade.com/stockists

1. 発色のよいネイル・グレイズ$18 2. スーパーチャージド・ファンデーション$48 3. 豊富なカラー展開のリップ・ジェル$30 4. 長持ちするリップ・ヴァイナル$28

パッケージもスタイリッシュ！

メアリー＝ケイト・オルセンも愛用とか

日本でも不動の人気！

Kiehl's

キールズ

Map 別冊P.12-B2 イースト・ビレッジ

109 3rd Ave.（bet.13th & 14th Sts.） ☎1-212-677-3171 月〜土10:00〜20:00、日11:00〜18:00 休祝 Card A.D.J.M.V. 交地下鉄Ⓛ線3rd Ave.より徒歩約2分 URL www.kiehls.com

調剤薬局として開店。ハーブや薬学の知識をもとに天然素材成分を配合したアイテムが揃う。

1. キールズのアイコン的商品リップバーム$7〜7.50 2. ウルトラ・フェイシャル・モイスチャー$18.50〜38.50

待望のコスメライン

Marc Jacobs Beauty

マーク・ジェイコブス・ビューティ

絶大な人気を誇るデザイナー、マーク・ジェイコブスが手がけたコスメライン。質の高さが美容関係者のあいだでも話題。

Map 別冊P.11-C3 グリニッチ・ビレッジ

385 Bleecker St.（at Perry St.） ☎1-212-924-6126 毎日11:00〜20:00 休無休 Card A.D.J.M.V. 交地下鉄①線Christopher St.-Sheridan Sq.より徒歩約5分 URL www.marcjacobsbeauty.com

オーガニックコスメとナチュラルコスメの違いって？

基本的にナチュラルコスメと呼ばれる自然派コスメは、植物やフルーツなどの天然素材を使用したもので、オーガニックではない。オーガニックは国が定めたUSDA認定マーク付き。ナチュラルコスメといってもすべて低刺激というわけではないので注意を！

ブリス、マーク・ジェイコブス・ビューティはセフォラ（→P.131）でも扱いあり。

日本人女性が開発した

Munskin Ⓑ

ムンスキン

有名ファッション誌で活躍するメイクアップ・アーティスト、今井宗美さんが手がける話題のNY発コスメ。

アンチエイジングに効果ありの美容液、ナンバー１アクナリ・ナイトタイム・ドリーム・ユース・セラム$95

クチコミで爆発人気！

パッケージもおしゃれ♥

1. 植物成分配合のビーガンリップ各$4 2. シアバタークリーム$32 3. アップルサイダービネガー入りトナー$22

敏感肌の人必見！

S.W. BASICS Ⓐ

エス・ダブル・ベーシックス

敏感肌の女性が自分のためにコスメを手作りしたのが始まりで今やセレブにも人気。NY産天然素材が原料。

It can be bought here.

ここで買えるよ～

A. エルム・ヘルス Elm Health

品揃えに定評あり

ビレッジ住民御用達のナチュラル&オーガニック・スーパー。メイド・イン・ニューヨークのコスメやチョコレートも揃うのでおみやげ探しもできる。

Map 別冊P.11-C2 グリニッチ・ビレッジ

56 7th Ave.（bet.13th & 14th Sts.）
☎1-212-255-6300 月～金8:00～22:00、土・日9:00～22:00
Card A.D.J.M.V. 地下鉄①②③線14th St.より徒歩約1分
URL www.elmhealth.net

B. ミオミア Miomia

コスメのセレクトショップ

こぢんまりとした店内ながらもオーナーのセンスが光る品揃えが人気のコスメ&スキンケアのセレクトショップ。レディスだけでなくメンズも扱う。

Map 別冊P.29-D1 ウイリアムズバーグ

318 Bedford Ave.（bet. S. 1st & S. 2nd Sts）, Brooklyn ☎1-917-834-3438
月・水～土12:00～19:00、日12:00～18:00 休火 Card A.D.J.M.V.
地下鉄Ⓛ線Bedford Ave.より徒歩約8分
URL www.shopmiomia.com

ベストクリームにも選ばれた

McbrideBeauty Ⓑ

マクブライド・ビューティ

創立者の母親考案のコスメレシピを商品化したブルックリン・ブランド。合成着色料、香料は使用していない。

テンションあがるかわいさ

1. 顔と首用のリペアクリーム$40 2. 顔と首用の水分補給クリーム$40 3. 顔と全身に使える万能クリーム$30 4. 顔と首用の栄養クリーム$45

即効性が期待できる！

1. ピンクヒマラヤン・バスソルト$28 2. フェイシャル・スティーム$14 3. ラベンダー・ハイドロゾル（芳香蒸留水）$22

植物がベース

Mullein & Sparrow Ⓓ

マレイン・アンド・スパロウ

インドで生まれ、NYで育ったアニットさんがアーユルヴェーダの教えを生かして開発。100%自然&植物をベースにした商品を展開。

S.W.BASICSのリップバームを温かい場所に置き忘れたら、天然素材でできているため、どろっと溶けてしまった。（千葉県・千晶）

香りも素敵

Apotheke Ⓓ

アポテケ

ブルックリン発コスメブランド。ソープやキャンドル、バームなどすべてナチュラル素材で作られている。

定番人気のソープバーもチェック!

1. スギの香りのディフューザー＄32 2. バッグ付きのソイ・キャンドル＄30 3. チャーコール（炭）のリキッドソープ＄24

大人ニキビにてきめん!

1. 腫れたニキビを落ち着かせるドライング・ローション$17 2. ハニー・モイスチャーライザー$25 3. ビタミンCセラム$45

ニキビに効くと噂の

Mario Bodescu Ⓑ

マリオ・バデスク

お肌の赤みを抑えてくれたり、ニキビ予防に効果的なドクターズコスメ。植物エキスが炎症を抑えてくれる。

NY発コスメで美しく♡

すべてブルックリン産!

G. バイ・ブルックリン By Brooklyn

地元アーティストによるアクセサリーや雑貨、スイーツやコスメなどをずらりとラインアップ。1点もののユニークなグッズが手にはいるかも。

Map 別冊P.27-D3 ボコカ

🏠261 Smith St. (bet. Degraw & Douglass Sts.), Brooklyn ☎1-718-643-0606
🕘月〜金11:00〜19:00、土11:00〜20:00、日11:00〜19:00 Card A.D.J.M.V.
図地下鉄Ⓕ Ⓖ線Bergen St.より徒歩約5分
URL shop.bybrooklyn.com

ブルックリン産が大集合

D. グルメ・ギルド Gourmet Guild

食べ物や雑貨、コスメなど、地元のクリエイターたちの話題の品を取り扱う。プレゼント探しに訪れる人も多い。カフェも併設している。

Map 別冊P.29-D1 ウイリアムズバーグ

🏠110 Broadway (bet. Berry St. & Bedford Ave.) ☎1-718-388-7726
🕘月〜金8:00〜20:00、土・日9:00〜18:00
休祝 Card A.M.V.
図地下鉄Ⓙ Ⓜ Ⓖ線Marcy Ave.より徒歩約6分
URL gourmetguildusa.com/williamsburg

食材でクリエイト

Freckles & Honey Ⓓ

フレックルズ・アンド・ハニー

1. フェイシャル・ポリッシュ＄36 2. 食材から作られるソープ各＄8.50

敏感肌も安心!

メイクアップ・アーティストのダリアさんが世界中の食材にインパイアされて作り出したソープ・ブランド。孔雀のロゴもキュート。

ネーミングがユニーク☆

ナチュラルいいよねー

地元っ子に愛される

Brooklyn Flavors Ⓖ

ブルックリン・フレーバーズ

ハンドメイドの自然派スキンケアグッズ。ブルックリンの地名にちなんだキャンドル、ボディバターなどが揃う。

1. ボディーバター4オンス＄20、8オンス＄25 2. ボディオイル$18 3. ボディミスト＄18

アーティスツ＆フリーズ（MAP 別冊P.29-C2）にも新鋭ナチュラルコスメ・ブランドの出店があるので、チェック!

欲しいのは
ニューヨーカーの目ヂカラ！
アナタが買うべき無敵マスカラはどれ？

aruco スタッフが試して選んだ！

女の子なら誰もが大きくぱっちりとした目に見せたいはず。
やっぱりボリューム派？　それともロング派？
アイメイク好きのNYっ子御用達マスカラを実際に使って比較しました！

no.1

機能性と美しさを追究した逸品！

Marc Jacobs Beauty O!Mega Lash Volumizing Mascara

ツヤのある黒が美しい！　長時間もち、パンダ目にならないのもうれしい。エッセンシャルオイル、ビタミンCとB5配合。$26

ボリューム	★★★★★
レングス	★★★★
カールキープ力	★★★★
にじみにくさ	★★★★★

no.2

ふにゃっと柔らかいブラシが特徴！

Maybelline Define-a-Lash Waterproof Lengthening Mascara

自由自在のブラシが目の形にフィットし、細かい毛までひろってくれる。ダマにもなりにくく、きれいで優しく理想的な目元を実現！　$8.25

ボリューム	★★★★
レングス	★★★★
カールキープ力	★★★★
にじみにくさ	★★★★★

no.3

コスパよし！落とすのも楽ちん

GREAT LASH® REAL IMPACT™ IN VERY BLACK

黒の発色が濃い。ボリュームはまぁまぁかも。しかし、値段と使い勝手の良さを考えると上位にランクイン。日本未上陸。$6.40

ボリューム	★★★
レングス	★★★
カールキープ力	★★★
にじみにくさ	★★★★

no.4

どんどん重ねてもダマにならない！

COVERGIRL VolumeExact Waterproof Mascara

しっかりついてボリュームもきちんと出る感じ。カバーガールのマスカラってどれもコスパで納得。ウォータープルーフなしタイプもあり。$7.79

ボリューム	★★★★
レングス	★★★
カールキープ力	★★★
にじみにくさ	★★★★

no.5

太いブラシでボリュームのある目元に！

Tarina Tarantino at Sephora Fleur De Lash

ジュエリーブランド、タリナ・タランティーノとセフォラのコラボ。太いブラシは気を付けないと、下まつげを塗るときに目の下に付いてしまう。$19

ボリューム	★★★★
レングス	★★★
カールキープ力	★★★★
にじみにくさ	★★

メイベリンはニューヨーカーにも根強い人気でした。日本より安いのがいいね。（大阪府・さおり）

アナタが買うべき無敵マスカラはどれ？

重ねづけしてもダマになりにくい！

Buxom Lash

ブラシが大きくてつけやすく、まつげをふさっとコーティングしてくれる。汗にも強いのがいい。$19

ボリューム	★★★★
レングス	★★★
カールキープ力	★★★
にじみにくさ	★★★★

しっかり付くのにオフは楽々のスグレもの

Blinc Kiss Me Mascara

アメリカブランドなのに、中身はメイド・イン・ジャパン（でも日本未発売）。ボリュームを出そうと重ね塗りしすぎるとダマになるので注意。$26

ボリューム	★★
レングス	★★★
カールキープ力	★★★
にじみにくさ	★★★★

伸びのよさは抜群！品のよい仕上がりに

Yves Saint Laurent MASCARA VOLUME EFFET FAUX CILS

ダマにならずにキレイに付く。黒の発色に深みと品があって、しっとり＆セクシーな仕上がりがお好みの人におすすめ。伸びもよい！　$30

ボリューム	★★★★
レングス	★★★★★
カールキープ力	★★★
にじみにくさ	★★

今までに見たことのない、いがぐりのようなブラシ！

L'oreal Telescopic Explosion Mascara

細かい毛もひろってくる。ていねいに仕上げたいときによい。ブラシをそうじしないと、マスカラが大量に付いてダマになってしまうのが難点。$9.49

ボリューム	★★★
レングス	★★★★
カールキープ力	★★
にじみにくさ	★★

軽い付け心地とキープ力がGood！

Nars Larger Than Life Volumizing Mascara

サッと塗るだけでまつげがキレイにセパレートするのがうれしい。軽い付け心地なのにキープ力も高い。ボリュームはいまいちかも。$25

ボリューム	★★
レングス	★★★
カールキープ力	★★★★
にじみにくさ	★★★

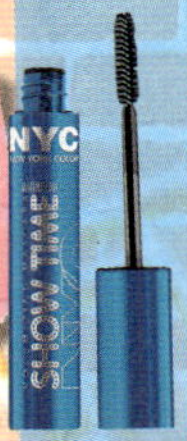

とにかく安い！バラまきみやげ用に

New York Color Waterproof Mascara

NY限定のマスカラ。安かろう悪かろうという印象だが、友達に旅のネタみやげとして配るにはいいかも。$3.99

ボリューム	★
レングス	★
カールキープ力	★
にじみにくさ	★★

ケアも大切よ！

マスカラを塗る前に！効果抜群まつげ用美容液

いくらマスカラが優れものでも、自まつげがしっかりしていないと魅力は半減しちゃうもの。コシ・ハリ・ツヤがあるまつげを作るための美容液をぜひ試してみて！　ロレアルのラッシュセラム$14.95

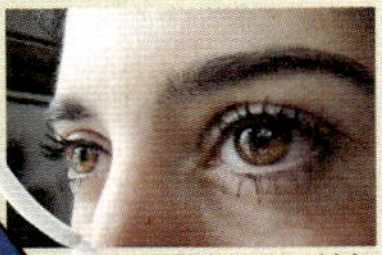

目周りメイクが大切なニューヨーカー

SHOP LIST

ここでGetできるよ♪

コスメを探すなら絶対ここに！

セフォラ

Sephora

有名～ローカルブランドまで、あらゆるアイテムが揃うコスメ専門店。セフォラオリジナルの化粧品や、ブランドとのコラボ商品もある。

Map 別冊P.8-B1 ソーホー

555 Broadway（bet. Prince & Spring Sts.）
1-212-625-1309
月～土10:00～21:00、日11:00～20:00
Card A.M.V.
地下鉄Ⓝ Ⓡ線Prince St.より徒歩約2分
URL www.sephora.com

マンハッタン内に店舗たくさん

デュアン・リード

Duane Reade

薬からコスメ、日用品を扱うドラッグストア。NYにたくさんあるが、ここは店内が広くてキレイ。コスメやテイクアウト用フードも充実。

Map 別冊P.15-C1 ミッドタウン

661 8th Ave.（bet. 42nd & 43th Sts.）
1-212-977-1562
毎日24時間営業 Card A.D.J.M.V.
地下鉄Ⓐ Ⓒ Ⓔ線42nd St. - Port Authority Bus Terminalより徒歩すぐ
URL www.duanereade.com

女の子は髪が命！
話題のヘアケアグッズを指名買い

どんなにおしゃれしても、髪がパサパサじゃ魅力半減……。
"髪命！"が多いニューヨーク女性愛用のヘアケアグッズで
つやつや＆サラサラの美髪を手に入れなきゃ！

NYガールは必須よ！！

NYリピーターふたり＆編集Hの

「私、ぜっっったいココのコレ買います！」
買うべきヘアケアグッズを女子会議

H：NYって、髪の毛のケアきちんとしている人多いと思わない？
Y：たしかに！　私、ニューヨーカーを見て、「きれいな髪っていいな」と思ったの。それから髪の毛に気を使うようになって、NY行ったら絶対ヘアケアグッズをチェックするようになった！
S：みんなはいつも何を買ってるの？　私はね、ジョン・マスターズの❶、❷と❸は絶対買うな。❶は少量で即効性あってやめられない。
Y：うんうん。オイルだとリッキーズで買える❹もいいよ！ レディー・ガガも愛用してるんだって。あとね、セレブのヘアスタイリストをしてたテッドのヘアケア・ブランド❻もトリートメント効果抜群！
S：テッド・ギブソンなら❼も使いやすいよー。スタイリングしづらい私の髪でも、これとは相性いいの。
H：それ気になる！　今度、買ってみようっと。私はいつもシャンプー＆コンディショナーばっかり買っちゃう。特に❽がお気に入り。これにしてから、カラーの持ちが違うの。
Y：シャンプー＆コンディショナーって大切だよね。痛んでいた髪も❺を使い出してから、ツヤとハリがでてきたよ。
H：いいね！ 私は❾がマストヘアケアグッズ。潤いが出て、まとまりのある髪の毛になって、美容室で「きれいな髪ですね」って褒められるようになったよ！

座談会参加メンバー

S.A.さん（都内在住サロンスタッフ）
髪の毛が細いので、冬は静電気、夏は紫外線に悩んでいる。痛みやすいのでヘアケアは欠かせない。

H.M.さん（都内在住化粧品メーカー勤務）
トップがペタっとなってしまうので、髪にコシが欲しいところ。少し癖毛なので梅雨は大変。

Y.T.（aruco編集スタッフ）
NYに行くようになってから、ヘアケアグッズに目覚める。直毛のヘアケア初心者。

1 ジョン・マスターズ・オーガニックスのドライヘアー・ナリッシュメント・ヘアオイル
John Master's Organics Dry Hair Nourishment & Defrizzer

創設者ジョン・マスター氏の試行錯誤の末に生み出された第1号。100%オーガニックのオイルは、即効性があり頭皮にやさしい。$16

good!!!

2 ジョン・マスターズ・オーガニックスのハニー＆ハイビスカス・ヘアー・リコンストラクティング・シャンプー
John Master's Organics Honey & Hibiscus Hair Reconstructing Shampoo

はちみつやハイビスカスの天然成分配合。枝毛や細くなった髪におすすめのスーパーダメージヘア用。ほのかに甘くさわやかな香り。$26〜

3 ジョン・マスターズ・オーガニックスのシトラス＆ネロリ・デタングラー
John Master's Organics Citrus & Neroli Detangler

ベジタブル・オイルやビタミンなどを配合。毛先にそのまま薄く塗ればヘアオイルにもなる。柑橘系の香りもいい。$16〜

S.A.さんオススメ！

人気スタイリストが考案
ジョン・マスターズ・オーガニックス
John Masters Organics

「直接肌に触れるものだからこそ、優しいものを」という思いで作り出されたヘアケア用品。合成化学物質・防腐剤は使用していない。

Map 別冊P.8-B1 ソーホー

🏠77 Sullivan St.（bet. Spring & Broome Sts.） ☎1-212-343-9590
🕘毎日11:00〜18:00　Card A.M.V.
図地下鉄Ⓒ Ⓔ線Spring St.より徒歩約3分
URL www.johnmasters.com

オルセン姉妹も愛用中
キールズ
Kiehl's

1851年に調剤薬局としてオープンしたドクターズ系コスメの老舗。スキンケアからボディケア、ヘアケアまで、約200種類以上の製品が揃う。

Map 別冊P.12-B2 イースト・ビレッジ

🏠109 3rd Ave.（bet. 13th & 14th Sts.）
☎1-212-677-3171　🕘月〜土10:00〜20:00、日11:00〜18:00　休祝
Card A.D.M.V.　図地下鉄Ⓛ線3rd Ave.より徒歩約2分　URL www.kiehls.com

マリン・アンド・ゴッツのシャンプーやスキンケアは男女兼用なので、彼氏へのプレゼントにおすすめ。（東京都・みっちゃん）

セレブに大人気！

4
モロッカンオイルのオイルトリートメント
The Original Moroccanoil Oil Treatment

洗い流さないタイプのトリートメント。さらっとした手触りでベタつかない。深みのあるバニラ系の香りは、セレブが愛用するのも納得の品。$39.99

5
キールズのオリーブ・フルーツオイル・シリーズ
Kiehl's Olive Fruit Oil Nourishing

ダメージヘア向けの定番。オリーブオイル＆アボカドオイルを配合し、髪にまとまりと潤いを与えてくれる。柔らかいフローラルな香りが特徴。$7～49

7
テッド・ギブソンのヘアシート・スタイリング
Hairsheet Styling

髪にツヤとうるおいを与えてくれるアミノ酸やビタミンAを配合。シート式なので乾いた髪にサッと塗るだけでOK。オーキッドの香りもいい。$25

Y.T.さんオススメ！

6
テッド・ギブソンのインディビジュアルカラーシリーズ
Indisivual Color

トリートメント効果に加え、自然なカラーリングができるというスグレもの。シャンプー＆コンディショナーのセットで使って。コッパー、ブラウン、ゴールドなどの色バリエあり。$36

H.M.さんオススメ！

8
キールズのサンフラワー・シリーズ
Kiehl's Sunflower Color Preserving

カラーの褪色を抑える効果のあるサンフラワー・シリーズ。ヒマワリ種子オイルを配合でツヤのある髪に。アプリコットの香り。$17～30

9
マリン・アンド・ゴッツのモイスチャライジング・シャンプー＆コンディショナー
Malin + Goetz Moisturizing Shampoo & Cilantro hair Conditioner

植物性アミノ酸プロテインと天然植物エキスが、傷んだ髪に潤いを与えてくれる。ハリがある柔らかい髪に。男性も使用可。シャンプー$25、コンディショナー$22

セレブ御用達ブランド

テッド・ギブソン

Ted Gibson

アンジェリーナ・ジョリーやアン・ハサウェイなど多くのセレブを手がけるヘアスタイリストのブランド。サロンではカットやブロウもできる。

Map 別冊P.15-D3 チェルシー

184 5th Ave. 2nd Fl（bet. 22nd & 23rd Sts.） 1-212-633-6333
月～水・金10:00～20:00、木10:00～21:00、土9:00～18:00 休日 Card A.M.V.
交地下鉄Ⓝ Ⓡ線23 St.より徒歩約2分
URL www.tedgibsonbeauty.com

天然素材を使用

マリン・アンド・ゴッツ

Malin + Goetz

アンドリュー・ゴッツとマシュー・マリンにより誕生したチェルシー発ブランド。天然素材を配合、ユニセックスで使えるアイテムが揃う。

Map 別冊P.11-C1 チェルシー

177 7th Ave.（bet. 20th & 21st Sts.）
1-212-727-3777
月～金11:00～20:00、土12:00～20:00、日12:00～18:00 休祝 Card A.M.V.
交地下鉄①線18th St.より徒歩約2分
URL www.malinandgoetz.com

モロッカンオイルはここでゲット

リッキーズ

Ricky's

コスメ、ヘアケア、ボディケアなど何でも揃うドラッグストア。なかでもヘアケア製品は豊富で、シャンプーやリンス、ブラシが多数揃う。

Map 別冊P.12-A2 イースト・ビレッジ

44 E. 8th St.（corner of Greene St.）
1-212-254-5247 月～金10:00～21:00、土11:00～21:00、日11:00～20:00 休祝 Card A.J.M.V. 交地下鉄Ⓝ Ⓡ線 8th St.-NYUより徒歩約2分
URL www.rickysnyc.com

ジョン・マスターズはぜひソーホー店で買うべし。リクエストすればサンプルをたくさんおまけしてくれる。

おみやげに困ったらやっぱりコレでしょ!

I♥NY グッズ コレクション

※以下の商品は、チャイナタウンやミッドタウンの露店やみやげ物店で入手。

1977年、グラフィックデザイナーのミルトン・グレイザー氏が制作したロゴ。現在では、マンハッタンのあちこちにこのロゴ(コピー)のグッズがたくさん! NYみやげとして定番になってマス。

Tシャツも いろいろ〜

1

2

3

4

5

私もTシャツ着たい〜

1. 最初のアイラブTシャツは定番の白で決まり! $3
2. オレンジのビタミンカラーで元気よく $3
3. 全体にロゴが入った人気のベイビー用ロンパース$5.50
4. メンズ用みやげに好評なグリーンカラー$3
5. かわいい赤ちゃんがますますかわいくなりそうなビブ$5

雑貨も いろいろ〜

何個あってもいいマグカップは　$1.50

実際は使わなくても記念に欲しいピン　$2.50

定番(?)のブタの貯金箱もアイラブ　$4.99

集めたくなるショットグラスは小物入れに　$.5.99

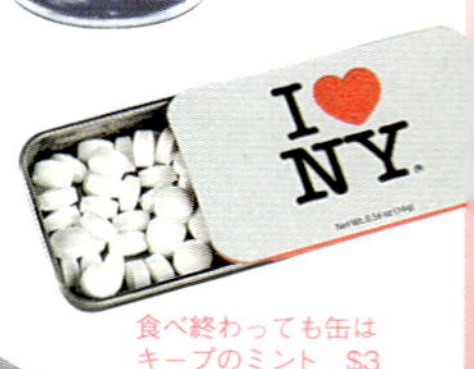

食べ終わっても缶はキープのミント　$3

バンドでNY大好きをもっとアピール!?　$1.99

キーホルダーはばらまきみやげ用に◎　各$2

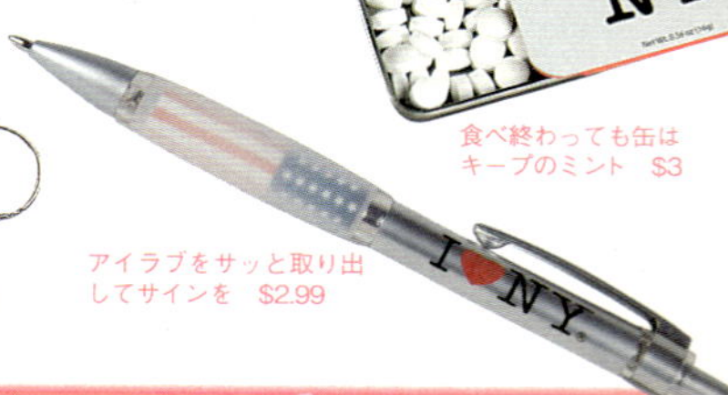

アイラブをサッと取り出してサインを　$2.99

今日はどこ行く？

てくてく歩いて パワーチャージ！ 元気になれるNYさんぽ

おしゃべり声も聞こえてくる音楽も、車のクラクションでさえ、
この街に流れる空気は、なぜか不思議と旅人に元気をくれる。
寄り道するたびにいろんな魅力が見えてくる、
arucoオススメのおさんぽエリアをご紹介！

遊び場もたくさ～ん！どんどん変わるダンボでニューヨーカーの休日を満喫！

ブルックリン・ブリッジとマンハッタン・ブリッジのふたつの橋のたもとに広がるダンボ。再開発がどんどん進み、おしゃれな話題スポットがますます増加中のこの街をニューカー気分で満喫！

TOTAL 5時間

ダンボおさんぽ TIME TABLE

- 11:00 ブルックリン・ロースティング・カンパニー
- ↓ 徒歩8分
- 11:30 エンパイア・フルトン・フェリー
- ↓ 徒歩5分
- 12:30 シェイクシャック
- ↓ 徒歩0分
- 13:30 ピア1(ブルックリン・ブリッジ・パーク)
- ↓ 徒歩3分
- 15:00 ダブネー・リー
- ↓ 徒歩1分
- 15:30 ウエスト・エルム

1 始めの一杯はここから 11:00
ブルックリン・ロースティング・カンパニー
Brooklyn Roasting Company

イースト・リバー沿いの倉庫を改造したカフェは、広々としていて居心地抜群。絶品コーヒーを目当てに、ヒップなダンボ住人たちが集う。おみやげ用のコーヒー豆も充実。

1. 夏ならアイスコーヒーもおすすめ
2. コーヒーは店内のラボで焙煎

Map 別冊P.27-D1 ダンボ

25 Jay St.（Bet. John & Plymouth Sts.） ☎1-718-855-1000 毎日7:00～19:00 休祝 Card A.D.J.M.V. 交地下鉄Ⓕ線York St.より徒歩約3分 URL www.brooklynroasting.com

ダンボって？
Down Under the Manhattan Bridge Overpass（マンハッタン・ブリッジの高架道路下）の頭文字を取って通称ダンボ（DUMBO）。倉庫街の名残を感じる、石畳の街並みが美しいエリア。

2 11:30 ブルックリン・ブリッジのたもと
エンパイア・フルトン・フェリー・ステート・パーク
Empire-Fulton Ferry State Park

ブルックリン・ブリッジ・パークの一画。芝生でピクニックしながら、対岸のマンハッタンの絶景を望める。

1. 川の向こう岸はマンハッタン！
2. ロマンティックなデートにも最適
3. メリーゴーラウンドにも乗れる！

Map 別冊P.27-C1 ダンボ

1 Water St.（Brooklyn Bridge Park） 毎日6:00～23:00 交地下鉄Ⓕ線York St.より徒歩約8分 URL www.brooklynbridgepark.org

Don't miss it!

NYチョコブームの火付け役
ミスター・チョコレートとも呼ばれるショコラティエ、ジャック・トレス氏の工場兼1号店。おしゃれなプリント柄チョコからプレッツェルまで、おみやげにぴったりなアイテムがいっぱい！

ジャック・トレス・チョコレート
Jacques Torres Chocolate

Map 別冊P.27-C1 ダンボ

66 Water St.（bet. Dock & Main Sts.） ☎1-718-875-1269 月～土9:00～20:00、日10:00～18:00 休祝 Card A.D.J.M.V. 交地下鉄Ⓕ線York St.より徒歩約6分 URL www.mrchocolate.com

ブルックリン・ブリッジ・パークは日中のんびりするのもいいけど、サンセットや摩天楼の夜景も楽しめます。（京都府・プルーン）

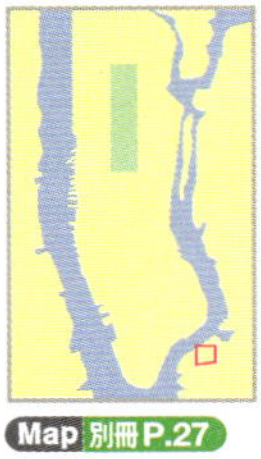

Photos:William Brinson
1. 定番のシャック・バーガー＄5.19
2. 波状のフレンチフライ＄2.95

3 ハンバーガー好きにおすすめ 12:30
シェイクシャック Shake Shack

セレブシェフ、ダニー・メイヤー氏が手掛ける超人気バーガーのダンボ店。夏はテラス席でビールやワインを片手に食べるのが気持ちいい☆

Map 別冊P.27-C1 ダンボ

1 Old Fulton St (at Water St.) ☎1-347-435-2676 日～水11:00～22:00、木～土11:00～23:00 休祝 Card A.D.J.M.V. 図地下鉄Ⓕ線York St.より徒歩約8分 URL www.shakeshack.com

ダンボ

4 13:30 地元の人がのんびりする
ピア1（ブルックリン・ブリッジ・パーク）
Pier 1 (Brooklyn Bridge Park)

マンハッタンとブルックリンを結ぶイースト・リバー・フェリーの発着所付近にある埠頭。ブルックリン・ブリッジと摩天楼を一望できる。

Map 別冊P.27-C1 ダンボ

334 Furman St. 毎日6:00～翌1:00 図地下鉄Ⓐ©線High St.より徒歩約9分 URL www.brooklynbridgepark.org

1. 対岸の絶景を見ながらのんびり 2. 夏期はテラス席もオープン

1. カラフルなiPhoneケース＄50～
2. ラブ・ストラック・マグ＄30

5 15:00 おみやげ探しにぴったり
ダブネー・リー
Dabney Lee

ホームグッズからステーショナリー、アクセサリー、パーティーグッズまで、洗練されたデザインのアイテムが豊富。大切な人へのおみやげとギフト探しにぴったり。

Map 別冊P.27-C1 ダンボ

55 Washington St. (bet. Water & Front Sts.) ☎1-718-596-4169 月～金9:00～18:00、土10:00～18:00、日10:00～17:00 休祝 Card A.D.J.M.V. 図地下鉄Ⓕ線York St.より徒歩約5分 URL www.dabneylee.com

6 15:30 かわいい雑貨がいっぱい
ウエスト・エルム
West Elm

1. スタイリッシュなテーブルウエア 2. 吸水性もよいティータオル 3. ローカルグッズも豊富に扱う

全米、カナダ、オーストラリアなどに展開するインテリアブランドの雑貨店。シンプルでモダンなキッチン用品や生活雑貨がニューヨーカーに人気。

Map 別冊P.27-C1 ダンボ

50 Washington St. (bet. Water & Front Sts.) ☎1-718-522-3498 月～木7:00～19:00、金7:00～20:00、土9:00～20:00、日9:00～19:00 休祝 Card A.D.J.M.V. 図地下鉄Ⓕ線York St.より徒歩約4分 URL www.westelm.com

秋には大規模なアートフェスティバル"Dumbo Arts Festival"(URL dumboartsfestival.com)が開催される。

ブランドショップを眺めつつ……
5番街のカジュアルショップでレアグッズをゲットしよう！

世界で一番有名な通りと言えば、5番街！　高級ブランド店がずらーと並ぶが、最近はカジュアルショップも増えてきた。観光しつつ、ニューヨークにしかないグッズを探そう！

TOTAL 5時間

5番街おさんぽ

TIME TABLE

9:30 アップルストア
↓ 徒歩6分
10:00 ユニクロ
↓ 徒歩2分
10:30 セント・パトリック教会
↓ 徒歩2分
12:00 ロックフェラー・センター
↓ 徒歩2分
12:30 エイチ&エム
↓ 徒歩7分
13:00 ブライアント・パーク
↓ 徒歩1分
13:30 ル・パン・コティディアン

記念撮影をする観光客の姿をたくさん見かける

1 365日24時間営業 アップルストア Apple Store　9:30

りんごのマークでおなじみのアップルの直営店。店内には、最新機器がずらり。メールチェックや検索をしている人の姿も。

Map 別冊P.19-D2
ミッドタウン

767 5th Ave.（bet. 58th & 59th Sts.）　☎1-212-336-1440　24時間　休無休　Card A.D.J.M.V.　交地下鉄Ⓝ Ⓠ Ⓡ線5th Ave.-59th St.より徒歩約2分　URL www.apple.com

Check! ティファニーで買い物を

女の子の永遠のあこがれ、ティファニーの本店があるのが、ここ5番街。自由の女神などが描かれたニューヨーク限定のマグカップ『5th Avenue Mugcup』はおみやげにおすすめ。

詳しくは…→P.30

2 スタバも入る ユニクロ UNIQLO　10:00

アメリカでユニクロ史上最大の売り場面積を誇る店舗として2011年にオープン。2階には、スターバックスが入っている。

Map 別冊P.19-D2
ミッドタウン

666 5th Ave.（at 53rd St.）　Free 1-877-486-4756　月～土10:00～21:00、日11:00～20:00　休祝　Card A.D.J.M.V.　交地下鉄Ⓔ Ⓜ線5th Ave.-53rd St.より徒歩すぐ　URL www.uniqlo.com

1. MoMAが全面協力している『SPRZ NY』シリーズ　2. 店内の広さに驚く

Check! GAPも忘れずに

ユニクロより少しお先に5番街進出したGAP。ニューヨーク限定のTシャツなどもあるので、要チェック！

Map 別冊P.19-D2

3 ステンドグラスは必見 セント・パトリック教会 St. Patrick's Cathedral　10:30

全米最大のカトリック教会。白い大理石をふんだんに使用したゴシック建築。約9000本のパイプを備えたパイプオルガンの音色とステンドグラスが美しい。

1. 中は誰でも自由に入れる　2. 高層ビルの中に建つ

Map 別冊P.19-D3 ミッドタウン・ウエスト

460 Madison Ave.（bet. 50th & 51 Sts.）　☎1-212-753-2261　毎日6:30～20:45　交地下鉄Ⓔ Ⓜ線5th Ave.-53rd St.より徒歩約3分　URL www.saintpatrickscathedral.org

2015年末まで大改修中のセント・パトリック教会。足場はあるものの、ステンドグラスの美しさは健在。（東京都・かめ子）

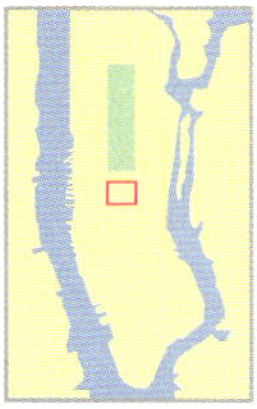

Check!

冬のツリーにうっとり

ロックフェラーといえば巨大なクリスマス・ツリーも有名。ツリーのライトアップは、点灯式翌日から1月初旬くらいまで。2014年の点灯式は12月3日だった。（→P.164）

Map 別冊P.15,19

4 展望台の夕景もぜひ 12:00
ロックフェラー・センター Rockefeller Center

5番街と6番街、48丁目と51丁目に囲まれたエリア。G.E.ビルを中心に19もの複数のビルで構成される。展望台（→P.50）は夕方あらためて。

Map 別冊P.19-D3 ミッドタウン

45 Rockefeller Plaza（bet. W.49th & W.50 Sts.） FAX 1-212-332-6868 Free 1-877-692-7625 毎日7:00～24:00（コンコースのオープン） 地下鉄Ⓑ Ⓓ Ⓕ Ⓜ線47-50 Sts.-Rockefeller Ctr.より徒歩約3分 URL www.rockefellercenter.com

5 12:30 世界最大級の規模を誇る
エイチ&エム H & M

世界最大級のH&M旗艦店は、地上5階、地下1階の計6フロア。4階にある日本未上陸のH&Mホームコレクションがあるので必見！

1. 旬コーデの参考になりそう 2. ホームコレクションがあるのはここだけ

Map 別冊P.19-D3 ミッドタウン

589 5th Ave.（at W. 48th St.） Free 1-855-466-7467 月～木9:00～21:00、金9:00～22:00 休祝 Card A.D.J.M.V. 地下鉄Ⓑ Ⓓ Ⓕ Ⓜ線47-50 Sts.- Rockefeller Ctr.より徒歩約4分 URL www.hm.com

ニューヨーク市立図書館の裏側に位置する。園内に無料のWi-Fiあり

6 ビジネス街のオアシス 13:00
ブライアント・パーク Bryant Park

ミッドタウンの中心にあり、休憩スポットとしても人気。夏はコンサート、冬はアイススケートと、年間をとおしてさまざまなイベントが行われる。

Map 別冊P.15-D1 ミッドタウン

6th Ave., 40th St., 5th Ave. 42nd St.に囲まれたエリア 1-212-768-4242 毎日7:00～22:00（季節により変動あり） 休なし 地下鉄Ⓑ Ⓓ Ⓕ Ⓜ線42 St.-Bryant Parkより徒歩約3分 URL www.bryantpark.org

7 食事もできる 13:30
ル・パン・コティディアン Le Pain Quotidien

ベルギー発祥のベーカリーレストラン。パンやコーヒーなどの軽食が取れるイートインコーナーと、しっかり食べられるレストランコーナーがある。

Map 別冊P.15-D1 ミッドタウン

70 W. 40th St.（bet. 5th & 6th Ave.） 1-212-354-5224 月～金7:00～21:00、土・日8:00～21:00 休祝 Card A.D.J.M.V. 地下鉄Ⓑ Ⓓ Ⓕ Ⓜ線42 St.-Bryant Parkより徒歩約2分 URL www.lepainquotidien.com

1. 人気のグラノーラ$9.35 2. クロワッサン$2.95とカフェラテ$2.95

高級店は57丁目付近、カジュアルショップは53～51丁目あたりに多い。デパート（→P.114）も忘れずに！

best!! ベスポジ教えます！

ナイスな写真を撮りながら新定番ハイラインをてくてく

ヒップなミートパッキング・ディストリクトにオープンしたワイルドな自然あふれる空中公園で、ユニークな写真を撮って徹底的に楽しんじゃおう！

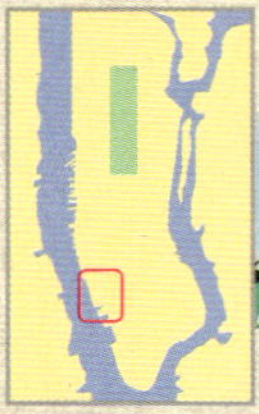

都会の空中庭園

ハイライン

The High Line

かつて使用されていた高架鉄道線に、当時の雰囲気を残しつつ緑豊かな空中公園が誕生。2014年11月にフェーズ3がオープン。ガンズブール通りから34丁目まで開通した。

Map 別冊P.10-B2～14-A2 ミートパッキング・ディストリクト

🏠10th Ave.沿い、Gansevoort St.～W. 30th St. ☎1-212-500-6035 🕘毎日7:30～17:00 図地下鉄Ⓐ©ⒺⓁ線14th St. - 8th Ave.より徒歩約7分 URL www.thehighline.org

TOTAL 3時間

ハイラインさんぽ

TIME TABLE

10:00 12丁目アクセスポイント
↓ 徒歩1分
1) スタンダード・ホテル前
↓ 徒歩5分
2) 13th St.とWashington St.の角あたり
↓ 徒歩5分
3) チェルシー・マーケット
↓ 徒歩すぐ
4) 17th St.周辺
↓ 徒歩5分
5) 19th St.周辺
↓ 徒歩5分
6) 23th St.周辺
↓ 徒歩10分
7) 30th St.周辺

1 best!! スタンダードホテルと一緒に！

10:00

数々のデザイナーズ・ホテルを手がけた、アンドレ・バラス氏デザインによるホテル。ハイラインをまたいで建っているユニークさ。1階はレストラン、屋上にはバーがある。

ハイラインのベンチを手前に入れつつ、ガラス張りのホテルの外観と一緒にパチリ

路線跡の奥行き感を利用してシンメトリーな構図に挑戦！ プチ工夫で写真もクールに

2 best!! 鉄道路線を挟んで！

歩道のいたるところにかつての路線跡が見つかる。古き大切な思い出をそのまま封じ込めたユニークさがハイラインの魅力のひとつ。

ハイラインはインダストリアルの新旧ミックスがかっこいい～。冬の曇りの日に行ったので夏の晴れの日にまた行きたい！（東京都・なち）

7 地下鉄車庫を見下ろして

2014年秋にオープンしたばかりのフェーズ3。地下鉄の車庫があり、殺伐とした風景が残る場所はまだ整備が進行中。

かつての高架路線が見事アートに変身。対岸はニュージャージー

best!!

線路をモチーフにした憩いの場所では、上に乗ったり座ったりしてパチリ。

ここに駅ができる予定だって!

6 ギャラリー街でアートと一緒に

23丁目付近はギャラリー街。その雰囲気にぴったりなのがこのレンガの壁の前。カッコいい写真が撮れそう。

best!!

5 エンパイアだってひとつまみ

best!!

20丁目が近くなってきたら右（東）側にそびえるのが、とんがり頭のエンパイア。てっぺんを、ちょいとひとつまみでパチリ！

歩道の左右にはさまざまな草木が生い茂る。夏の終わりには虫の音も

線路跡も残されている…

階段の上から、黒の枠とガラス越しの街並みを入れつつポーズ。左右にふってみてもいい。

早く！早く！

好きな所に座って休憩。眼下を行き交う人や車を眺めるのも楽しい

best!!

4 ハイラインの必見ポイントはここ！

テンス・アヴェニュー・スクエアと呼ばれる階段式の広場。名前のとおり、正面のガラスの壁越しに10番街を真っすぐ望むことができる。

3 チェルシー・マーケット

MPDのランドマーク的存在

Chelsea Market

旧ナビスコ工場を改装。ロフト風の建物の東西に延びた両通路にはデパ地下のようなフード専門店がずらり。

詳細は→P.72

1. テナントのひとつ、Green Tableのマカロニ＆チーズ　2. 30を超えるテナントが入店している

30th St.から34th St.の周辺には、いずれ地下鉄7番線が延長開通する予定。

アーティスティックで刺激的！ソーホーでは個性派アイテムをゲットして！

5番街にあるようなハイエンドブランドをはじめ、セレクトショップやカフェなどが並ぶおしゃれエリア。最近では南側に若手デザイナーのアンテナショップや話題店がオープン！

TOTAL 3.5時間

ソーホーおさんぽ
TIME TABLE

- 11:00 マリベル
- ↓ 徒歩4分
- 11:30 パール・ソーホー
- ↓ 徒歩2分
- 12:00 ハーニー&サンズ
- ↓ 徒歩1分
- 13:00 サタデーズ・サーフ・NYC
- ↓ 徒歩1分
- 13:30 アメリカン・トゥー・ショット
- ↓ 徒歩2分
- 14:00 アラン&スージー

1. 色鮮やかなシルクプリントのチョコは4個$14～ 2. 店内奥にはカフェを併設する

1 アートな模様がかわいい 11:00
マリベル
MarieBelle

日本にも上陸したチョコレートブティック。パイナップル、ラズベリーなど27種類のフレーバーにより異なるプリント模様がキュート。おみやげにもよろこばれそう。

Map 別冊P.8-B1 ソーホー

484 Broome St.（bet. Wooster St. & W. Broadway） ☎1-212-925-6999 毎日11:00～19:00（金・土・日～20:00） 休祝 Card A.M.V. 交地下鉄Ⓒ Ⓔ線Spring St.より徒歩約10分 URL www.mariebelle.com

1. 上品なデザイン缶も魅力。$9～ 2. 奥のティールームでちょっと一息できる

2 かわいい手芸屋さん 11:30
パール・ソーホー
Purl SOHO

手芸ファン御用達の専門店。編み物を中心に、刺繍やパッチワークなど、さまざまな手作りグッズが揃う。手芸本や簡単な工芸品キットなども充実。店頭では毛糸を紡ぐデモンストレーションも。

Map 別冊P.8-B2 ソーホー

459 Broome St.（bet. Greene & Mercer Sts.） ☎1-212-420-8796 月～金12:00～19:00、土・日12:00～18:00 休祝 Card A.M.V. 交地下鉄Ⓐ Ⓒ Ⓔ線Canal St.より徒歩約7分 URL www.purlsoho.com

1. フエルトは$23～。型紙も販売 2. ポップでキュートな店内 3. きれい色の毛糸も種類が豊富！ 4. 簡単マスコットのキットもある。$25～

3 紅茶屋さんでお茶しよう！ 12:00
ハーニー&サンズ
Harney & Sons

ニューヨーク郊外で生まれた紅茶ブランドのソーホー店。世界中から集められた珠玉の茶葉やユニークなフレーバーティーが話題。一番の人気はホット・シナモン・スパイスティー。上品な香りとやさしい甘さで幸せ気分に。

Map 別冊P.8-B2 ソーホー

433 Broome St.（bet. Broadway & Crosby St.） ☎1-212-933-4853 月～土10:00～19:00、日11:00～19:00 休祝 Card A.M.V. 交地下鉄⑥線Spring St.より徒歩約4分 URL www.harney.com

Photo Courtesy of Harney & Sons

ハーニー&サンズで気になるティーをリクエストしたら、ていねいに入れて試飲させてくれた。おいしくて即購入！（兵庫県・F☆T）

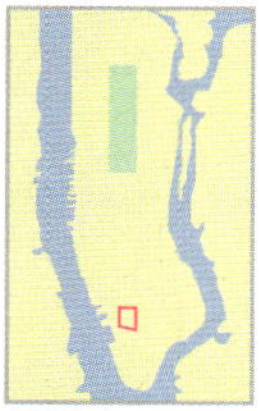

Map 別冊P.8

4 彼みやげはここで！ サタデーズ・サーフ・NYC 13:00

SATURDAYS SURF NYC

サーファーのみならず世界中のファッショニスタも注目。現役サーファーのオーナー3人が厳選したウエアや小物がとにかくクール！

Map 別冊P.8-B2 ソーホー

31 Crosby St.（bet. Broome & Grand Sts.） ☎1-212-966-7875
毎日10:00～19:00 Card A.D.J.M.V.
地下鉄Ⓝ Ⓡ線Canal St.より徒歩約4分
URL www.saturdaysnyc.com

Photo Courtesy of Saturdays Surf NYC

1. サーフィンを軸に都市のライフスタイルを演出するユニークな店 2. シンプルなボードショーツは$65～ 3. 着心地抜群のニットンシャツ$118

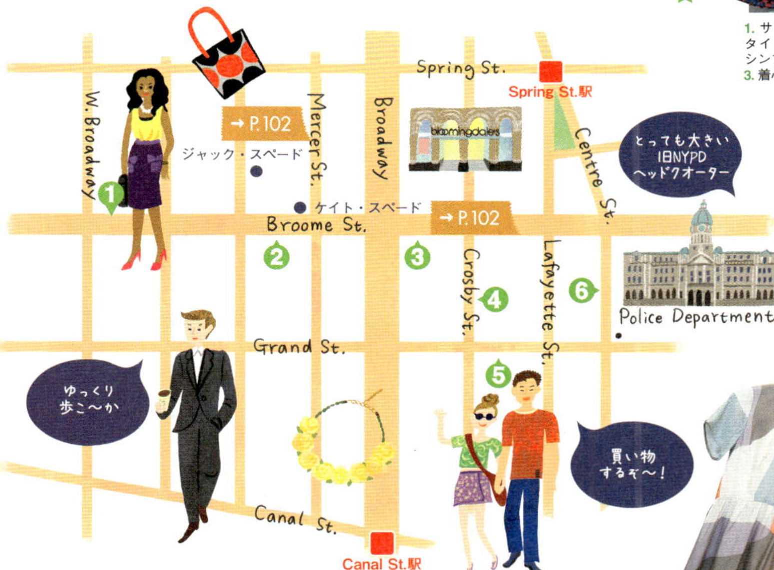

1.まるでギャラリーのようなディスプレイがすてき！ 2.色使いがキュートなワンピース$285 3.カラーブロックのボックスワンピ$485 4.オーナーたちもキュート！

6 お宝がたーくさん アラン&スージー 14:00

Allan & Suzi

アッパー・ウエスト・サイドにあったビンテージ・ファッションの有名店が、ソーホーにお引っ越し。店内には、新レーベルから老舗ハイエンド・ブランドまでたくさん！

Map 別冊P.9-C2 ソーホー

237 Centre St.（bet. Grand & Broome Sts.） ☎1-212-724-7445
月～土12:30～19:00、日12:30～18:00 休祝 Card A.M.V. 地下鉄⑥線Canal St.より徒歩約4分
URL www.allanandsuzi.com

1. コンディションのよいハイエンドブランド・シューズも豊富 2. プッチのジャケット$1350 3. ジバンシーのビンテージ・ドレス 4. 見ているだけで楽しい

5 アート+ファッションのコラボ空間 アメリカン・トゥー・ショット 13:30

American Two Shot

若手デザイナーやアーティストのショーケースを兼ねたショップ。商品はどれもセンスが光るものばかり。店内にあるカフェ・インテグラルでは極上のラテを味わって！

Map 別冊P.8-B2 ソーホー

135 Grand St.（bet. Crosby & Lafayette Sts.）
☎1-212-925-3403 月～土11:00～20:00、日13:00～19:00 休無休 Card A.M.V 地下鉄⑥線Canal St.より徒歩約4分 URL americantwoshot.com

ローカル色たっぷりの注目エリア アッパー・ウエスト・サイドで 博物館巡りと雑貨探し♪

**チェーン店も増えているけど、歴史ある街並みとのんびりムードが魅力。
ちょっと知的でセンスがつまった小粒なお店をチェックしちゃお！**

TOTAL 6時間

アッパー・ウエスト・サイド おさんぽ
TIME TABLE

- 10:00 アメリカ自然史博物館
- ↓ 徒歩2分
- 12:00 ニューヨーク歴史協会
- ↓ 徒歩6分
- 13:30 オンリー・ハーツ
- ↓ 徒歩7分
- 14:15 マグパイ
- ↓ 徒歩10分
- 15:00 サボン
- ↓ 徒歩8分
- 15:45 エピセリー・ブールー

1 子供も大人も楽しめる アメリカ自然史博物館

10:00

American Museum of Natural History

「自然と人間の対話」をテーマに、化石や生物、人間の文化・歴史など、地球全体にまつわるさまざまな展示をした巨大博物館。

1. 別館ではプラネタリウムの上映も　2. セントラルパーク側に面した壮麗な正面入り口

Map 別冊P.23-C2

アッパー・ウエスト・サイド

Central Park West (at 79th St.)
1-212-769-5100
毎日10:00〜17:45
休サンクスギビング、クリスマス　料$22　交地下鉄Ⓑ©線81st St.より徒歩すぐ（地下鉄駅と直結）　URL www.amnh.org

2 館内のカフェもおすすめ！ ニューヨーク歴史協会

12:00

New-York Historical Society

1804年に設立されたNY市最古の博物館。NYを中心にアメリカの絵画、家具調度品など4万点近い展示が並ぶ。なかでもティファニーのガラス工芸が充実。

DATA…→ P.31

Photo：New-York Historical Society/Jon Wallen

映画『ナイトミュージアム』はアメリカ自然史博物館が舞台。出発前に観て行くと楽しさ倍増！（茨城県・ゆうな）

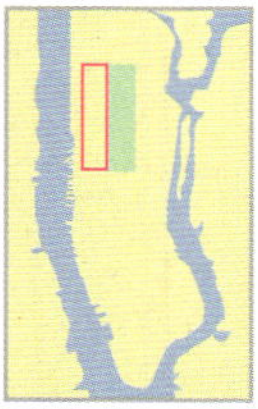

Map 別冊P.18, 22

3 オンリー・ハーツ Only Hearts

かわいいがたくさん！ 13:30

ハートをモチーフにした小物や衣類だけを集めた、ちょっぴりセクシーで大人カワイイ商品がいっぱいの小さなブティック。いくつになっても乙女心を大切にしたい女性客に人気のお店。

Map 別冊P.22-B2 アッパー・ウエスト・サイド

386 Columbus Ave.（bet. 78th & 79th Sts.） ☎1-212-724-5608 月〜土11:00〜19:30、日11:30〜18:30 休祝 Card A.M.V. 交地下鉄Ⓑ©線81st St.-Museum of Natural Historyより徒歩約8分 URL www.onlyhearts.com

1. 愛のメッセージ入りのオブジェ 2.手のひらにすっぽり収まるサイズのハート・トレイ$24 3.ナイトウエアや下着も充実！$48〜

4 マグパイ Magpie

ギフト探しに役立ちそう 14:15

アクセサリーからバッグ、ステーショナリーまで、センスのよい品々がギャラリーのように並ぶ。ローカルアーティストやフェアトレードにこだわった雑貨が見つかるショップ。

Map 別冊P.22-B1 アッパー・ウエスト・サイド

488 Amsterdam Ave.（bet. 83rd & 84th Sts.） ☎1-646-998-3002 月〜土11:00〜19:00、日11:00〜18:00 休無休 Card A.M.V. 交地下鉄①線79th St.より徒歩約10分 URL magpienewyork.com

1. ベビーウエア各$22 2. ショップのオリジナルバッグ$59 3. ユニークな食材を組み合わせたジャム$10 4. ハンドクラフト・ソープ$9

ガガ様パパがオーナー！

あのレディー・ガガのパパ、ジョー・ジャーマノッタ氏が経営するイタリアン・レストランはこのエリアにある。本人もふらりと出没することがあるとか！ リトル・モンスターなら訪れてみたい場所。

ジョアン・トラットリア Joanne Trattoria

Map 別冊P.23-C3 アッパー・ウエスト・サイド

70 W. 68th St.（near Columbus Ave.） ☎1-212-721-0068 火〜日17:00〜22:00（水〜日曜は11:30〜15:30ランチ営業あり） 休月・祝 Card A.M.V. 交地下鉄①線66th St.より徒歩約3分 URL www.joannenyc.com

ゴシップガール〈サードシーズン〉より

5 サボン Sabon

イスラエル発のコスメ 15:00

ニューヨーカーの生活空間を心地よい香りで演出してくれるのがここ。やわらかな香りの石鹸にバスソルト、ルームフレグランスなど、欲しいものがいっぱい。

Map 別冊P.22-B3 アッパー・ウエスト・サイド

2052 Broadway（bet. 70th & 71st Sts.） ☎1-212-362-0200 1〜3月：月〜土10:00〜21:00、日11:00〜20:00、4〜12月：月〜土10:00〜21:00、日11:00〜20:30 休祝 Card A.M.V. 交地下鉄①②③線72nd St.より徒歩約2分 URL sabonnyc.com

1.アンティーク調の店内 2.シーソルトがベースのボディ・スクラブは定番の人気商品$33 3, 4.まとめてお持ち帰りしたくなるキュートなソープたち！$6.80〜

Photo Courtesy of Sabon NYC

6 エピセリー・ブールー Epicerie Boulud

小腹が空いたら絶対ここ！ 15:45

NYのスターシェフ、ダニエル・ブールー氏が手がけるデリ。サンドイッチや総菜など、カジュアルな軽食が楽しめる。観劇前にふらりと立ち寄るニューヨーカーの姿も。

1.ハムと塩バターのシンプルなバゲットサンド$8.50、コーヒー$1.95、美味！ 2.ひよこ豆のサラダ$9.50

Map 別冊P.19-C1 アッパー・ウエスト・サイド

1900 Broadway（at 64th St.） ☎1-212-595-9606 月7:00〜22:00、火〜土7:00〜23:00、日8:00〜22:00 Card A.M.V. 交地下鉄①線66th St.-Lincoln Centerより徒歩約1分 URL www.epicerieboulud.com

72nd St.周辺にはトレーダー・ジョーズ（→P.121）やデュアン・リード（→P.131）の大型店舗あり。

その規模全米いち！
チープに遊べるチャイナタウンで
$10以下の粉ものフード食べ歩き

不況にも負けず、どんどん拡大を続けるチャイナタウン。ウマい！安い！が魅力の活気あふれるこの街で、ローカルに人気の粉ものフードをご紹介！

TOTAL 4時間

チャイナタウンおさんぽ

TIME TABLE

12:00 大全鍋貼
↓ 徒歩2分
12:30 蛋撻王
↓ 徒歩7分
13:00 利口福
↓ 徒歩1分
14:00 美麗華
↓ 徒歩2分
14:45 飛達西餅
↓ 徒歩1分
15:00 惠生

行列できてます

1. 狭い店だが回転は早い　2. もちもちの皮にジューシーな豚肉がたっぷり。ひと皿で大満足　3. 持ち帰りOK

1 カリッカリ餃子ならここ 大全鍋貼

Vanessa's Dumpling House

12:00

ニラ＆ポークorキャベツ＆ポークの焼き餃子が4つで$1！　店内奥のカウンターで注文し、番号順に受け取る。水餃子や肉まんも。

Map 別冊P.9-D2　チャイナタウン

118A Eldridge St.（bet. Grand & Broome Sts.）　1-212-625-8008　月〜土10:30〜22:30、日10:30〜22:00　Card不可　席7テーブル　交地下鉄Ⓑ Ⓓ線Grand St.より徒歩約3分　URL vanessas.com

素朴でおいしいエッグカステラ

Canal St.とMulberry St.の南西付近に出没するチャイニーズケーキの屋台。見た目も味も日本のベビーカステラで、卵がきいた素朴な味。15個で$1。

カステラ!?

おいしいものがいっぱいよ！

やみつきな味！

1. サクサクのパイ生地にふわふわカスタードが絶品　2. ショーケースから選ぶ　3. Grand St.の駅のそば

2 ふわサク感がたまらない 蛋撻王

Natalie Bakery

12:30

エッグカスタード90¢は、甘さ控えめの優しい味で何個でも食べられそう♪　ケーキや菓子パンなどの種類も豊富。

Map 別冊P.9-C2　チャイナタウン

271 Grand St.（bet. Eldridge & Forsyth Sts.）　1-212-226-8882　毎日7:00〜21:00　Card不可　席2テーブル　交地下鉄Ⓑ Ⓓ線Grand St.より徒歩約1分

この豪華さで$4.50！

3 ヌードル好きはぜひ 利口福

Great N.Y. Noodletown

13:00

ヌードルは卵を使った粗麺か、お米を使った河粉（平ら）、米粉（細い）、瀬粉（太い）からチョイス。お粥もおいしいと評判！

1. 一番人気は、あっさりスープにプリプリのエビが入ったワンタンヌードルスープ　2. 昼夜問わず混雑　3. 赤と緑のサインが目印

Map 別冊P.9-C2　チャイナタウン

28 Bowery（at Bayard St.）　1-212-349-0923　毎日9:00〜翌3:00　Card不可　席12テーブル　交地下鉄Ⓙ Ⓝ Ⓠ Ⓡ Ⓩ ⑥線Canal St.より徒歩約7分

チャイナタウンでNYみやげを物色。印刷カスレや糸のほつれを発見！　よ〜く選んで買ってみた（笑）。（兵庫県・あこ）

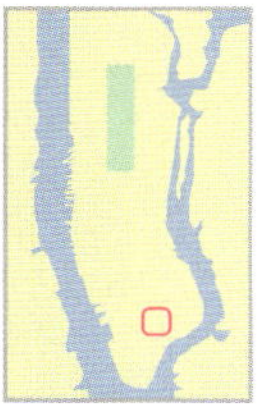

Map 別冊P.9

4 美麗華 Mei Li Wah

評判どおりのおいしさ

14:00

パッと見は地味だけど、中に入ると名物の豚まんを求めて熱気あふれる行列が！　一方、奥の座席ではローカルたちがま〜ったり。

1. 地元民の憩いの場 2. 豚まん90¢は蒸しと焼きの2種類。焼きは皮が菓子パン風で中には角煮風豚肉が！

Map 別冊P.9-C2 チャイナタウン

62-64 Bayard St.（bet. Mott & Elizabeth Sts.）
1-212-966-7866 毎日10:00〜22:30
Card 不可 席8
地下鉄ⒿⓃⓆⓇⓏ⑥線Canal St.より徒歩約6分

5 飛達西餅 Fay Da Bakery

地元の人にも愛される

14:45

昔々に食べたような懐かしくて素朴な味のベーカリー。ここの食パンが好きという地元ファンも多い。

1. 素朴な味のパンがずらり 2. タロパフ$1.50は極薄の皮の中に紫芋のあんこがたっぷり 3. 地元のおばちゃんが大量買いしていく有名店

Map 別冊P.9-C2 チャイナタウン

83 Mott St.（bet. Canal & Bayard Sts.）
1-212-791-3884
毎日7:00〜20:00
Card 不可 席7テーブル
地下鉄ⒿⓃⓆⓇⓏ⑥線Canal St.より徒歩約4分
URL www.fayda.com
ほかマンハッタンに2店、フラッシングなどクイーンズに7店あり

6 恵生 Fishion Herb Center

食べ歩きに疲れたら

15:00

地元リピーターはもちろん、日本やヨーロッパからの観光客も多いマッサージ店。個室はちょっと暗くてあやしげだけど技術はホンモノ。

1. 足裏は40分で$25.50。マッサージは30分で$20.50 2. 入口が狭いので通り過ぎないように

Map 別冊P.9-C2 チャイナタウン

107 Mott St.（bet. Canal & Hester Sts.）
1-212-966-8771 毎日10:00〜20:30
Card A.J.M.V.（クレジットカード使用の場合は50¢〜$1増し）
地下鉄ⒿⓃⓆⓇⓏ⑥線Canal St.より徒歩約6分

NYのスパやマッサージ店では、施術者に18〜20%のチップを渡すのを忘れずに。

ニューヨーカーにも観光客にも大人気！

ユニオンスクエアの グリーンマーケット

エコバッグ持参してね

月・水・金・土 8:00〜18:00

旬な野菜や果物が勢揃いするグリーンマーケット。NY市最大規模のマーケットで、地元の食トレンドに触れてみよう！

1. 週末のマーケットで買い物にいそしむ人々　2. 日本ではお目にかかれない珍しい果物も！　3. 季節を感じさせる花々やブーケも勢揃い　4. 色とりどりの野菜が目を楽しませてくれる

料理人によるマーケット・ツアー

NYの一流レストランで活躍してきた料理人タマ・バッチャーさんによるツアー。NYのライフスタイルや食事情を楽しく紹介してくれる。所要約1時間30分（要予約）、費用1名$30。
URL ameblo.jp/tama-house

おみやげにもおすすめ！気軽に話しかけてね

日本語も堪能な養蜂家アンドリューさんが手がけるNY産の美味なハチミツ

日本では珍しいジャムやスプレッドもあるわよ！

近郊農家でていねいに手作りされる「ベス・ファーム・キッチン」のジャム

TRY TO EAT!

オートミールクッキー
Oatmeal Cookie
$2

アメリカン・クッキーの定番。香ばしくて腹もちのよいクッキーは空腹時のスナックに

アップルサイダー
Apple Cider
$1

マーケット散策で欠かせない一品。爽やかな香りとほのかな酸味が美味。夏はアイスで

レッド・ジャケット・オーチャードのジュース
Red Jacket Orchards
$4

NYのリンゴ園が作るオール・ナチュラル・ジュース。深みのある味わいがクセになる！

ニューヨーカーの食を支える

ユニオンスクエア・グリーンマーケット Union Square Greenmarket

ワンコもいっしょに♡

食のNPO「GrowNYC」が運営するNY市内最大のグリーンマーケット。200もの近郊生産者が参加しており、ニューヨーカーの日常シーンのひとつとして知られる。

Map 別冊P.12-A1 イースト・ビレッジ

Union Square W.（bet. 15th & 17th Sts. at Union Square Park）
月・水・金・土8:00〜18:00 地下鉄④⑤⑥ⓁⓃⓆⓇ線14 St.-Union Sq.より徒歩約3分 URL www.grownyc.org/unionsquaregreenmarket

へぇ〜、
知らなかった！

マストチェックの観光スポットおもしろ案内

定番の自由の女神、ブロードウエイや美術鑑賞だって、
ただ見るだけじゃもったいない！
ちょこっと知ってるだけで、ツウな気分になれるヒントが集結！
ひと味ちがうNYをガッツリ楽しもうね♪

見れば見るほどハマる！ 人気ミュージカルを100倍楽しむ！ 見どころ・聴きどころを教えます

見どころ・聴きどころを教えてくれた
海谷菜央子さん
ライター。東京のテレビ関連会社、サンフランシスコの日系新聞社勤務を経てNYU大学院へ。専門分野はエンタメ、グルメ。

NYで必見のミュージカルを在住ライターさんがナビゲート♪
メジャーどころだけじゃない、ツウ好みの作品と見どころをご紹介。

おすすめ定番ミュージカルはこれ！

とってもおすすめの定番5作品。DVDなどで物語を予習していくとより楽しめる！

♪＝寝ないで聴いてほしい名曲

BROADWAY

ウィキッド：オズの魔法使いの知られざる物語
WICKED : THE UNTOLD STORY OF THE WITCHES OF OZ

©Joan Marcus

これぞミュージカルの王道！『オズの魔法使い』の悪い魔女エルファバと、よい魔女グリンダの知られざる友情を描く。魔女っ子もの好きなら必ずハマるワクワクの展開。

ガーシュイン・シアター
Gershwin Theatre
Map 別冊P.19-C3 ミッドタウン

🏠222 W. 51st St.（bet. Broadway & 8th Ave.）
㊎$30～277 ㊋地下鉄Ⓒ Ⓔ ①線50th St.より徒歩約2分 URL www.wickedthemusical.com

♪ Defying Gravity（重力に逆らって）
1幕最後の見せ場。途中でエルファバが空中に舞い、観客の興奮度アップ。

エルファバとグリンダは魅力的。ふたりが恋するフィエロもイケメンでホレボレ。舞台や衣装も豪華！

BROADWAY

キンキー・ブーツ
KINKY BOOTS

© Matthew Murphy

イギリスのコメディ映画を舞台化。倒産寸前の靴工場を継いだ主人公がドラァグクイーン用のブーツで工場の起死回生を図る姿を描く。トニー賞6部門を受賞。

アル・ハーシュフェルド・シアター
Al Hirschfeld Theatre
Map 別冊P.19-C3 ミッドタウン

Let's Dance♪

🏠302 W. 45th St.（near 8th Ave.）
㊎$37～147 ㊋地下鉄Ⓐ Ⓒ Ⓔ線42nd St. - Port Authority Bus Terminalより徒歩約4分
URL kinkybootsthemusical.com

シンディ・ローパーが作詞作曲を担当。ドラァグクイーンたちの豪華絢爛な衣装が強烈なインパクト！

♪ Land of Lola（ローラの世界）
1幕序盤。ドラァグクイーンのローラと仲間たちが圧倒的な存在感で登場！

ライオン・キングは初心者＆英語が苦手な私にピッタリ。舞台装置や演出などが斬新でワクワクの連続だった。（岡山県・栗）

NYミュージカルのしくみ

ミュージカル

ブロードウエイ
タイムズスクエア周辺の劇場で行われる華やかなミュージカル。ほとんどの劇場が1000席を超える。
代表作：『ライオン・キング』『マンマ・ミーア』

オフ・ブロードウエイ
おもにダウンタウンにある499席以下の劇場で行われる。前衛的、実験的なパフォーマンスが多い。
代表作：『ストンプ』『ブルーマン・グループ』

オフオフ・ブロードウエイ
オフ・ブロードウエイよりさらに小規模な劇場で行われる。上演場所は教会、カフェ、ロフトなど。

チケット入手方法

オフィシャルサイト
観たい演目のウエブから購入できる。支払いはクレジットカード。手数料約$8～10。

ボックスオフィス
座席と空いてる日を確認しながら決める。手数料不要。

チケッツtkts Map 別冊P.19-C3
残った当日券を20～50%オフで販売。手数料$4.50。長蛇の列を覚悟！ URL www.tdf.org

クーポン Map 別冊P.19-C2
おもに平日利用できる。20～30%オフ。観光案内所で手に入る。

ラッシュチケット
当日割引券のこと。整理券、抽選、学生用の3タイプ。立ち見席もある。詳しくは各劇場にて。

割引サイト
以下のサイト（英語）で割引で買えることも。
URL www.broadwaybox.com
URL www.theatermania.com

人気ミュージカルを100倍楽しむ！

BROADWAY

ザ・ブック・オブ・モルモン THE BOOK OF MORMON

過激アニメ「サウスパーク」のクリエーターが制作。トニー賞9部門を制覇した今一番の話題作！

©Carol Rosegg, David Scheinmann

伝道師としてウガンダへ派遣されたモルモン教徒ふたりの奮闘を描く。ブラックジョーク満載の痛快コメディー。

ユージーン・オニール・シアター
Eugene O'Neill Theatre
Map 別冊P.19-C3 ミッドタウン

230 W. 49th St. (bet. Broadway & 8th Ave.) 料$32～$477 交地下鉄Ⓝ Ⓠ Ⓡ線49th St. またはⒸ Ⓔ ①線 50th St.より徒歩約3分 URL www.bookofmormonbroadway.com

♪ You & Me (But Mostly Me)（君と僕（でもほとんど僕））
1幕序盤と2幕終盤。優等生プライスと劣等生カニングハムのデュエット曲。

BROADWAY

ライオン・キング THE LION KING

Photo：Joan Marcus,2010. ©Disney Theatrical Productions

ジュリー・テイモアの演出が光る一大舞台芸術！　叔父に父親を殺されたライオンの王の子シンバ。偶然再会した幼なじみのナラに説得され、王国を再び取り戻す決心をする。

ミンスコフ・シアター
Minskoff Theatre
Map 別冊P.19-C3 ミッドタウン

200 W. 45th St.（at Broadway） 料$89～279 交地下鉄Ⓝ Ⓠ Ⓡ線49th St.より徒歩約3分 URL www.lionking.com

♪ Hakuna Matata（ハクナ・マタタ）
1幕最後。スワヒリ語で「どうにかなるさ」の意味。思わず笑顔になれる曲。

サバンナを忠実に再現した舞台美術は、天才の成せる技。10年以上前から人気が衰えないのもナットク～。

BROADWAY

マンマ・ミーア！ MAMMA MIA!

©Joan Marcus 2012

10年以上ロングラン中の人気作。結婚式を控えた20歳のソフィーが母親ドナの昔の恋人3人を招待したことから起こる騒動を描く。

ブロードハースト・シアター
Broadhurst Theatre
Map 別冊P.19-C3 ミッドタウン

235 W. 44th St.（bet.7th & 8th Aves.） 料$49～160 交地下鉄Ⓐ Ⓒ Ⓔ線 42nd St.-Port Authority Bus Terminalより徒歩約4分 URL www.mammamianorthamerica.com

♪ Dancing Queen（ダンシング・クイーン）
カーテンコール。観客総立ちで合唱！歌詞を覚えていって一緒に盛り上がろう。

アバのヒット曲が22曲も聴けるとあっては、ファンならずとも観ないわけにはいかない？！

「トニー賞」って知ってる？

ブロードウエイで1年間に上演されたすべての新作から選ばれる賞で、毎年6月に発表される。作品賞、主演賞など27部門と特別賞がある。2014年は、『紳士のための愛と殺人の手引き』が4部門に輝いた。

©Matthew Murphy

↑2013年受賞の『キンキー・ブーツ』→『マンマ・ミーア！』も受賞歴あり

ジェイーZとアリシア・キーズの『Empire State of Mind』PVの後半でふたりが歌っている赤い階段は、割引チケットのチケッツの上！

言葉不要の注目ミュージカル！

英語が不安なら、英語力が不要、または
わからなくても楽しめるこんな作品を観ましょ♪

OFF BROADWAY

フェルザブルタ：ワイラ FUERZA BRUTA WAYRA

Photo：Jacob Cohl

紙吹雪が舞うわ天井から水は降ってくるわで、ド肝を抜かれる衝撃の展開。観客たちも最後は踊り狂う（笑）。

シルク・ドゥ・ソレイユがもっとぶっ飛んだといった感じの刺激的すぎる体感パフォーマンス。観客は立ったままシーンごとに移動する。クレージーにハジけたいなら迷わずGo！

ダリル・ロス・シアター
Daryl Roth Theatre
Map 別冊P.12-A2 グラマシー

🏠101 E. 15th St.（bet. Union Square E. & Irving Pl.） 料$75～99 交地下鉄Ⓛ Ⓝ Ⓠ Ⓡ ④⑤⑥線14th St. - Union Sq.より徒歩約2分 URL www.fuerzabrutanyc.com

OFF BROADWAY

ストンプ STOMP

モップやバケツなど身の回りにあるものが楽器になるのを観て、終了後はいろんなモノを叩いてみたくなる！

Photo：junichi takahashi, steve mcnicholas,oleg micheyev

ズシリと響く重低音から、抜けるような高音まで、ダイナミックな演奏がリズミカルに繰り広げられる。圧倒的な躍動感がスゴい！

オルファム・シアター
Orpheum Theatre
Map 別冊P.12-B3 イースト・ビレッジ

🏠126 2nd Ave.（bet. E. 7th St & St Mark Pl.） 料$57～109 交地下鉄⑥線Astor Pl.より徒歩約5分 URL www.stomponline.com

OFF BROADWAY

ブルーマン・グループ BLUE MAN GROUP

Photo: DARBE ROTACH©BMP

観客と創り上げていく舞台は予測不可能なハプニングが満載で、何回観ても笑っちゃうし、オモシロイ！

全身青塗りの3人組が繰り広げる奇天烈で独特、ユーモアたっぷりのパフォーマンス。20年前から上演中で、今や世界中で観られるけど、NYでの公演はやっぱりひと味違う！

アスター・プレース・シアター
Astor Place Theatre
Map 別冊P.12-A3 イースト・ビレッジ

🏠434 Lafayette St.（near Astor Pl.） 料$32～106.30 交地下鉄⑥線Astor Pl.より徒歩約2分 URL www.blueman.com

話題急上昇↑

うわさの体感型シアターを見に行こう

©Yaniv Schulman

暗い館内を縦横無尽に歩き衝撃のシーンを次々と目撃

当初は期間限定の公演予定が、人気沸騰でロングラン中の体感型（イマーシブ）シアター。観客は白い仮面をかぶり、閉館したホテルという設定の館内を俳優たちを追いかけながら縦横無尽に歩き回る。『マクベス』と『レベッカ』をベースに繰り広げられる衝撃のシーンの数々を間近で目撃！

スリープ・ノー・モア
Sleep No More
Map 別冊P.14-B3 チェルシー

🏠530 W. 27th St.（bet. 10th & 11th Aves.） The Mckittrick Hotelにて
料$80～90 交地下鉄Ⓒ Ⓔ線23rd St.より徒歩約11分
URL sleepnomorenyc.com

©Robin Roemer

✉ ブルーマンは日本でも観たけど、やっぱり本場ニューヨークで観るとノリが違って楽しい！（大阪府・S）

あまりのあけっぴろげぶりに、ブラブラするモノにもいつしか慣れ、だんだん衣装に見えてくる･･･。

BROADWAY

ネイキッド・ボーイズ・シンギング NAKED BOYS SINGING

Photo：Paul Kolnik

幕が開いた瞬間からパチッと目が覚める光景が！ 一糸まとわぬ6人の男性が歌って踊るはてしなくおバカな18禁ショー。全員イケメンなわけではないのも味がある。

カーク・シアター
Kirk Theatre（Theatre Row内）

Map 別冊P.14-B1 ミッドタウン

🏠410 W. 42nd St.（near 9th Ave.）
料$81.25 交地下鉄Ⓐ©Ⓔ線42nd St. - Port Authority Bus Terminalより徒歩約4分
URL www.theatrerow.org/nakedboyssinging

BROADWAY

ジャージー・ボーイズ JERSEY BOYS

©2010 Joan Marcus

ニュージャージー出身の4人が結成し、1960年代に人気を博した「ザ・フォー・シーズンズ」の結成から成功までの軌跡をたどる。懐かしの名ポップスを堪能できる作品。

懐かしさで目をキラキラさせている白人のおばちゃまたちを見るのも楽しい。コンサートに行く感覚で！

オーガスト・ウィルソン・シアター
August Wilson Theatre

Map 別冊P.19-C2 ミッドタウン

🏠245 W. 52nd St.（bet. Broadway & 8th Ave.） 料$27～172 交地下鉄Ⓒ Ⓔ線50th St.より徒歩約3分
URL www.jerseyboysinfo.com/broadway

Can't Take My Eyes Off Of You（君の瞳に恋してる）

数々のアーティストがカバーしているあまりにも有名な曲は2幕の後半に登場。

当日のお楽しみあれこれ！

日本と違うノリのよさ！

自分がよいと感じたらとことん盛り上げ、割れんばかりの拍手と声援で賞賛するのがNY流。エンディングはもちろん、拍手がすごすぎて上演中にショー・ストップになることも。

"出待ち"でサインをもらっちゃおー！

終演約10分後には出演者がステージドアから出てきて、気軽にサインしたり一緒に写真を撮ってくれる（ただし大物は別出口から帰ってしまう……）。ペンを持参するのを忘れずに！

劇場で手渡される「Playbill」はパンフレットみたいなもの。これにサインをおねだりするのがツウ。

グッズも忘れずに♪

ロビーには売店があり、パンフレットをはじめTシャツやトレーナー、帽子などのロゴグッズがGetできちゃうよ！

使える！英会話

サインしてもらえますか？
May I have your autograph?

すごく感動しました！
I'm so impressed by your performance.

待ちに待った再オープン 自由の女神の内部へ潜入！

2012年秋から一時的にクローズしていた女神像も、2013年7月に再オープン。彼女に会わなきゃNYに来た気分にならないもの。急いでそばまで行っちゃって～！

自由の女神にまつわる7つの真実！

実は世界遺産なのです！

アメリカを象徴するシンボルとして有名な自由の女神。実は1984年、ユネスコの世界遺産（文化遺産）に登録されているのです。

なぜアメリカのシンボルなの？

独立100周年に独立を支援したフランスから贈られた女神は、合衆国の自由と民主主義の象徴。かつて移民管理局のあったエリス島が近接し、この周辺が自由の国への玄関であったこともその理由。

1892年から1924年まで移民局だったエリス島。現在は博物館として当時の様子が公開されている

「女神」と呼ばれる理由

Statue of Libertyを訳すと「自由の像」。「女神」は、明治19年郵便報知新聞が像の完成を報道したときにつけられたのがはじまり！

スペインにはバンザイ女神が…！

スペインのカダケスのというリゾート地には、なんと、両手を挙げた女神像がある！ サルバトール・ダリによりデザインされたとか。

どこを見て立ってるのかな？

故郷フランス側を向く説があるが、もともと女神は1886～1902年まで灯台だったためニューヨーク港を向いている（たいまつがジャマ＆光が弱く中止）。

ホントはNJ在住だったりして

女神が建つのはNY隣州ニュージャージーの海上。ただしNY州国立公園が管理していて住所はNew Yorkと、立派なニューヨーカー！

なんだか泣いてるみたい…

女神の頬を伝うひとすじ（ふたすじ？）の涙……。なんで泣いているのかと思いきや、これは酸性雨による像の腐食が原因。

女神はフランス人？

作者であるフランス人彫刻家のフレデリク・バルトルディの母親が像のモデル。手は彼の妻だとか。ということは女神はフランス人？

夢と希望の象徴

自由の女神

Statue of Liberty (Liberty Island)

Map 別冊P.4-A3 リバティアイランド

URL www.nps.gov/stli

アクセス

自由の女神のあるリバティ島に行くフェリーツアー

スタチュー・クルーズ

Statue Cruises

Map 別冊P.6-B3 ロウアー・マンハッタン

自由の女神の正面間近を通り、女神像の裏側の桟橋に着くフェリーツアー。到着後は自由に行動できる。セキュリティチェックもあるので、時間に余裕をもって行こう！

Free 1-877-523-9849 9:30～15:30（季節により時間に変更あり） 休12/25 料大人$18、シニア（62歳以上）$14、4～12歳$9、3歳以下無料（王冠への入場にはこれに$3の追加料金がかかる。王冠への入場にはウェブで事前予約が必要） Card A.D.J.M.V. 予有（女神像の台座に昇る場合） 図バッテリーパークのフェリー乗り場からフェリーで往路15分、復路35分（エリス島経由のため）、1時間に1～3本運行 URL www.statuecruises.com ※シティ・パス利用可

チケット入手から乗船まで

地下鉄を下車したら、フェリー乗り場に行く前にチケット売り場へ。このクリントン砦の向こうにある。

チケット売り場では、シティ・パスを使う場合やオンラインで購入済みならReserve列で乗船券と引き替え。

フェリー乗船時はセキュリティチェックがある。身分証明書（パスポート）のレンジを求められることも。

いざ出発！ 行きの進行方向右側に女神が見えるので、写真を撮るなら2階と3階部分のデッキに座ろう。

ウェブ予約時、自宅の郵便番号を入力するとき、ハイフン（-）は不要！ 何度もエラーになってしまった。（千葉県・モモ）

Statue of Liberty

内部見学の予約はおはやめに！

王冠へGo!

絶対に行く価値アリ♪

内部はとても狭いが、女神の髪の毛部分のウエーブが見られる。見学は要予約。台座と展望台を行き来する階段や非常用エレベーターもあり、上がりやすくなっている。

自由の女神の内部へ潜入！

※王冠への入場は、1回に10人、1時間3グループまでで、インターネットでの事前予約が必要。URL www.nps.gov/stli

台座からは、ニューヨーク港とロワアー・マンハッタンの摩天楼が一望できる

フードコートもあるよ

像の下にはフードコートがあり、ハンバーガーやホットドッグなどの軽食が食べられる。ラッピングペーパーが女神のイラストでかわいい♪

おもやげも買えるよ

ギフトショップは、米国旗を右折した前方の白いテントとフードコートの横にある。女神のフィギュアをはじめとした雑貨類が豊富。

1. 日常使いできそうなTシャツとトートのセット$29.95 2. ななめがけバッグ $27.95 3. ハズせない定番マグ $12

自由の女神博物館

台座2階には「自由の女神博物館」がある。女神像がどうやって造られてここまで運ばれたかが興味深い。入場はツアー代に込み。

1. ちょっとコワいけど女神像のパーツも展示。ブロンズ製なのでもとは茶色 2. 移民たちのシンボルだったトーチがかかげられる館内

王冠への入場は身長120cm以上あることと、393段の階段（27階建てのビルと同等）を登り降りできることが条件。

The Metropolitan Museum of Art

もっとアートが好きになる！
巨大美術館メトロポリタンの名作&ワケあり美女名画

正面玄関のほうに戻り正面階段で2階へ。上がってすぐにあるヨーロッパ絵画セクションへ

膨大なコレクションで有名なメット。限られた時間で名作を鑑賞できるルートと、魅惑的な女性モデルたちをご紹介！

古代から現代まで！

まずは不朽の名作15点を鑑賞！

ヨーロッパ絵画のフェルメールとレンブラント、19世紀のヨーロッパ絵画と彫刻のルノワール、ドガ、エジプト館がハイライト。

The Metropolitan Museum of Art

入館して左側に行き、1階のローマ美術へ

1 若かりしヘラクレス Youthful Hercules

作者不明（A.D.69〜96年）

約2.5mの迫力！　人体表現や彫刻技術は見事。2000年前に造られたのが信じられない。

5 カバ Hippopotamus

作者不明（中期王朝）

古代エジプトでは水中の怪物として恐れられる存在だったカバ。今はメットのマスコット。

アフリカ、オセアニアセクションを通ってヨーロッパ彫刻へ

2 ウゴリーノと息子たち（ウゴリーノ・デッラ・ゲラルデスカ） Ugolino and his sons

ジャン＝バティスト・カルポー（1865〜67年）

ダンテ『神曲』より。飢えた父に子供たちが自分を食べてくれと懇願する情景がすさまじい。

3 騎馬の広場 Equestrian Court

作者不明（1420年頃）

中世の騎士が戦いに出る様子を再現。先を走って逃げるフリをして写真を撮るのも楽しい。

4 デンドゥール神殿 The Temple of Dendur

作者不明（紀元前15年紀）

エジプトからアメリカへプレゼント。中には神殿を建てたシーザーの浮き彫りが。必見！

効率よく鑑賞するコツは？

館内は増築を重ねているせいか複雑な構造。時間のロスなくなるべく迷子にならず回るには、入館後左へ進み、先に1階をぐるっと鑑賞。正面に戻ったら階段で2階へ進もう。クライマックスはヨーロッパ絵画、17世紀・20世紀初期のヨーロッパ絵画なので、ここで時間をとりたい。近代美術に着いたらその先にある中2階も忘れずに。見たい作品があるなら、ウェブサイトの右上、Searchで検索してギャラリー番号を控えておいて。

世界3大美術館のひとつ

メトロポリタン美術館（通称メット）

The Metropolitan Museum of Art

200万点に及ぶコレクションのうち常時約50万点を展示。日本語のハイライト・ツアーもあるので参加してもよい。

Map 別冊P.24-A1 アッパー・イースト・サイド

住 1000 5th Ave. (at 82nd St.)
☎1-212-535-7710　営月〜木・日10:00〜17:30、金・土10:00〜21:00　休1/1、サンクスギビング、12/25、5月の最初の月曜
料大人$25（任意、以下同）、シニア（65歳以上）$17、学生$12、12歳未満で大人同伴の場合無料　※同日であれば入館ステッカーでクロイスターズ美術館に無料で入館できる　Card A.D.M.V.
交地下鉄④⑤⑥線86th St.より徒歩約8分
URL www.metmuseum.org
※シティ・パス（→P.166）利用可

天井が採光ガラスになっているヨーロッパのスカルプチャーコートがお気に入り♪（奈良県・FUMI）

6 水差しを持つ若い女
Young Woman with a Water Pitcher

ヨハネス・フェルメール作（1662年頃）

キーンと澄んだ空気、やさしい朝の日差しを白い布と水差しの反射で巧みに描いた名作。

15 自画像
Self-Portrait

アンディ・ウォーホル作（1986年）

亡くなる数ヵ月前に制作されたウォーホル最後の自画像。暗闇の背景に溶け込む自分がいる。

入口に戻って、ギフトショップへ

7 自画像
Self-portrait

レンブラント作（1660年）

当時、権力の象徴とされた肖像画を内面重視で描いたもの。老いもシワも隠さず味わい深い。

廊下を通って19世紀ヨーロッパの絵画・彫刻セクションへ

14 ホワイト・フラッグ
White Flag

ジャスパー・ジョーンズ作（1955年）

板に新聞や紙を貼り付けて星条旗を表現。フラッグシリーズ初のモノクロ作品。

8 ダンス教室
The Dance Class

エドガー・ドガ（1874年）

ドガ初期の作品、踊り子シリーズは必見。近くにはドガのドローイングを集めた展示室も！

13 秋のリズム（ナンバー30）
Autumn Rhythm (Number 30)

ジャクソン・ポロック作（1950年）

アクション・ペインティングで有名なポロックの代表作。横幅5m以上で近くで見ると大迫力。

9 メンデス家の娘たち
The Daughters of Catulle Mendès, Huguette (1871–1964), Claudine (1876–1937), and Helyonne (1879–1955)

ピエール＝オーギュスト・ルノワール作（1888年）

室内の楽器と少女というルノワールらしい作品なのに、当時は評価されなかったという。

12 無題
Untitled

アニッシュ・カプーア作（2007年）

円形の鏡に近寄ると自分の姿が無数に映りこみ、離れると上下が逆さま。遊び心たっぷり！

10 バラ
Roses

フィンセント・ファン・ゴッホ作（1890年）

ゴッホと白いバラという意外な組み合わせ。色調はシンプルだが花びらは厚く主張が現れる。

近代美術セクションへ

11 麦わら帽子の自画像
Self-Portrait with a Straw Hat

フィンセント・ファン・ゴッホ作（1887年）

モデルなしでも描けると多数の自画像を描いた。この作品は練習用キャンバスの裏を使用。

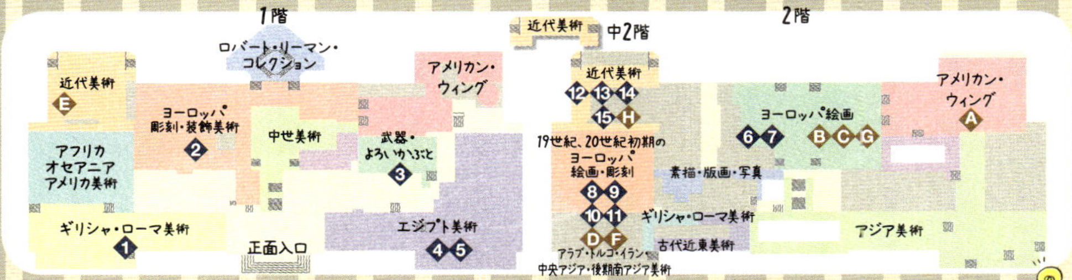

展示は2014年12月現在のものです。展示は必ずしもこのとおりでないことがあります。

じっくり見たい！

スキャンダラスなワケあり美女8連発！

今まで気にしなかったけど、作品に描かれたモデルってどんな女性だったんだろ……？　ちょっとワケありモデルに注目してみました。

The Metropolitan Museum of Art

Ⓐ

マダムX
Madame X

ジョン・シンガー・サージェント作（1883～84年）

社交界の華であったゴートロー婦人がモデル。頭上の小さな冠は彼女のプライドの高さを表している。

Scandal!
発表当初、右肩のストラップがずれ落ちていたため淫らだと批判の嵐。描き直したものの夫人に絵を受け取ってもらえなかったとか。

Ⓑ

女占い師
The Fortune Teller

ジョルジュ・ド・ラ・トゥール作（1630年頃）

民衆の日常の情景を表しながら、人間の明暗を神秘的に描いたこの時代特有の風俗画。

Scandal!
老いた占い師が若者の気を引くあいだに、若者を囲む女性たちがスリを働く。老いも若きも女は悪者？

Ⓓ

サロメ
Salomé

アンリ・ルニョー作（1870年）

天才的な才能を示しつつ若くして戦死したルニョーの代表作。新約聖書に伝わる女性サロメを黄金のタッチで描いた作品。

Scandal!
義父ヘロデ王の前で妖艶に踊り、その褒美として洗礼者ヨハネの生首を要求したサロメ。手に持ったお盆とナイフがコワい。

Scandal!
イエスの死と復活を見届けたマグダラのマリア。娼婦だったとか、イエスと結婚していたなどの説があるが……。

Ⓒ

悔い改めるマグダラのマリア
The Penitent Magdalen

ジョルジュ・ド・ラ・トゥール（1640年頃）

ラ・トゥールお得意の静かな闇の中の人物画。自らを悔い改める決意をしているかのよう。

使える！美術館英会話

『水差しを持つ若い女』はどこにありますか？
Where is "Young Woman with a Water Jug"?

日本語と英語で呼び方が違う画家
- ヴァン・ゴッホ＝Van Gogh（ヴァンゴウと発音）
- フェルメール＝Vermeer（ヴェーメルと発音）

ロックフェラー・センター内にメットのギフトショップあり。おみやげはここでGetもアリ。（大阪府・奈津美）

E 恋人たち The Lovers

マルク・シャガール作（1913～14年）

最初の妻ベラをモデルに愛と結婚をテーマにした作品。あたたかい色彩に引きつけられる。

Scandal! シャガールの多くの作品でモデルになるベラ。しかし彼女は亡命先のアメリカで病死する。

F 「声」を聞くジャンヌ・ダルク Joan of Arc

ジュール・バスティアン＝ルパージュ作（1879年）

ジャンヌと同じ、仏ロレーヌ地方出身画家の作品。背後に大天使ミカエルらが現れている。

Scandal! 神の声を聞き、男装してフランスのために戦ったジャンヌ。なのに魔女として火刑に。

G 少女 Study of a Young Woman

ヨハネス・フェルメール作（1665～67年頃）

同時期の代表作『真珠の耳飾りの少女』の関連作と言われる。こちらの少女も真珠を着用。

Scandal! モデルが謎。トローニー（不特定人物の肖像画）説が強い一方、フェルメールの娘説も。

H 9つのジャッキー Nine Jackies

アンディ・ウォーホル作（1964年）

何コマも並べることで、マスメディアの執拗な報道とジャッキーへの記憶を融合。

Scandal! ジョン・F・ケネディ元大統領の妻ジャクリーン。この写真は夫が暗殺される直前の彼女。

鑑賞に疲れたら…

カフェ&レストラン情報

セルフサービスのカフェ

カフェテリア
The Cafeteria

サンドイッチ、ピザなど、手頃な値段のフードメニューが充実。セルフサービスで食べたいものを先に取り会計する。地階にある。

夜はワインバーに

ペトリコート・カフェ
Petrie Court Cafe

1階、美術館の西側のヨーロッパ・スカルプチャー・コートにある。14時半から16時半まではアフタヌーンティー・メニューがある。

屋外アートも楽しめる

ルーフ・ガーデン・カフェ
Roof Garden Cafe

セントラルパークとアップタウンが一望できる屋上庭園にあるカフェ。コーヒーやスナック類などが中心。春から秋までの営業。

ランチにおすすめ

アメリカン・ウイング・カフェ
American Wing Café

1階正面から入った右側奥のアメリカン・ウイングにあるカフェ。サンドイッチやペストリー、エスプレッソなどの軽食が楽しめる。

ルーフ・ガーデン・カフェは、夏でも天気が悪いときはクローズすることがある。

近代アートなら MoMAを2時間で

15万点以上を所蔵するモマ。じっ
混雑してるし時間はないし……。そん

近代アートの宝庫

ニューヨーク近代美術館(モマ)

The Museum of Modern Art (MoMA)

絵画や彫刻をはじめ、建築、商品デザインなど、近代美術の幅広いコレクションを誇る。企画展も好評。

START!

10:30
5階へ

ダリの10歳年上の妻ガラの男性関係はかなり奔放。結婚後も若い男たちと不倫。でもダリは彼女を聖母に見立てた作品を描き続けた。

記憶の固執
The Persistence of Memory
(1931年)
サルバドール・ダリ

ダリ27歳のときの作品。作品の別名「柔らかい時計」は、溶ろけるチーズからヒントを得たもので、ダリを象徴するモチーフになった。

はやく！はやく！

メディアに出るときは銀髪かつらに薄化粧。整形手術で鼻まで高くしていたウォーホル。でも実際は外見とは裏腹に孤独で繊細だった。

ゴールド・マリリン・モンロー
Gold Marilyn Monroe
(1962年)
アンディ・ウォーホル

1962年のモンローの死後すぐに、映画『ナイアガラ』の写真をモチーフに描かれた。背景の金色は、宗教画のイコン的カラー。

ボールを持つ少女
Girl with Ball
(1961年)
ロイ・リキテンスタイン

東京都現代美術館が彼の『ヘアリボンの少女』を約6億円で購入。「漫画にそんな大金を払うのか」と反対意見が多く話題になった。

ヴェンディ・ドットと呼ばれる写真製版の網点によって描かれた少女。1961年の作品だが、約50年たった今でも新鮮。

思い込みが激しく、ガラスのハートの持ち主だったゴッホ。傑作のほとんどは晩年の約2年間に描かれたが、生前に売れた絵はたったの1枚だった。

星月夜
The Starry Night
(1889年)
フィンセント・ファン・ゴッホ

1888年に自らの耳を切り落とし、翌89年に精神病院に入院したときに描かれた作品。その約1年後、37歳でピストル自殺を遂げた。

ここはじっくり〜

裕福な家庭に生まれたセザンヌは繊細で人付き合いが苦手。親友ゾラとも絶交し、結局友人と呼べるのは画家のカミーユ・ピサロら数人だけだった。

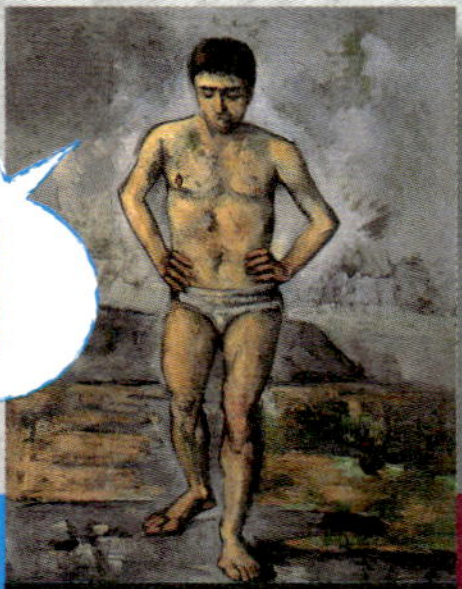

水浴する人
The Bather
(1885年)
ポール・セザンヌ

生涯に約200点の水浴画を描いた。水浴をモチーフにしたのは、少年時代に後の売れっ子作家ゾラと遊んだ思い出がもとといわれる。

12:30
GOAL!

1950年、ポロック38歳のときの作品。都市生活の苛立ちと、土と石を連想させる自然の感触が圧倒的な存在感で迫ってくる。

ワン：ナンバー31
One: Number 31
（1950年）
ジャクソン・ポロック

若いときからアルコール依存症で精神科に通院。一世風靡するものの、飲酒運転による自動車事故で44歳の若さで夭逝した。

11:30 4階へ

『睡蓮』は1899～1926年までに、200点以上制作された。晩年は白内障を患い、その影響で作品は年々赤みを増したとか。

睡蓮
Water Lilies
（1914-26年）
クロード・モネ

縦2m、横12m以上もある巨大な睡蓮画。パリ郊外の自宅の庭園がモチーフ。「光の画家」の魅力をたっぷり味わえる作品。

MoMAを2時間で攻略しちゃおう！

MoMAを効率よく回るヒント5！

●まずは館内マップをGET！
地下から6階まで各階のフロアプランが載っている無料の館内マップを手に入れよう。

●4階＆5階がポイント！
4階と5階は常設展。目玉作品の多くはこの2フロアにあるので、ここで時間をとろう。

●事前リサーチも忘れずに
作品の背景を知ると感動も違ってくるはず。事前に調べるか、写真に撮って後でチェック。

●チケットはネットで購入を
デリバリーオプションで「家で印刷」を選べば、行列の心配もない。シティ・パスも利用可。

●朝イチが狙いどき
開館は朝10:30から。午後よりはまだマシ。人がさらに増える前にさっと見て帰ろう。

おまかせ！攻略しちゃおう！

くり見るなら1日は必要だけど、なアナタにご紹介する最短攻略法！

Map 別冊P.19-D2 ミッドタウン

🏠11 W. 53rd St.（near 5th Ave.） ☎1-212-708-9400 🕘毎日10:30～17:30（金10:30～20:00） 休サンクスギビング、12/25 料大人$25、シニア（65歳以上）$18、学生$14、16歳以下は大人同伴で無料。金16:00～20:00は無料 Card A.D.J.M.V. 交地下鉄Ⓔ Ⓜ線5th Ave.-53rd St.より徒歩約3分 URL moma.org（日本語あり） ※写真撮影は個人使用目的の場合のみ可能だが、フラッシュと三脚は禁止。金曜の16:00～20:00は入場無料になる。混雑するので早めに行って並ぼう。
※シティ・パス（→P.166）利用可

ギフトショップ情報

1階には、ポスターやカード、ユニークな雑貨、アート関係の本が充実したギフトショップあり。モマの向かいにもデザインストアがある。

カフェ＆レストラン情報

ザ・モダーン……1階にある贅沢なフレンチレストラン。
カフェ2……2階にあるカフェテリア形式のイタリアンカフェ。
テラス5……5階にあるカフェ。テラスからミッドタウンが見渡せる。

マチスは法科試験に合格し、法律事務所の書記として働いていた。病気療養中に絵画に興味をもち、その後、画家に転向した。

ダンス（I）
Dance (I)
（1909年）
アンリ・マチス

ロシアの貿易商の依頼に応じて描かれた作品。「色彩の魔術師」と呼ばれたマチスの鮮やかな色使いと人物たちの躍動感に注目。

26歳のピカソがアフリカ彫刻に興味をもち始めて描いた売春婦たち。それまでの絵画の常識を崩壊し、キュビスムの発端となった。

3人の女性との間に4人の子供を作ったピカソ。ほかに何人かの愛人もいて、そのうちふたりはピカソの死後、後追い自殺した。

アヴィニヨンの娘たち
Les Demoiselles d'Avignon
（1907年）
パブロ・ピカソ

パリの税関職員だったルソーは、趣味として絵を描いていたが、自分の才能を信じて仕事を早期退職。ただまったく評価されなかった。

眠るジプシー女
The Sleeping Gypsy
（1897年）
アンリ・ルソー

ルソーの死後、行方がわからなかったが1923年に発見。マンドリンと水差しを傍らに眠るジプシーと、月の構図が幻想的。

所蔵元：近代美術館（モマ）The Museum of Modern Art（MoMA）

これぞマンハッタン！1日でNYのランドマークを回っちゃおう

NYに来たな！と感じる風景。そんな名所を駆け足でぐるっと巡ってしまおう。1日でぎゅぎゅっと観光してしまえば、残りの日で買い物三昧ができるよ。

パフォーマーがたくさん。写真を撮ったらチップ（$1〜2）を渡そう。

真ん中あたりまできたよ☆

徒歩12分

Start!

Times Square

滞在時間 30分

タイムズスクエア

世界の交差点といわれるタイムズスクエア。マンハッタンの中心部で、24時間ネオン輝く眠らないエリア。

DATA→P.48

徒歩9分

Grand Central Terminal

必見は光ファイバー技術を取り入れた天井。

滞在時間 60分

グランド・セントラル・ターミナル

マンハッタンの玄関口として、毎日多くの人で賑わう。巨大ショッピングモールになっている。

DATA→P.49

徒歩すぐ

Rockefeller Center

展望台は風が強いので、防寒を忘れずに。

滞在時間 60分

レトロな雰囲気のポストカード$2とミント$5

ロックフェラー・センター

建物の正面は5番街側。クリスマスツリーとアイス・スケート・リンクが有名。

DATA→P.139

徒歩14分

Chrysler Building

滞在時間 10分

徒歩4分

クライスラー・ビル

ニューヨークの摩天楼を代表するウロコ状の尖塔が美しいビル。もとは自動車会社クライスラーの本社ビルで、内部はすべてアールデコ様式となっている。

Map 別冊P.16-B1 ミッドタウン

🏠405 Lexington Ave.（bet. 42nd & 43rd Sts.） 図地下鉄④⑤⑥⑦Ⓢ線 42nd St.-Grand Centralより徒歩約3分

メットライフ・ビル

Map 別冊P.16-A1 ミッドタウン

1960年代を代表する建築物。現在も内装は一切手が加えられてない。グランド・セントラル・ターミナルの後ろに建つ。

🏠200 Park Ave.（at 45th St.） 図地下鉄Ⓢ④⑤⑥⑦線 Grand Central - 42 St.より徒歩約3分

MetLife Building

滞在時間 10分

タイムズスクエアにいたミッキーと写真を撮ったら、$20払えと言われた。「高すぎる」と反論したら$2まで下がった。（千葉県・まみ）

滞在時間 40分

UNフラッグピン$4とテディベア$14

The United Nations Headquarters
国連本部

Map 別冊P.17-C1 ミッドタウン

1st Ave. & 46th St. ☎1-212-963-4475（代表） 地下鉄④⑤⑥⑦Ⓢ線 42nd St.-Grand Cenralより徒歩約15分 URL www.un.org

イースト・リバーに沿って42丁目から48丁目までを占める国連本部。国連総会ビル、ハマーショルド図書館、会議場ビル、事務局ビルの4つのビルで構成されている。ツアーあり。

地下鉄10分

昼間は102階、夜景なら86階がおすすめ！

滞在時間 60分

Empire State Building
エンパイア・ステート・ビル

NYのシンボル。昼夜問わず展望台は人気。夜のイルミネーションの色は、それぞれ意味がある。

左からTシャツ$12.99、ディランズ・キャンディ・バーとのコラボ$3.25、I♥NYのゴリラ$14.99

DATA→P.166

もう少し！がんばれ〜♪

徒歩10分

Flatiron Building
フラットアイアン・ビル

滞在時間 10分

23丁目のブロードウエイの三角地帯に建つ。北側の狭いほうの角の幅はわずか2m弱。

Map 別冊P.12-A1 グラマシー

175 5th Ave.(coner of 23rd St.) 地下鉄ⓃⓇ線23 St.より徒歩約1分

スパイダーマンなどの映画にも登場！

地下鉄19分

Goal!

Battery Park
バッテリーパーク

夕景をしみじみ〜

滞在時間 50分

Map 別冊P.6-B3 ロウアー・マンハッタン

Battery Pl., State St. & Whitehall St. ①線 South Ferry駅、④⑤線 Bowling Greenより徒歩約1分 URL www.nycgovparks.org

マンハッタン最南端に広がる公園で、大道芸人や地元の住人、観光客で賑わう。遠くに自由の女神も見え、美しいサンセットが望める。

1日でNYのランドマークを回っちゃおう

徒歩5分

New York Stock Exchange (NYSE)
ニューヨーク証券取引所

滞在時間 10分

アメリカ最大の株式取引所。建物は1903年に建てられ、正面は古代ギリシアの神殿を思わせる建物になっている。1階は取引所で、2014年12月現在、一般公開は行っていない。

Map 別冊P.6-B2 ロウアー・マンハッタン

11 Wall St.(bet. New & Broad Sts.) ☎1-866-873-7422 地下鉄ⒿⓂ線 Broad St.、Ⓡ線Rector St.、②③④⑤線Wall St.より徒歩約3分 URL www.nyse.com

徒歩10分

星条旗、Fish Eddyコラボのマグカップ各$18

World Trade Center
ワールド・トレード・センター

9/11メモリアル・ミュージアムもオープン！

滞在時間 60分

ツインタワーの跡地には、水が流れ落ちる巨大プールのモニュメントを中心に公園や記念館がある。2014年11月には、ワン・ワールド・トレード・センターも完成。

Map 別冊P.6-B1 ロウアー・マンハッタン

Greenwich St. & Thames St.の北西（記念館の入場券はウェブでも購入可（大人$24）。） 月〜金7:00〜15:00 土・日7:30〜15:00 無休 地下鉄ⒶⒸⒺ World Trade Centerより徒歩約3分 URL www.911memorial.org

ワールド・トレード・センターのあとには、オフプライスショップのセンチュリー21（→P.106）へ立ち寄るのもおすすめ。

キラキラ☆ニュー
ほんわか感動の

ロックフェラー・センター
街じゅうがロマンティックなイルミネ
寒くても心はほんわか。感動

1 ここをハズして語れない!
ロックフェラー・センター
Rockefeller Center

NYのクリスマスの象徴といえるのが、このクリスマスツリー! 毎年11月下旬から12月初旬に行われる点灯式を見るために訪れる人も多数。イルミネーションは1月上旬まで楽しめマス♪

Map 別冊P.19-D3

1. 1933年から始まった歴史あるイベント 2. ツリーの下にはおなじみアイススケートリンク

あいさつは"Happy Holiday!"
キリスト教だけでなくいろんな宗教の人が暮らすNYでは、「メリークリスマス」ではなく「ハッピーホリデー」と挨拶しましょう!

ココも楽しいNYのクリスマス

1. ツリーも売られる 2. オーナメントやキャンドルなどハンドメイドの小物を扱うお店が集まる 3. ディスプレイもかわいい

ホリデーマーケット at ユニオンスクエア
クリスマスギフトのお店がずらりと並ぶ期間限定マーケット。一点物やエコ素材を使用したものなどこだわりアイテムが見つかる。

Map 別冊P.12-A1

ほかにこんな場所でも! ホリデーマーケットは、グランド・セントラル・ターミナル(MAP 別冊P.16-A1)やブライアント・パーク(MAP 別冊P.16-A1)、コロンバス・サークル(MAP 別冊P.19-C1)でも開催。

ロックフェラー・センターのアイススケートに挑戦! 眩いイルミネーションで映画の中にいるみたい☆(埼玉県・ケイト)

ヨークのクリスマス イルミスポット5！

のツリーにライトが灯ると、
ーションでキラキラ輝き始めます。
的なクリスマスを過ごしましょ♪

1. 建物に雪の結晶をちりばめたサックス・フィフス・アベニュー　2. 真っ赤なリボンでラッピングされたカルティエ

3 気分がどんどん高まる〜 5番街 Fifth Avenue

デパートやショップのディスプレイも負けてない！　仕掛けがあったり、ストーリー性があったり、それぞれ個性的な輝きを放つ。必見はサックス・フィフス、メイシーズ、バーグドルフ！

Map 別冊P.20-A2

取引所の横には大きなツリーがきらめく。ふたつのイルミネーションが一緒になって周辺の暗闇に浮き上がり、幻想的な雰囲気

2 巨大なアメリカ国旗が ウォール・ストリート Wall Street

ニューヨーク証券取引所も、星条旗を彩ったライトを柱に巻き付けてイルミ・デコレーション。昼間はビジネスマンが忙しく行き交う慌ただしい場所も、夜はとても静かで神聖な雰囲気に。

Map 別冊P.7-C2

点灯式では音楽やダンスのコンサートもある

4 センスのよさが光る リンカーン・センター Lincoln Center

リンカーン・センターの広場にもツリーが出現する。オペラハウス、エイブリー・フィッシャー・ホールに囲まれて噴水もキラキラ。上品で大人っぽいイルミネーション。

Map 別冊P.18-B1

5 心あったまるイルミネーション リトル・イタリー Little Italy

メインのマルベリー・ストリートにキリスト教会があるせいか、狭い道にひしめきあうようにリースやサンタの飾り付けが。ほかにはない味わいがいい。

Map 別冊P.9-C2

ノスタルジックな雰囲気を楽しめる

メリクリ！

クリスマス限定のエンターテインメントショー

ラジオシティの『クリスマス・スペキュタクラー』(写真)、NYシティ・バレエの『くるみ割り人形』などはこの時期恒例のショー！

厳粛な気分でミサに参加する

セントパトリック教会（MAP 別冊P.19-D3）やトリニティ教会（MAP 別冊P.6-B2）がおすすめ。

ホテルのTVで『素晴らしき哉、人生！』を観る

アメリカでクリスマスに必ず放映される定番の映画。食料をたっぷり買い込んで観るのもGood！

大幅プライスオフ！ホリデーセール

サンクスギビングが終わると1年で最大のセールが開催　クリスマス後はさらに大幅割引に。高級ブランドでもオフなのがうれしい。

アメリカのクリスマスは家族で静かに過ごす日。12/25は休みになるところが多いので気を付けて。

忙し女子の強い味方！
2日でぐるっとシティ・パスを使いまくれ！

NY旅行では、定番スポットには絶対行きたいもの。最強の助っ人を使って、おトクにぐるっと回っちゃおう！

シティ・パスって何？

有名な6つの観光スポットの入場券が1冊になったチケットブック。総額$183の入場料が約半額の$109（子供は総額$140が$82）。早く安く回るために一役かってくれる。購入は利用できる6ヵ所、もしくはウェブサイトから。参加施設や料金が変更になる場合があるので、まずはウェブでチェックを！

3つのメリット

① 優先的に入場できることもある！
シティ・パス専用レーンがあったり、パスを見せるだけで入場できるメリットがある。

② すべての料金をトータルすると約半額オフ！
総額入場料$183が$109ということは、たった4ヵ所訪れるだけでもモトが取れちゃう！

③ チケットを購入する時間が省ける！
ウェブで事前購入できるし、入場はパスを見せるだけでよいから、時間を有効に使える。

2日間の入場料トータル$183
↓それが……
$74オフの
$109

DAY 1

まずは、世界最大級を誇るメトロポリタン美術館とアメリカ自然史博物館で鑑賞を。その後、午後遅い時間にエンパイア・ステート・ビルを訪れて、サンセットや夜景を楽しもう。

9:30
世界4大美術館のひとつ
メトロポリタン美術館
The Metropolitan Museum of Art

館内は広いので、インフォメーションブースで館内図をもらおう。ガイドによる日本語ハイライトツアー1時間あり。→P.156

お得情報①
休館日や営業時間に気をつけて
ほとんどの美術館は月曜日がお休み。空いているのは、開館後すぐ。

13:30
映画『ナイトミュージアム』の舞台
アメリカ自然史博物館
American Museum of Natural History

毎年約300万人が来館する人気の博物館。テーマは「自然と人間との対話」で、生物などの自然界はもちろん、地球全体を扱う。→P.144

お得情報②
選べるスポット
自由の女神かサークル・ライン、トップ・オブ・ザ・ロック展望台かグッゲンハイム美術館と選べるものも。

15:00
最高のパノラマビューを！
トップ・オブ・ザ・ロック展望台
Top of the Rock Observation Deck

ロックフェラー・センターの展望台。南側にはエンパイア・ステート・ビル、晴れている日はブルックリン側まで一望できる。→P.50

or

セントラルパークの東側にある
グッゲンハイム美術館
Solomon R. Guggenheim Museum

Map 別冊P.24-A1　アッパー・イースト・サイド

白いカタツムリのようなユニークな渦巻き設計は、フランク・ロイド・ライト。頂上から下りてくるのがベストルート。

⌂1071 5th Ave.（at 89th St.）　☎1-212-423-3500　🕘日～水・金10:00～17:45、土10:00～19:45　休木、サンクスギビング、12/25　料大人$22、学生・シニア（65歳以上）$18、12歳未満無料　Card A.M.V.　交地下鉄④⑤⑥線86 St.より徒歩約8分　URL www.guggenheim.org

DAY 2

2日目はちょっと早起きして自由の女神に行こう。その後、北上して、ニューヨーク近代美術館へ。シメはトップ・オブ・ザ・ロックで前日のエンパイアとは逆側の景色を堪能したい。

10:00
これぞアメリカのシンボル
自由の女神
Statue of Liberty

自由の女神に行くフェリーはセキュリティチェックがある。身分証明書（パスポートなど）を求められることもあるので忘れずに持参を！→P.154

or

3時間のフェリークルーズ
サークル・ライン Circle Line

Map 別冊P.14-A1　ミッドタウン

以下の3つから選べる。マンハッタンを一周したいならセミサークル・クルーズ、夜景ならハーバー・クルーズ、時間がないなら75分のリバティ・クルーズがおすすめ。

⌂ピア83（W. 42nd St.）　☎1-212-563-3200　🕘10:00～15:30の1日3便　※季節により営業時間に変更あり　料2.5時間コースで大人$40、シニア（65歳以上）$35、3～12歳$26　Card A.M.V.　交地下鉄ⒶⒸⒺ線42nd St. - Port Aythority Bus Terminalより徒歩約15分　URL www.circleline42.com

14:00
斬新な企画展も見逃せない
ニューヨーク近代美術館
The Museum of Modern Art

アートに詳しくなくてもきっと楽しめる美術館。15万点を超えるコレクションは、どれも見ごたえたっぷり。カフェとミュージアムストアも必見。→P.160

お得情報③
こんな特典も！
ブルーミングデールズ（→P.114）やレストランの割引クーポンが付いてくる（時期により異なる）。

17:00
空高くそそり立つ
エンパイア・ステート・ビル
The Empire State Building

Map 別冊P.16-A2　ミッドタウン

市民に愛され、1986年にナショナルランドマークに指定されたNYの象徴。ビルの最上階部分は、381m（塔の上までは443m）。

⌂350 5th Ave.（bet. 33rd & 34th Sts.）　☎1-212-736-3100　🕘毎日8:00～翌2:00（最終の昇りエレベーターは45分前まで）　料大人$29、シニア（62歳以上）$26、6～12歳$23、早く入場できるExpress Passは$50　※チケット（86階まで）はウェブサイトでも購入可（窓口より$2高い）。102階展望台へのチケットは2階と86階のチケット売り場で販売（追加$17が必要）。Card A.J.M.V.　交地下鉄ⒷⒹⒻⓂⓃⓆⓇ線34th St. - Herald Sq.より徒歩約4分　URL www.esbnyc.com

aruco column

今日も
よく眠れそう☆

気分はNY在住！居心地いいホテル見つけました

いくら観光が楽しくても、ホテルが快適でなくっちゃ、
旅の思い出が半減しちゃうよね。
せっかく遊びに来てるんだから、
気持ちのいいホテルで過ごそうよ！

おしゃれな空間が楽しめるホテル

ユニークなホテルが続々できている最近のニューヨーク。
自慢したくなる素敵な空間でおしゃれにステイしよう！

工場を改装したブルックリンのホテル
Wythe Hotel
ワイス・ホテル

POINT
昔の工場の面影と最新設備を融合させたレトロモダンな空間が素敵！ ロフトタイプの部屋から2段ベッドがあるバンクルームまで目的に合わせて選べる。

1901年建造の工場を改造し、2012年にオープン。ヒップな街のウオーターフロントに佇むブティックホテル。1階のレストランと、対岸の絶景が望めるルーフトップバーも話題。イマドキのブルックリンを楽しみたいならぜひ！

1. 大きな窓と高い天井が開放的な室内。家具と壁紙は地元アーティストによるもの　2. スターシェフのレストランReynardはおしゃれピープルのメッカ　3. 木とレンガのぬくもり感が気持ちいいロビー　4. ルーフトップバーIdesは夏は行列もできるほどの人気

Photo Courtesy of Wythe Hotel

Map 別冊P.29-C2 ウイリアムズバーグ

🏠80 Wythe Ave.（at N. 11th）Williamsburg, Brooklyn, NY 11249 ☎1-718-460-8000
FAX 1-718-460-8001　料$275～550
Card A.D.J.M.V.　室72
交地下鉄Ⓛ線Bedford Ave.より徒歩約9分
URL wythehotel.com

ワイス・ホテルのルーフトップ・バー（→P.51）はマンハッタンが眺められて気分さいこー！（東京都・しょうしょう）

Photo Courtesy of Benoit Linero

アンティーク家具と
アートに囲まれて

The NoMad Hotel
ノマド・ホテル

今最も注目のエリアNoMad(ノース・オブ・マジソン・パーク)にある。1世紀の歴史を誇るボザール建築を、パリの名所を数々手掛けた仏人デザイナー、ジャック・ガルシアがスタイリッシュに改装。

POINT
パリのアパルトマンをモチーフにした室内はアート感たっぷり。パリのメゾンキツネの米国初店舗とミシュラン3つ星シェフのレストランも話題！

1. 壁には部屋ごとに違うアート作品が飾られている。バスアメニティは仏コテ・バスティド社のARGANライン　2. オンライン書店ジュニパー・ブックスのオーナーによってキュレイトされたライブラリー　3. ヨーロピアンな重厚感が漂うフロントデスク

Map 別冊P.16-A3 グラマシー

住1170 Broadway (at 28th St.), NY 10001　☎1-212-796-1500
FAX 1-212-796-1500
料$229～1919　Card A.D.J.M.V.
室168　交地下鉄Ⓝ Ⓡ線28th St.より徒歩約1分
URL www.thenomadhotel.com

おしゃれな滞在ができる

Ace Hotel
エース・ホテル

アメリカ西海岸発のホテルグループ、エースがNYへ進出。デザインホテルのブームを起こした建築家イアン・シュレーガーによって、カジュアルなブティックホテルに。ホテル内にあるショップも要チェック！

POINT
ホテルというよりヒップなアパートに暮らす感覚が味わえる。なのに価格もほかの高級ホテルよりは抑えめなので、より気軽にNY滞在が楽しめる。

1. ゲストルームのインテリアは部屋により異なる　2. ロビー階にあるコーヒーショップ、スタンプタウンやパブのスポテッド・ピッグも注目　3. 問屋街にあるデザイナーズ・ホテル。顧客にはセレブの名もちらほら

Map 別冊P.16-A3 グラマシー

住20 W 29th St. (bet. Broadway & 5th Ave.), NY 10001　☎1-212-679-2222　FAX 1-212-679-1947
料$295～895　Card A.D.J.M.V.　室269
交地下鉄Ⓝ Ⓡ線28th St.より徒歩約2分
URL www.acehotel.com/newyork

NYのホテルはほとんどが禁煙。特に大手チェーンは全面禁煙になっている。

ニューヨークステイの新常識！

今楽しいのは、B&B滞在♪

暮らすように滞在できるのがB&Bの魅力。
アットホームな空間にステイして、
朝から楽しい1日を過ごしちゃおう！

B&Bって？

ベッド・アンド・ブレックファストの略。その名の通り、滞在と朝食を提供する宿泊施設のこと。家族経営の場合が多く、朝食は共有のダイニングルームまたは各客室に用意される。

B&B滞在中の注意

他の滞在客との共有場所はマナーを守って使おう。門限などルールを設けている場合もあるので事前に確認を。

ブルックリンのイマドキ空間

URBAN COWBOY

アーバン・カウボーイ

Point

ラスティックモダンな空間は居心地抜群。まさにイマドキのブルックリン生活を体験できる。ローカルのスタッフたちに地元情報を教えてもらえるのもうれしい。

ウイリアムズバーグの住宅地にあるタウンハウスを改装して2014年にオープン。ゲストルーム4部屋と、裏庭にある一戸建てのキャビンから成る。朝食は共有のキッチン＆ダイニングで、ペストリーやグラノーラ、コーヒーなどを提供。

Map 別冊P.29-D3 ウイリアムズバーグ

111 Powers St. (bet. Leonard St. & Manhattan Ave.)
☎1-347-840-0525
料$100～500
Card A.D.J.M.V.　室4部屋＋キャビン　交地下鉄Ⓛ線Lorimer St.より徒歩約7分
URL urbancowboybnb.com

1. 裏庭にあるキャビンは隠れ家的雰囲気　2. 都会的なウエスタン調のインテリア　3. キッチンは滞在中いつでも使える　4. 開放感たっぷりのダイニングスペース

Photo:Ben Fitchett

イースト・ビレッジ・ベッド＆コーヒー（MAP 別冊 P.13-D3）は部屋がかわいい！ 自転車や傘を貸してくれるのもうれしい。（奈良県・渡辺利香）

公園の近くの閑静な住宅街

LEFFERTS MANOR B&B
レファーツ・マナー B&B

ブルックリン最大の公園プロスペクトパークのすぐそばにある家族経営のB&B。1898年建造のビクトリア朝様式のタウンハウス内に、趣向を凝らした6部屋がある。

Point
朝食は1階の共有スペースでサーブされる（1人$10）。12～3月に希望する場合は到着前に予約が必要。フォートグリーンにアパートタイプの部屋もある。

1. 広々としたパーラー・スイート・ルーム　2. 1階にあるシンプルでモダンなキッチン　3. ゆったりくつろげるリビング&ダイニング

Map 別冊P.4-B3　クラウンハイツ

🏠80 Rutland Rd.（bet. Bedford & Flatbush Aves.）☎1-347-351-9065 料$79～279 Card A.D.J.M.V. 室6 交地下鉄Ⓑ Ⓠ Ⓢ線Prospect Parkより徒歩約7分 URL www.leffertsmanorbedandbreakfast.com

Point
地下鉄駅まで徒歩すぐ、マンハッタンも2駅目なので移動が便利。朝食は常にベジタリアン向けで、ブルックリン・ロースティング・カンパニーのコーヒーをサーブ。

おいしそう♪

友人宅に泊まる感覚で

3B
スリー・ビー

さまざまな職業をもつ数名の若者メンバーが運営。アーティスティックな空間に気持ちよく滞在できる。地元農家からのオーガニックな食材を使った朝食も絶品と評判。

Map 別冊P.27-D2　ダウンタウン・ブルックリン

🏠136 Lawrence St.（at Willoughby St.）☎1-347-762-2632 料$154～184 Card A.D.J.M.V. 室4 交地下鉄Ⓐ Ⓒ Ⓕ Ⓡ線Jay St.- Metro Techより徒歩約1分 URL 3bbrooklyn.com

1. 2ベッドスイートには4人まで泊まれる　2. 共有のリビングにはコンピューターもある　3. エントランスもアーティスティック

アッパー・イーストの住民になれる!?

IVY TERRACE
アイビー・テラス

マンハッタンの中心にありながら閑静な場所にあるチャーミングなB&B。マディソン・アベニューでショッピングを楽しめる、好ロケーションも魅力。

Map 別冊P.20-B2
アッパー・イースト・サイド

🏠230 E. 58th St.（bet. 2nd & 3rd Aves.）☎1-516-662-6862 料$250～325 Card A.M.V. 室6 交地下鉄Ⓝ Ⓠ Ⓡ ④ ⑤ ⑥線Lexington Ave.-59th St.より徒歩約5分 URL www.ivyterrace.com

Point
全室キッチン付き。冷蔵庫に朝食用の食材が入っているので、好きなときに作って食べられる。B&Bだけど、アパート気分が味わえる。

1. Ivy Suiteのテラス　2. いちばん広い部屋Rose　3. 2階にあるThe Greenwich Room

カラフル～

チェックイン時、クレジットカードの掲示を求められることも。ウェブから予約して支払いを終えていてもIDとして必要になる。

\クチコミ!/ 私、このホテルオススメします!

コスパのいい NYのホテル⑥連発!

旅行大好き女子たちに
教えてもらったお気に入りホテル
出し惜しみせずご紹介!

ボコカの中心に位置する

ヌー・ホテル

Nu Hotel

交通の便もよく、マンハッタンへも出やすい。ショップやカフェの並ぶスミス・ストリートにある。無料の自転車レンタルもうれしい。（東京都・ひなの）

Map 別冊P.27-D2 ボコカ

85 Smith St. (at Atlantic Ave.), Brooklyn, NY 11201
☎1-718-852-8585 FAX1-718-852-8558
料$215～342
Card A.D.J.M.V. 室93
交地下鉄Ⓕ Ⓖ線Bergen St.より徒歩約5分
URL nuhotelbrooklyn.com

ロケーションは抜群

ブロードウエイ・アット・タイムズスクエア

Broadway @ Times Square

ブロードウエイの劇場街の真ん中にあるので、ミュージカル三昧したい人におすすめ！部屋は古いけどまあまあきれい。（栃木県・あっちゃん）

Map 別冊P.19-C3 ミッドタウン

129 W. 46th Sts. (bet. 6th & 7th Sts.), NY 10036
☎1-212-221-2600 FAX1-212-764-7481
料$109～289 Card A.D.M.V. 室79
交地下鉄Ⓑ Ⓓ Ⓕ Ⓜ線47-50 Sts.-Rockefeller Centerより徒歩約3分
URL www.applecorehotels.com

リピート率高し!

ポッド・ホテル51

The Pod Hotel 51

コンパクトでリーズナブルなホテル。ポップで遊び心たっぷりの部屋には、iPodや液晶テレビも完備。バストイレが共同の部屋もある。（千葉県・花笑さん）

Map 別冊P.20-B3 ミッドタウン

230 E. 51st St. (bet. 2nd & 3rd Aves.), NY 10022
☎1-212-355-0300 FAX1-212-755-5029
料$159～299 Card A.M.V.
室 350 交地下鉄⑥線51 St.より徒歩約5分
URL www.thepodhotel.com

good night!

ミッドタウンのおしゃれホテル

ディストリクト・ホテル

Distrikt Hotel

周囲の環境がイマイチかなーと思ったけど、お部屋はスタイリッシュで清潔。バスローブまで付いていて快適なNYライフを過ごすことができました！（大阪府・杏）

Map 別冊P.15-C1 ミッドタウン

342 W. 40th St. (bet. 8th & 9th Aves.), NY 10018 ☎1-212-706-6100
Free 1-888-444-5610
料$129～449 Card A.D.J.M.V. 室155 交地下鉄Ⓐ Ⓒ Ⓔ線42nd St. - Port Authority Bus Terminalより徒歩約5分 URL www.distrikthotel.com

チェルシー・マーケットに近い

チェルシー・パイン・イン

Chelsea Pines Inn

こぢんまりとしているけど清潔＆アットホーム。朝はチェルシー・マーケットでお買い物、夜はMPDで夜遊びと、ロケーションが最高だった。（埼玉県・香奈）

Map 別冊P.11-C2 チェルシー

317 W. 14th St. (bet. 8th & 9th Aves.), NY 10014
☎1-212-929-1023 FAX1-212-620-5646 Free 1-888-546-2700
料$299～429 Card A.D.J.M.V. 室23
交地下鉄Ⓛ線8th Ave.より徒歩約1分 URL www.chelseapinesinn.com

コスパがよいホテル

ホテル・ベレクレア

Hotel Belleclaire

駅が近く、周辺にはスーパーやドラッグストアがたくさんあるので、暮らしているように滞在できる。シーオー・ビゲロウのアメニティもうれしい。（兵庫県・みん）

Map 別冊P.22-A2 アッパー・ウエスト・サイド

250 W. 77th St. (near Broadway), NY 10024
☎1-212-362-7700 FAX1-212-362-1004 Free 1-877-468-3522
料$109～327 Card A.D.J.M.V. 室240 交地下鉄①線79th St.より徒歩約3分 URL www.hotelbelleclaire.com

初めてでも
大丈夫！

安全・快適
旅の基本情報

ニューヨークに行くって決めただけで、なんだかドキマギ。
あ、でも、大丈夫！　出発前の準備から交通のこと、
トラブルにあってしまったときのことまで、
あなたの不安解消します！
よーく読んで、よい旅を！　Have a nice trip !

INFORMATION

aruco的

おすすめ旅グッズ

「何を持っていこうかな♪」……そう考えるだけで、ワクワク、すでに旅はスタートしている。
快適で楽しい女子旅をするためのおすすめグッズを、ニューヨーク通のスタッフがご紹介。
ぜひ参考にして、旅をパワーアップさせてね！

旅のお役立ちアイテム

□サングラス

夏でも冬でも、晴れると1年中日差しの強いNY。紫外線対策としてUVカット付きのものがおすすめ。

□ワンピース

おしゃれなレストランへ行くときやブロードウエイミュージカルを観に行くときに大活躍。

□リップクリーム＆保湿クリーム

乾燥しているNYでは、リップクリームや保湿クリームは手放せない！

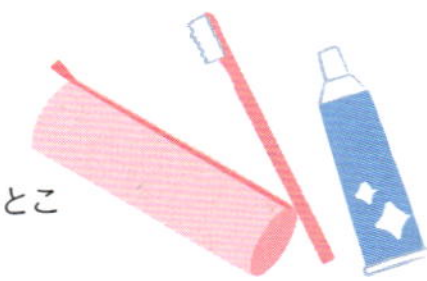

□歯磨きセット

高級ホテルでも置いていないところが多いので、忘れずに！

□ビーチサンダル

ホテルではスリッパ代わりに使用。入浴後の濡れた足でも履けるので重宝する。

□ペタンコシューズ

NY観光ではたくさん歩く。アスファルトは足が疲れるので、履き慣れた歩きやすい靴で。

□はおりもの

冷房対策には薄手のもの、肌寒い季節にはカーディガンなどを持っていると安心。日差し対策としてもいい。

機内手荷物のアドバイス

日本からニューヨークまでは直行便で約13時間。機内は乾燥しているので、リップクリームや保湿クリームは必需品。席によっては寒いので、上着や靴下を持って行くといい。頼めば、追加のブランケットももらえるが、在庫切れの場合もある。リラックス＆リフレッシュグッズ、税関申告書を記入するためのボールペンも忘れないで！

機内持ち込み制限についての詳細はP.176をチェック！

基本の持ち物チェックリスト

貴重品

- □パスポート
- □現金（ドル、円）
- □クレジットカード
- □eチケット控え
- □ESTA番号控え
- □海外旅行保険証書

洗面用具

- □シャンプー、リンス
- □歯磨きセット
- □スキンケア用品

衣類

- □普段着、おしゃれ着
- □靴下、タイツ
- □下着
- □手袋、帽子、ストール
- □ビーチサンダル、スリッパ
- □パジャマ

その他

- □常備薬
- □生理用品
- □筆記用具
- □電卓
- □目覚まし時計
- □雨具
- □カメラ
- □電池、充電器
- □変圧器、変換プラグ
- □サングラス
- □ウエットティッシュ

日本と違ってホテルには浴衣などないのでパジャマを持参するのがいいかも。（東京都・ぱみゅ）

知って楽しい！ニューヨークの雑学

ちょっぴりカタく思うかもしれないけど、これから旅するNYの歴史や文化、習慣など、出発前にほんの少〜し勉強しておこう！　観光はもちろん、買い物や食事をするときなど、現地の人とのコミュニケーションもぐんと楽しくなること間違いなし！

へぇ〜 なるほど

アメリカの基礎知識メモ

正式国名	アメリカ合衆国　United States of America
国旗	Stars and Stripes 13本のストライプは建国当時の州の数、50の星は現在の州の数を表す
国歌	星条旗　The Star Spangled Banner
人口	約817万5000人（ニューヨーク市）
面積	約963万1373㎢　日本の約25倍
首都	ワシントン特別行政区　Washington, District of Columbia
元首	バラク・オバマ　Barack H. Obama
政体	大統領制　連邦制（50州）
民族	白人、アフリカ系、アジア系、アメリカ先住民など
宗教	キリスト教（バプテスト、カトリックなど）、ユダヤ教、イスラム教など
言語	英語が主。スペイン語も広域にわたって使われている

ニューヨークゆかりの人たち

ジョン・D.・ロックフェラー（1839〜1937）
John D. Rockefeller

ロックフェラー・センターを建設した人物として有名。スタンダード石油会社を建設し、石油王と称された。

アンドリュー・カーネギー（1835〜1919）
Andrew Carnegie

スコットランド生まれ。鉄鋼業で成功をおさめた実業家で、鉄鋼王と呼ばれている。教育や文化に多くの寄付を行い、カーネギーホールを建設した。

アンディ・ウォーホル（1928〜1987）
Andy Warhol

ペンシルバニア州出身。ニューヨークで活躍したポップアートの代表的なアーティストのひとり。マリリン・モンローやエルビス・プレスリー、キャンベル・スープ缶をモチーフにしたシルクスクリーンが有名。

ジョン・レノン&オノ・ヨーコ（1940〜1980 / 1933〜）
John Lennon&Yoko Ono

ジョンとヨーコといえばダコタ・アパートが超有名。セントラルパークにあるストロベリー・フィールズはジョンの慰霊碑としてヨーコがデザインしたもの。

ウディ・アレン（1935〜）
Woody Allen

NYブロンクス生まれ。『アニー・ホール』でアカデミー監督賞、最優秀作品賞を受賞（1977年）。NYを舞台とした作品が多く、国外でも人気が高い。

ニューヨークのおもなイベントカレンダー

春　3〜5月

セント・パトリックス・デイ・パレード（3月17日）
アイルランドのお祭り。5番街の44〜79丁目までアイリッシュカラーの緑に埋め尽くされる

イースター・パレード（3月中旬〜4月中旬）
イースター・サンデーに5番街の49〜57丁目が華やかなディスプレイで飾られ、さまざまなイベントが行われる

9番街インターナショナル・フード・フェスティバル（5月の第3土・日曜）
ミッドタウンの9番街の42〜57丁目でインターナショナル・フード・マーケットが開催。世界各国の料理が食べられる

秋　9〜11月

サン・ジェンナーロ祭り（9月の中旬、約10日間）
リトル・イタリー最大のお祭り。サン・ジェンナーロの像を教会かマルベリー通りの祭壇に移し、翌朝まで祭りが続く

グリニッチ・ビレッジ・ハロウィン・パレード（10月31日）
19:00〜22:30まで、6番街のスプリング通り〜16丁目までパレードする

メイシーズ感謝祭パレード（11月の第4木曜）
いよいよ冬の到来となる最大級のパレード。9:00から始まり、テレビ中継もされる

夏　6〜8月

独立記念日の花火（7月4日）
ハドソン・リバーの上空に花火が打ち上げられる

野外イベントが盛りだくさん！
公園でコンサートや映画が上映される。オペラやオーケストラなどが気軽に楽しめる
- メトロポリタン・オペラ公演
- ニューヨーク・フィルハーモニック・イン・ザ・パーク
- シェイクスピア劇
- ブロードウエイ・イン・ブライアント・パーク
- ブライアント・パーク映画祭など

冬　12〜2月

ロックフェラー・センターのクリスマスツリー点灯式（11月下旬〜12月）
ロックフェラー・センター前の巨大クリスマスツリーが点灯される人気のイベント

ニュー・イヤーズ・イブ（12月31日）
タイムズスクエアのビルの屋上から電球をつけたボールを降下すると新年を迎える

チャイナタウンの旧正月（2月）
旧正月の10日間、チャイナタウンのレストランでは特別メニューが用意されたり、ドラゴンの踊りや爆竹で街は大騒ぎとなる

もっと詳しいイベント情報ならNYC観光局URL www.nycgo.comで。お得な情報もあって便利。

ニューヨーク行きが決まったら……

アメリカへの渡航が決まったら、まずESTA（電子渡航認証システム）の取得申請をしよう。
「申請」って聞くと、なんだか難しそうな気がするけど、大丈夫。インターネットで簡単にできます。
さぁ、パスポートを準備して、パソコンに向かおう！

ESTAの申請

1 URL https://esta.cbp.dhs.gov にアクセス

「個人またはグループでの米国渡航に関する新規認証を申請」に記載されている内容を読み、該当なら「申請」をクリック

↓

2 免責事項

内容を読み問題がなければ、「はい」「次へ」をクリック

↓

3 2009年旅行促進法

内容を読み問題がなければ、「はい」「次へ」をクリック

↓

4 申請書の記入

●申請者情報、パスポート情報、渡航情報、在米滞在中の住所などをすべてローマ字で入力する
●A～Gの各質問には「はい」「いいえ」を選択する
●「権利の放棄」「証明」の内容を読み、「証明」の□にチェックを入れる
入力内容をよく確認してから、「次へ」をクリック

↓

5 申請番号が発行される

申請番号は必ず書き留めておこう

申請番号は、更新または状況確認をするときに必要だよ

↓

6 支払いの手続き

「支払い」をクリックして、CBPオンライン支払いフォームに進む。支払い金額は$14で、クレジットカードで払う。利用できるのはA. D. J. M. V.（ダイナースとJCBカードの場合は、ディスカバーを選択し、ダイナースとJCBカード情報を入力する）。入力項目は、カード名義人の姓名、請求住所、国名、クレジットカードの種類、クレジットカード番号、有効期限、セキュリティコード。間違いがないか確認したら、「支払いの送信」をクリックして終了

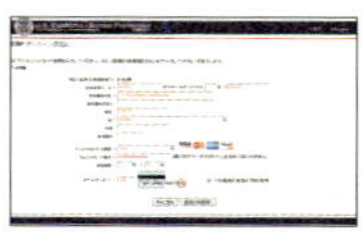

このページを印刷し、渡航時に携帯することをおすすめします！手荷物のほうに入れてね

↓

7 渡航認証の回答

回答はほぼ即座に表示される。回答は「渡航認証許可」「渡航認証保留」「渡航認証拒否」の3種類。「渡航認証許可」表示されれば、ビザ免除プログラムでの渡航が許可されることになる

※申請手順の詳細は、以下のURL参照。
URL www.arukikata.co.jp/esta

ESTAってなに？

ESTAは、Electronic System for Travel Authorization（電子渡航認証システム）の略。ビザ免除プログラム（90日以内の滞在に限る）を利用して、アメリカに入国する場合に取得しなくてはならないもの。有効期限は2年間（パスポートの失効除く）で、登録に$14かかる。遅くても渡航の72時間前までに申請するのが望ましい。

注意すること！

・インターネットにアクセスできる環境でないとESTAの申請はできない。
・アメリカ国土安全保障省無認可の第三者が独自のウェブサイトを設け、ESTAについての情報の提供や、代理で申請をするとして法外な料金を請求することがある。
心配な人やネット環境がない人は、手続きを旅行会社に頼むこともできる（申請代行は有料）。

荷物について

★機内持ち込み制限

OK

- メイク落としシート
- リップクリーム（スティックタイプ）
- コンタクトレンズ
- ツメ切り
- 裁縫針
- 使い捨てライター（1個のみ）

※液体は100ml、100g以下なら容量1ℓ以下の再封可能な透明袋に入れれば機内に持ち込める。

- 化粧水
- リキッドファンデーション
- マスカラ
- リキッドアイライナー
- 洗顔フォーム&メイク落とし
- ヘアスプレー
- 制汗スプレー

NG

- ハサミなどの刃物類
- ゴルフクラブなどのスポーツ用品

成田空港 URL www.narita-airport.jp

ESTAの有効期限が切れているのを忘れていて、出発当日空港で再申請するハメに。注意！（神奈川県・ERI）

アメリカ入出国かんたんナビ

ニューヨークに着いたら、まずは入国審査に向かおう。出国時は重量オーバーにならないよう、荷物の整理も忘れずに。日本を出るときも、アメリカを出るときも、空港へは余裕をもって到着しておこう！

日本からニューヨークへ

1 ニューヨーク到着

機内では「税関申告書」を記入しておこう。「Immigration」の案内板に従い入国審査場へ

↓

2 アメリカ入国審査（ビザ免除プログラム）

アメリカ国籍がない人は「Visitor」の列に。パスポート、税関申告書、航空券を提示し、質問を受ける。その後、両手全指か両人差し指の指紋採取と、顔写真撮影が行われる

↓

3 荷物の受け取り

「Baggage Claim」のサインに向かい、到着便名が表示されたターンテーブルから機内預け荷物を引き取る。紛失（ロストバゲージLost Baggage）や破損があった場合はクレームタグ（預かり証）を見せて、その場で苦情を！

↓

4 税関審査

申告するものがない場合は、緑のランプのブースへ。申告するものがある場合は赤いランプのブースに

↓

5 到着ロビー

市内への交通手段については、P.178を参照

税関申告書記入例

アメリカ到着後、提出しなくてはいけない書類が税関申告書。基本的には機内で配布されるが、航空会社カウンターや旅行代理店などで日本語仕様が入手できることも。ひと家族につき1枚の申告書でよい。

表

裏

❶姓(名字) ❷名前 ❸ミドルネーム(なければ空欄) ❹生年月日(年は西暦下2ケタ) ❺同行している家族の人数 ❻ホテル名、友人宅など ❼滞在先の市 ❽滞在先の州 ❾パスポート発行国 ❿パスポート番号 ⓫住んでいる国 ⓬アメリカに着く前に旅行した国。ない場合は無記入かNONE(なし) ⓭航空会社(2文字の略語で)とフライト番号 ⓮質問の回答にチェック ⓯個人の所有物は含まれない ⓰署名 ⓱入国日(月日年の順で、年は西暦下2ケタ) ⓲課税対象がある場合は、品目と金額を記入 ⓳⓲の合計金額

★機内預け荷物重量制限

航空会社により多少異なるがエコノミークラスなら、23kg未満の荷物を預けるのは無料。制限重量を超えると超過料金を払うことになる。無料で預けられることのできる荷物は、2個まで（エコノミークラスの場合）刃物や尖った金属類は機内に持ち込めないので、機内預け荷物の中に入れて。

携帯品・別送品申告書記入例

A面

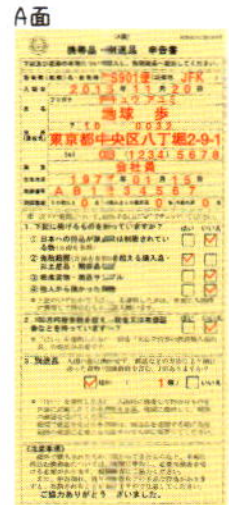

B面

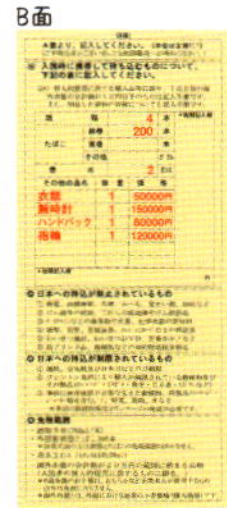

ニューヨークから日本へ

1 チェックインと出国審査

航空会社カウンターでパスポートを提示してチケットをもらえば出国審査も完了。Eチェックインも同様

↓

2 セキュリティチェック

機内持ち込み手荷物のX線検査がある。靴と上着は脱いで、ベルトは外すこと

↓

3 搭乗エリアへ

案内板で搭乗時刻をチェックし、余裕をもって出発ゲートへ。搭乗券とパスポートを見せて、機内に乗り込む

日本入国時の免税範囲

税関 URL www.customs.go.jp

品名	内容
酒類	3本（1本760ml程度のもの）
タバコ	「紙巻きタバコ」日本製200本、外国製200本、または葉巻50本、その他250g
香水	2オンス（1オンスは約28ml。オーデコロン、オードトワレは含まれない）
その他	20万円以内のもの（海外市価の合計額）
おもな輸入禁止品目	・麻薬、向精神薬、大麻、あへん、覚せい剤、MDMA ・けん銃等の鉄砲　・爆発物、火薬類 ・貨幣、有価証券、クレジットカード等の偽造品、偽ブランド品、海賊版等

※免税範囲を超える場合は追加料金が必要。海外から自分宛に送った荷物は別送品扱いになるので税関に申告する。

機内に預けるスーツケースには鍵をかけないこと。ただし、TSAロック搭載なら鍵をかけてもOK。

空港から市内へ

ニューヨークには、ジョン・F・ケネディ国際空港（JFK）、ニューアーク・リバティ国際空港（EWR）、ラガーディア空港（LGA）の3つの空港がある。空港からのアクセス方法や所要時間、料金もいろいろ。

主要ターミナル駅
- GCT＝グランド・セントラル・ターミナル
- PAB＝ポートオーソリティ・バス・ターミナル
- PEN＝ペンシルバニア・ステーション

空港案内

ジョン・F・ケネディ国際空港
John F. Kennedy International Airport

マンハッタンから東へ約24kmのクイーンズに位置する。日本航空の直行便がターミナル1に、デルタ航空がターミナル2と4に、全日空とユナイテッド航空の直行便がターミナル7に、アメリカン航空の直行便がターミナル8に乗り入れている。

タクシー Taxi

エヌワイシー・エアポーター NYC Airporter

地下鉄 Subway

アクセス方法と特徴	内容（所要時間、片道料金）
空港バス（エヌワイシー・エアポーターNYC Airporter） 主要ターミナル駅のそばまで行くなら	GCTまで約60～95分、PABまで約75～110分、PENまで約85～120分。$16
シャトルバス（スーパーシャトルSuperShuttle） 時間がかかってもラクチンがいい！という人はコレ	$19～（目的地により異なる）。約45～90分
エアトレイン&バス（Q10）&地下鉄ⒶⒺⒻⒿⓏ（Air Train & MTA Bus & Subway） とにかく安くで行きたい人へ！	約100～120分。$5（バス$2.50+地下鉄$2.50）。※メトロカード使用可。その場合乗り換えが1回無料なので$2.50
エアトレイン&地下鉄Ⓐ（Air Train & Subway） ハワード・ビーチ駅で乗り換えて地下鉄で	約50分。$7.50（エアトレイン$5＋地下鉄$2.50）
エアトレイン&地下鉄ⒺⒿⓏ（Air Train&Subway） サトゥフィンブルバード（ジャマイカ）駅で乗り換えて地下鉄で	約40分。$7.50（エアトレイン$5＋地下鉄$2.50）
エアトレイン&ロングアイランド・レイルロード（Air Train & LIRR） やや安くで快適に行きたいなら	約40分。$14.50（エアトレイン$5+ LIRR［ピーク時］$9.50［オフ・ピーク時］$7）
タクシー（Taxi） 滞在先までラクラク安心！	約40~60分。マンハッタンへは$52均一（+有料道路通行料$7.50+チップ約$9.36~10でトータル約$70）※チップは料金の18~20%が目安※時間により加算あり
リムジン（Limousine） グループ旅行におすすめ	約40～60分。会社により異なるが$80～（チップ含まず）

ラガーディア空港からのアクセス

マンハッタンから一番近い国内線空港。バス&地下鉄なら、MTAバスでクイーンズの駅（M60でAstoria Blvd.駅、Q70でJackson Height駅、Q48で111th St.）に行って、地下鉄に乗り換える。所要時間は、約40～60分、料金は$5（バス$2.50＋地下鉄$2.50）。ただし、メトロカードを利用すれば乗り換え無料なので、$2.50。タクシーの場合は、約30～40分で、料金は約$25～40くらい。

どの手段で行けばよいか悩む人は到着ロビー付近の交通案内カウンターで相談を

NYの地下鉄は階段が多くて、重いスーツケースを持っての移動が大変だった（泣）。（宮城県・mio）

ニューアーク・リバティ・エアポート・エクスプレス
Newark Liberty Airport Express

ニュージャージー・トランジット
NJ Transit

スーパーシャトル
Super Shuttle

ニューアーク・リバティ国際空港
Newark Liberty International Airport

ニュージャージー州にある国際空港。A、B、Cの3つのターミナルがあり、ユナイテッド航空がターミナルBとCに乗り入れている。

アクセス方法と特徴	内容(所要時間、片道料金)
空港バス (ニューアーク・リバティ・エアポート・エクスプレスNewark Liberty Airport Express) 主要ターミナル駅のそばまで行くなら	GCT、PAB (ブライアント・パーク 5th Ave. & 42nd St.) まで約40〜50分。$16
シャトルバス (スーパーシャトルSuperShuttle) 時間がかかってもラクチンがいい！という人はコレ	約45〜60分。$19〜 (目的地により異なる。ミッドタウンまで$19)
エアトレイン&NJトランジット (Air Train & NJ Transit) NJトランジットでペンシルバニア・ステーションへ	約40分。$12.50 (ニューアーク・リバティ国際空港駅で乗り換え。チケットは自動販売機で購入)
エアトレイン&アムトラック (Air Train & Amtrak) アムトラック鉄道でペンシルバニア・ステーションへ	PENまで約30〜40分。$33〜 (ニューアーク・リバティ国際空港駅で乗り換え)
エアトレイン&NJトランジット&パストレイン (Air Train & NJ Transit & Path Train) 確実に早く着きたい！という人はコレ	約50分。$10.75 (NJトランジット$8.25+パストレイン$2.50)。※NJトランジットとパストレインのチケットは自動販売機で購入
タクシー (Taxi) 滞在先までラクラク安心！	約40〜100分。マンハッタンへは$50〜70+トンネル通行料$12 (イースト・サイドへは約$5追加料金)。チップは料金の18〜20%が目安。時間により加算あり

ニューヨーク到着と出発

ニューヨークの市内交通

縦に細長いマンハッタン、南北の移動は地下鉄、東西の移動はバスが便利。
メトロカードを手に入れれば、乗り方も乗り換えも簡単なので大丈夫。

料金

ニューヨークの地下鉄とバスの料金は、1回の乗車が$2.50（シングルライドでは$2.75）均一料金。地下鉄内の乗り換えは自由。バスの乗り換え（Transfer）は1回まで無料。メトロカードと呼ばれるプリペイドカードで支払う。

市内の交通機関

地下鉄とバスを使えば ニューヨークの街は自由自在

地下鉄
Subway

使い方のコツ！

メリット
車線や駅が色や数字で分けられているので、わかりやすい。駅もすぐ見つかる。

デメリット
定刻どおりに来ないし、行き先の表示が間違っていることも。また、かなり揺れる。

バス
Bus

使い方のコツ！

メリット
東西の移動のときにかなり便利！　特に、セントラルパークの横断に使える。

デメリット
交通渋滞の多いNYでは、とにかく時間がかかる。時間に余裕があるときに乗りたい。

メトロカード
Metro Card

地下鉄とバス共通のカード。レギュラーとアンリミテッド（乗り放題）の2種類がある。アンリミテッドならバスの乗り換えも気にしなくていい。地下鉄の各駅にある券売機や、観光案内所で購入できる。

新しくカードを発行する際カード代が$1かかる

種類	内容	特典・特徴
レギュラー	1回ごとに乗車料金が引かれる	$5以上の購入で5%のボーナス付き（例：$20で$21）。1枚を4人まで使用可能。
アンリミテッド（乗り放題）	制限なしの乗り放題 7日間……… $30 30日間…… $112	7日間、30日間ともに期限日の24：00まで使用可能。
シングルライド	1回のみの乗車券	その名のとおり1回のみ有効。バスへの乗り換えは不可。

路線マップの見方

地下鉄とバスの路線図は、観光案内所や改札ブースなどで無料で手に入る。まずはこれを手に入れよう。路線マップでは、同じ所を走る路線はそれぞれの色に分かれて示されているが、数字やアルファベットによってローカルとエクスプレスが決められている。

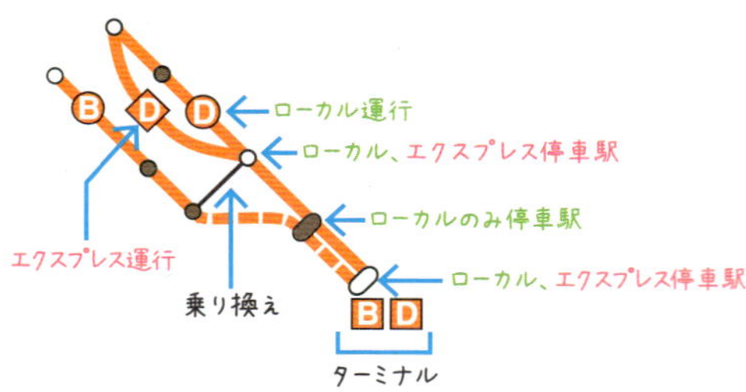

 地下鉄構内は、アートが飾られていたりミュージシャンたちが演奏していたりで楽しい！（岡山県・ぷう）

メトロカードの買い方

1 言語を選ぶ

タッチパネルを触って進んでいく。まずは、利用する言語を選択。日本語表示があるところもある。

2 カードの種類を選ぶ

メトロカード、シングルライド（1回乗車券）などを選択。“Get New card”を選ぶ。メトロカードで乗り放題なら“Unlimited Ride”、1回ごとに乗車料金がかかるタイプなら“Regular”。

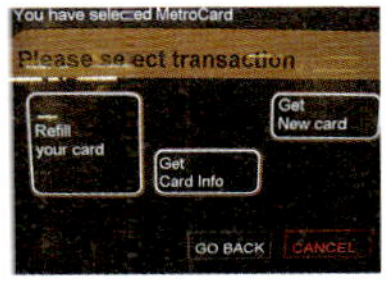

3 日数を選ぶ

乗り放題なら

7日または30日の乗り放題の日数を選ぶ。

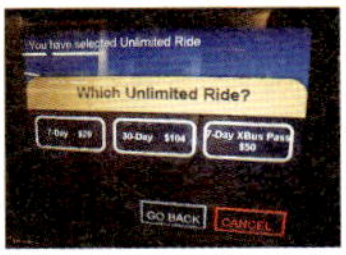

レギュラーなら

レギュラー切符を選んだら、金額が表示される。表示されてる以外の金額なら“Other Amounts”を選択。

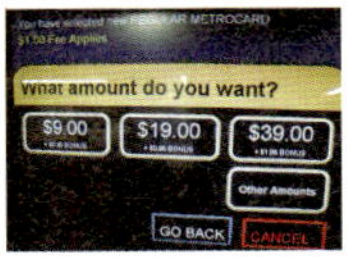

4 支払い方法を選ぶ

現金、クレジットカードのいずれかを選ぶ。

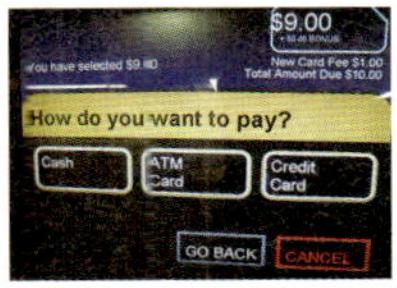

5 支払いをする

現金なら

券売機のbillと書いてある所に、紙幣のお金を入れる。

クレジットカードなら

クレジットカードは一度差し込んで抜く。ZIPコードの入力が必要だが、米国外発行カードなら「99999」と入力すればよい。

マンハッタンの3大ターミナル

グランド・セントラル・ターミナル
Grand Central Terminal

近・中距離列車中心のターミナル。ターミナル内はレストラン、ショップが集まる巨大ショッピングモールとして機能している。よく映画のロケ地にもなるドラマチックな雰囲気の駅。

Map 別冊P.16-A1

ペンシルバニア・ステーション
Pennsylvania Station

マディソンスクエア・ガーデンの地下にある通称ペン・ステーション。アメリカ国内を移動する鉄道アムトラック、近郊へ行くロングアイランド・レイルロードなどが乗り入れている。

Map 別冊P.15-C2

ポートオーソリティ・バス・ターミナル
Port Authority Bus Terminal

タイムズスクエアの西、8〜9th Aves.と40th〜42nd Stsにわたる巨大バスターミナル。中・長距離、通勤など約20のバスラインが乗り入れる。

Map 別冊P.15-C1

地下鉄 Subway

1904年に開通した地下鉄は、ニューヨークの交通網として100年以上の年月を走り続けている。以前は危険といわれていたが、現在は住民の便利な足として通勤や観光に利用されている。24時間営業。
URL www.mta.info

地下鉄の乗り方

1 入口を探す、メトロカードを買う

メトロカードの買い方はP. 181

2 改札

メトロカードを、機械にスライドさせて読み取らせる。黄色い面を左側に。

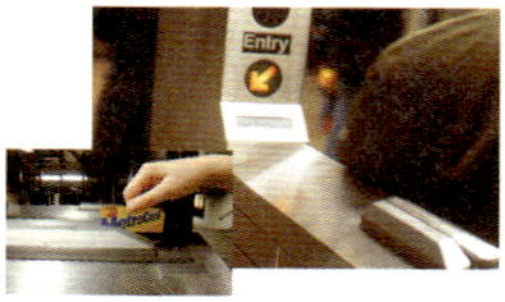

3 ホームへ

方向は「Uptown」「Downtown」のふたつで示されている。「Uptown」とは北行き、「Downtown」はその逆の南へ向かって走る。また、路線番号と行き先なども表示されている。viaとは経由、Late nightsは深夜0:00～6:30頃のこと。

4 乗車、下車

電車の先頭や側面を確認しよう。路線名、ローカルかエクスプレスかが表示されている。駅名はアナウンスされ、ホームにも駅名が表示されている。

5 乗り換えの場合

「Transfer」の看板の方向に進んでいけばいい。

6 出口

改札を出るには回転バーの無人改札を使うか、EXITのサインのある出口専用扉から出る。降車時はメトロカードをスライドさせたり、見せる必要はない。

乗車時に注意したいコト

★乗り放題の18分ルール

メトロカードの乗り放題の場合、使用してから18分たたないと次の利用ができない。地下鉄→バス、バス→地下鉄には適用されない。

★立つときは手すりをつかもう

線路の状態がよくないせいかかなり揺れるので、座っていないときは必ず手すりをつかもう。とくにエクスプレスでは揺れが激しい。

★行き先の表示を確認して

先頭部と車両ごとに行き先が表示されているが、たまに間違っている。心配なら車掌に確かめよう。Expressの表示も同様!

★定刻どおりに来ない

2～3本連なって来たり、長く待たされたりする。だいたい、昼間は5～10分間隔、深夜で1時間に2～3本だと思っておこう。

★人の少ない時間は所定の場所で待つ

乗客の少ない深夜などは、Off - hours Waiting Areaで待とう。地下鉄に乗車している警察官はこのエリアあたりに停まる車両に乗っている。

★車内でのふるまいにも注意

ブランド物を身につけて、ボーっとしないこと。また、ホームや構内で必要以上にウロウロしないように。バッグも手から離さず!

 メトロカードのスライドは意外に難しい。早すぎず遅すぎず、落ち着いてを心がけたらうまくいった。（東京都・MIMI）

バス Bus

マンハッタンを網の目のように縦横に走っているバス。南北なら2～3ブロック、東西はほぼ1ブロックごとに停留所があるので、細かい移動にも利用できる。24時間営業。URL www.mta.info

バスの乗り方

料金はP. 180

1 バス停を探す

バス停は進行方向の右側にある。硬貨でも支払えるが、紙幣と1セント硬貨は使えない。メトロカードは買っておこう。

2 乗車する

バスが来たら、バスの番号、行き先を確認しよう。バス停は複数の路線の停留所をかねていることが多いので注意。前のドアから乗車する。

※乗り換えをする予定でメトロカードを使わない人は、料金を払う際に必ず「トランスファー、プリーズ」と言って、乗り換え券をもらおう。乗り換えたら、ドライバーにトランスファーチケットを手渡す。

3 降車する

降車の合図は、窓わく横の黄色または黒いゴムのテープか、赤いプッシュボタンを押す。窓に沿ってつってあるひもを引っ張る場合もある。降りるのは前でも後ろでもよい。後ろのドアは半手動式で、自分でドアの黄色いテープを押し、開けながら降りる。手を離すと勢いよく閉まってしまうこともある。

タクシー Yellow Cab

ニューヨークの公認営業タクシーは、黄色の車体をしているので「イエローキャブ」(通称キャブ) と呼ばれる。イエローキャブ以外の車はタクシーと称していても、いわゆる「白タク」なので気を付けよう！

タクシーの乗り方

1 タクシーを捕まえる

タクシーのひろい方は日本と同じで、手を挙げるのが一般的。大声で「タクシー」と呼んだり、口笛を吹いて捕まえる人もいる。屋根のライトが "OFF DUTY" と点灯しているものは乗車できない。

2 乗り方

ドアは手動なので、自分で開閉する。店やホテルの名前、住所だけ言ってもわからないこともある。行き先は必ず、「46th St. & 5th Ave., please.（46丁目と5番街の交差するあたり）」などと位置で告げること。

3 支払い

料金に税金はかからないが、チップは必要。チップの目安は15～20%。最後にレシートをもらうことを忘れずに。レシートにはタクシーのナンバーが記載されているので、トラブル回避になる。下車したら、ドアは自分で閉める。

料金メーターの確認を

タクシーに乗ったら、料金表示が作動しているか確認を。なかには、あとで膨大な料金を請求してくるドライバーもいるなどトラブルの原因になるので、動いていなかったら "Could you switch on the meter?" と言って動かしてもらおう。

タクシーの料金

最低料金

初乗りが$2.50。以降5分の1マイルごとに50¢加算。

特別加算

渋滞しているときは1分ごと50¢追加。平日16:00～20:00に$1、毎日20:00～早朝6:00は50¢の追加料金がかかる。

旅の便利帳

ニューヨークの旅に必要なノウハウをぎゅぎゅっとまとめました。旅の基本をきっちり押さえていれば、イザというときにあわてないですむよね。

お金・クレジットカード

単位はドル$（dollar）とセント¢（cent）。$1=100¢＝約118円。(2015年1月現在)。紙幣は、1、5、10、20、50、100ドルの6種類だが、50、100ドル札は小さい店などで受け取ってくれないこともある。硬貨は、1、5、10、25、50セントと1ドルの6種類だが、50セント、1ドル硬貨はほとんど流通していない。

クレジットカード

アメリカではクレジットカードは必携。ホテルの予約やチェックイン時に保証として必要となる。スーパー、地下鉄の券売機などさまざまな場所で使用可能。大金を持ち歩くのはリスクが高いので、両替はできるだけ最小限にとどめて、カードで支払うのが賢い方法。利用時に暗証番号（PIN）が必要な場合があるので、事前に確認を。

ATM

空港や街なかなどいたるところにあり、VISAやMasterなど国際ブランドのカードでドルをキャッシングできる。出発前に海外利用限度額と暗証番号を確認しておこう。金利には留意を。

$1

$5

$10

$20

1¢

5¢

10¢

25¢

クレジットカードを読み込むリーダー。この画面にサインをする

電話

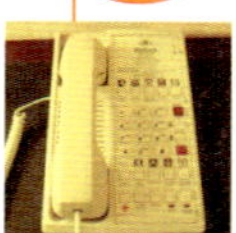

001（KDDI）※1
0033（NTTコミュニケーションズ）※1
0061（ソフトバンクテレコム）※1
005345（au携帯）※2
009130（NTTドコモ携帯）※2※3
0046（ソフトバンク携帯）※2

※1 マイラインの国際区分に登録している場合は不要　※2 携帯3社はこの番号なしでもかけられる
※3 WORLD WINGに事前登録が必要

電話は、レンタル携帯、ホテルの部屋や公衆電話でかけられる。NYでは、市内通話でも、1＋市内局番（エリアコード）が必要なので注意しよう。まずは、「プー」という発信音を確認してダイヤルを押す。最低50¢～が一般的。ホテルによっては、手数料がかかるので、プリペイド・コーリングカード（デリや駅の売店で購入可能）を使用するか、クレジットカード通話にすれば国際電話もお得。携帯電話からの利用方法やサービス内容は各社に問い合わせを。

日本からNYへ

国際電話会社の番号 ＋ 国際電話識別番号 010 ＋ アメリカの国番号 1 ＋ 市外局番＋相手の電話番号

NYから日本へ

国際電話識別番号 011 ＋ 日本の国番号 81 ＋ 相手の電話番号 市外局番最初の0は取る

現地での電話のかけ方

1 ＋ 212（マンハッタンの市外局番）＋相手の電話番号
718（ブルックリン、クイーンズの市外局番）＋相手の電話番号

ほかに646（携帯電話）、201（ニュージャージー）などの局番もある

デリの支払いで100ドル札を出したら受け取ってもらえず、水が買えなかった。$20ドル札以下にくずしておくべき！（栃木県・るーたん）

電源・電圧

アメリカの電圧は120ボルトで、3つ穴プラグのコンセント。100ボルト、2つ穴プラグの日本製品も使えるが、わずかではあるが電圧数が違うので注意！　特に、ドライヤーや充電器などを長時間使うと、焦げ臭いにおいや加熱するケースもあるので、時間を区切って使うなど気を付けよう。心配な人は、変圧器を忘れずに。

郵便

郵便局の営業時間はエリアによって多少異なるが、一般的には平日の9:00～17:00くらい。日本へのエアメールは、封書、ハガキともに$1.15。郵便局にある無料の専用封筒（Flat Rate Envelope）や箱（Flat Rate Box）を使うと均一料金で郵送できる。

インターネット

NYではほとんどのホテルがWi-Fiインターネットを導入しており、無料のところもあれば1日$8～20かかる場合もある。また、タイムズスクエアやスターバックス、マクドナルドなどでは無料で利用できる。もしパソコンを持ち込まないなら、ホテルのビジネスセンター、アップルストア（MAP 別冊P. 20-A2）や、またはネットカフェでアクセスできる。

マナー

●1列に並ぼう　列に並ぶときは1列に並んで空いた所から入っていくというフォーク型が定着している。それぞれの前に直接並ぶのは避けたい。**●お酒は21歳から**　ニューヨーク市では21歳未満の飲酒は法律は禁じられている。アルコール購入の際、ID（身分証明書）の提示を求められる。**●公共の場は禁酒**　野外での飲酒が法律違反になる。歩きながらもダメ。**●あいさつを忘れずに**　人と顔を合わせたら、簡単でいいから、ひとことのあいさつを忘れずに！

トイレ

街なかでトイレに行くなら、デパートやショッピングセンター、高級ホテル、美術館のロビーなどがおすすめ。便座が濡れていることが多いので、確認してから座ろう。不特定多数の誰もが入れるような公衆トイレというのは、非常に少なく、あっても使わないほうがいい。特に地下鉄のトイレは絶対に使用しないこと。

水

NYでは水道水の水質は問題ないとされているが、旅行者なら種類も豊富で安いので、ミネラルウオーターを購入するとよい。スーパーやデリ、グロッサリー、ドラッグストアで買うことができる。ちなみに、炭酸なしの普通の水はスティル・ウオーターはStill Water、炭酸入りの水はスパークリング・ウオーターはSparkling Water、水道水はTap Waterと言う。

喫煙

レストランやバー、ナイトクラブでも、一部の例外を除いてすべて禁煙。ホテルも全面禁煙のところが多く、違反すると、多額の罰金を支払うことに。場所をわきまえずに吸ったり、歩きタバコ、ポイ捨てなどは絶対しないこと。「Smoke Free」というのは自由に吸ってよいのではなく、禁煙という意味。喫煙にはかなり厳しい街なので、気を付けよう。

観光案内

パンフレットやクーポンが手に入るので、気軽に立ち寄りたい。タイムズスクエアのほうには、ブロードウエイ・チケットカウンターなどもある。

(URL)www.nycgo.com

●メイシーズ・ヘラルドスクエア MAP 別冊P.15-C2

☎1-212-484-1222

◷月～金9:00～19:00、土10:00～19:00、日11:00～19:00

(休)サンクスギビング・デイ、クリスマス・デイ

休業日

ニューイヤーズ・デイ、サンクスギビング・デイ、クリスマス・デイの3日間は休みのところが多い。

公衆電話は汚れていたり壊れているものも多い。使う場合はホテルのロビーがおすすめ。

旅の安全情報

女の子同士、グループでワイワイ楽しく旅していると気もゆるみがち。日本にいるとき以上に、警戒アンテナをピンと立てることを忘れないで！でも、トラブルのパターンを知っておけば、予防対策がより万全に。

注意してね〜

治安

日本に比べたら犯罪の発生率が高い。スリ、置き引きには要注意。友達とのおしゃべりに夢中になっていたり、人通りのたくさんある所で「ついうっかり」被害に遭うことが多い。荷物は決して体から離さず、現金やクレジットカードなどは、あまり人目にさらさないようにしよう。また、死角になりやすい、暗い場所には近づかないように。公園などは、早朝や夜は歩かないこと。

病気・健康管理

普段は元気な人でも、旅行中は、思わず食べ過ぎたり、買い物に熱中して歩きっぱなしだったり。気候や環境の変化、食事の変化などで急に体調を崩すこともある。疲れをためないよう十分睡眠をとって、絶対に無理をしないこと。カゼ薬や胃腸薬などは使い慣れたものを日本から持っていこう。湿布薬もあるといい。インフルエンザなど事前の海外感染症情報のチェックも欠かさないで。

海外旅行保険

ケガや病気をして診察を受ける場合、保険に加入していないと高額な請求をされることもある。海外旅行保険には必ず入っておこう。日本語医療サービスのある海外旅行保険に加入していれば、サービスセンターに電話して対処してもらえる。提携病院なら病院側も慣れているので、スムーズに対応してもらえて安心。補償内容や連絡先は加入時に前もって確認しておくこと。

こんなことにも気をつけて！

事前に手口を知って、トラブルはできるだけ避けよう

エピソード1 やっぱり安心！イエローキャブ☆

空港で、オフィシャルのイエローキャブより安い金額を提示されたので、白タクに乗ってしまった。だけど最後にはあれこれ言われて、結局高い料金を支払うハメに……。白タクは、NYの地理に慣れていても、英語での交渉に自信のある人でも絶対に避けるべき。（東京都・けいちゃん）

エピソード2 どでかいリュックは置き引き・スリの標的！？

NY到着初日、荷物の整理がつかないまま、何を取り出すにもゴソゴソする大きなリュックを背負って観光へ。タイムズスクエアで地べたに財布を置いた途端、見事にスリに遭った（笑）。人が大勢いる場所では警戒が必要だし、荷物は小さくまとめて、貴重品をすぐ確認できるものがよいと思った。（広島県・ツンツ）

エピソード3 夜は興味本位でむやみに歩き回らないこと！

夕方、ハーレムの125丁目を外れて歩いていたら、なんだかあやしい雰囲気を感じてあわてて駅へ向かった。ロウアー・イースト・サイドでも、バワリー通り周辺からマンハッタン・ブリッジにかけての路地裏は日が暮れると暗くて怖かった。夜道の女性のひとり歩きはご用心を。（埼玉県・あっちゃこ）

エピソード4 ナンパをうまくかわせる術を身につけよう♪

ブライアントパークを散歩していたら「紀伊國屋書店はどこか？」と、日本語ペラペラなニューヨーカーに遭遇。日本の話で盛り上がって、最後に「彼氏はいるのか？」と質問されあやしいムードに……。冷たい態度をとり退散させたものの、つきまとわれたりしないようアヤシイ人には注意しよう。（神奈川県・Q）

エピソード5 嫌なことはハッキリNOと断ろう！

クラブで見知らぬ人に話しかけられたら、ちょっと変な感じの人だった。「一緒に飲もう」だの「タバコが欲しい」と言われてしつこかったが、「ノー」と言って逃げ去った。トイレでも、異様なにおいがしたり、薬の売買らしき様子も。見て見ぬふりで切り抜けたが、正直、アセった。（SF在住・さっちゃん）

エピソード6 ブランド品を買ったら、見せびらかしちゃダメ！

5番街でブランド品をいっぱい購入、紙袋をたくさん持って地下鉄に乗り込んだ。すると、周りからジロジロ見られ、かなり浮いてしまった。現地の友達によると、スリやひったくりの標的になるので、高級店で大量買いしたら、タクシーを利用するのがスマートだとか。トホホ、恥ずかしい。（大阪府・浪速のおーちゃん）

エンパイアのそばでスリに遭ってしまった…。手続きは面倒だったけど、海外旅行保険に入っていてよかった。（大分県・チャミ）

トラブル別

困ったときのイエローページ

トラブル1 パスポートを紛失したら

まずは警察に届け出て、現地日本大使館で新規発給の手続きを

パスポートの盗難に遭ったり、紛失してしまったら、すぐに最寄りの警察に届け出て「紛失・盗難届受理証明書」を発行してもらうこと。それを持って日本大使館へ行き、パスポートの紛失届と新規発給の申請を行う。万一に備えて、あらかじめ顔写真のページのコピーやパスポート規格の写真を用意しておくと手続きがスムーズ。

パスポート新規発給、帰国のための渡航書発給の申請に必要なもの

- ☐ 現地警察署等が発行する紛失届出証明書
- ☐ 写真2枚（縦45mm×横35mm）
- ☐ 戸籍謄本または抄本（6ヵ月以内発行のもの）
- ☐ 旅程が確認できる書類（eチケットやツアー日程表など）
- ☐ パスポートの「顔写真が貼られたページ」のコピー

（※申請の手数料は、申請内容により異なります）

トラブル2 事件・事故にあったら

すぐに警察や日本大使館で対応してもらう

事件に巻き込まれたり、事故にあってしまったら、すぐに最寄りの警察に届けて対応してもらう。事件・事故の内容によっては日本大使館に連絡して状況を説明し、対応策を相談しよう。

緊急連絡先

警察
911

在ニューヨーク日本国総領事館
1-212-371-8222
（ニューヨーク総領事館・代表番号）

トラブル3 クレジットカードを紛失したら

カード会社に連絡して無効処置を依頼し、警察へ届け出る

クレジットカードを紛失したら、すぐにカード会社に連絡して無効手続きの処置をとってもらうこと。現地警察で「紛失・盗難届受理証明書」を発行してもらう。

緊急連絡先

カード会社

Visa	1-866-670-0955
アメリカン・エキスプレス	1-800-766-0106
JCB	1-800-606-8871
マスター	1-800-627-8372
ダイナース	81-45-523-1196（日本のコレクトコール先）

トラブル4 病気になったら

緊急の場合は迷わず保険会社への連絡も忘れずに

病気になってしまったら、緊急の場合はすぐにタクシーで病院へ向かうこと。日本語で対応してくれる病院もある。海外旅行保険に加入している場合は、保険会社のサービスセンターに連絡を。電話で救急車を呼べるが、この場合搬送先の指定はできない。また、救急車は有料で$300ほど請求される。

緊急連絡先

救急・消防／病院

救急車	911

トラブル5 荷物を失くしたら

失くした場所の遺失物取扱所に問い合わせる

バス、地下鉄での失くし物を扱うのはMTAのLost & Found。空港なら各空港へ問い合わせを。ただしアメリカでは、失くしたらまず出てこないと思ってあきらめよう。問い合せをしても、たらい回しにされることが多い。

緊急連絡先

カスタマーサービス

MTA	511
タクシー	311

その他連絡先

保険会社（国内の連絡先）

損保ジャパン日本興亜	0120-666-756
AIU	(03)5611-0874
東京海上日動	0120-868-100

航空会社

日本航空	1-800-525-3663
全日空	1-800-235-9262
ユナイテッド航空	1-800-537-3366
アメリカン航空	1-800-237-0027
デルタ航空	1-800-327-2850

観光案内

ニューヨークインフォメーションセンター NYC & Company	1-212-484-1222

クレジットカードは、第三者の不正利用には支払い義務ナシ。覚えのない利用明細があったらカード会社にすぐ連絡を！

index

見る・遊ぶ

🚩：プチぼうけんプランで紹介した物件

食べる

買う・キレイになる